一萬天不休跑

THE ONLY WAY TO FINISH IS TO START

地才跑步教練黃崇華與他的31年跑界風雲

黃崇華 著

目錄

照片集

人的一生，總要不斷歷經磨練與淬鍊，難以一帆風順，亦難永遠淪於低潮，這些高低得失伴隨著獨特的片刻記憶、數張泛黃照片，永存於心中。也許當下相當痛苦，

也許當時感動不已，又或者沒有特別原因，無論如何總是自己所選，而這些終將成為屬於自己的一本故事書、一幅藝術作品、一幀膠捲，或是幅幅影像。

黃崇華全家福

黃崇華與女兒的合照

本單元背景擷取於作者黃崇華選手時期之訓練日誌

1992 年作者第二次參加「曾文水庫馬拉松」。左五 531 號為蘇子寧、正中 263 號為國中追隨教練林欽田、右六為黃崇華、右三 468 號為馬拉松名將何信言

1993 年作者第三次參加「曾文水庫馬拉松賽」。左三 684 號為蔡詩豐、正中 630 號為林國良、644 號為徐明聖、右二 251 號為吳銘鎮、右一 612 號為邱次郎

1993 年統一企業環台長跑挑戰賽隊員，由左至右為：林福城、林清勇、曾太平、游樹林、黃崇華、廖學輝、吳興傳，皆是全馬跑進三小時內的選手

1994 年第十一屆曾文水庫馬拉松賽男己組頒獎典禮。左起為黃崇華、蔡詩豐、高同晉

統一盃環台長跑挑戰賽中各路長跑好手雲集，照片包含：曾義財、黃銓仁、吳有家、杜茂開、黃秋屏、許峻瑋、林義傑、李啟華、黃崇華、廖本達、簡招旺、謝明達、蔡清洲、楊志元、廖永欽、林國良、林家煌

1996 摩托羅拉國際奧林匹克高山馬拉松賽頒獎典禮。左起為劉仁智、陳仲仁、黃崇華

1997 年嘉義台灣區運動會馬拉松出發照片，098 號為北縣郭宗智老師、431 號為邱建興、200 號為陳仲仁、099 號北縣張榮輝

1996 年屏東台灣區運動會一萬公尺決賽。左起為許績勝（一萬公尺 PB 29:12）、吳文騫（PB 29:33）、王珍輝（PB 30:13）、蔡清洲（PB 30:26）

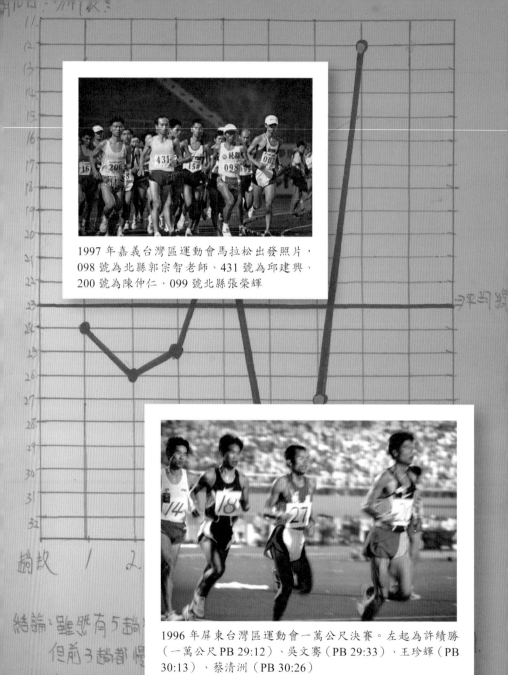

黃崇華於 1996 年屏東台灣區運動會馬拉松未完賽，賽後與跑友張榮輝合影，從兩人表情便知誰跑得好誰跑的差

1998 年第二十九屆全國大專校院運動會男子五千公尺決賽

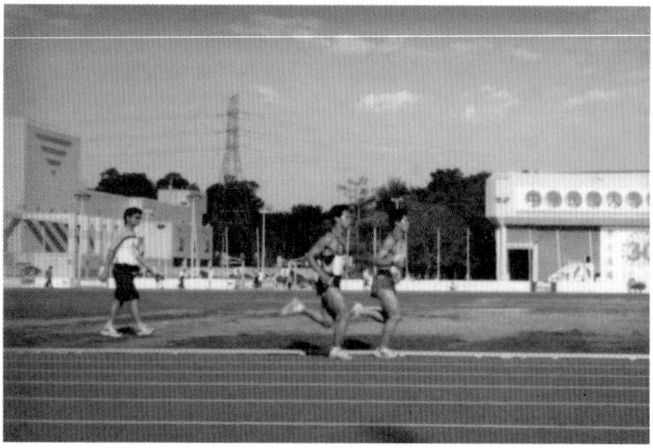

1999 年嘉義全國大專校院運動會（現全大運）一萬公尺決賽

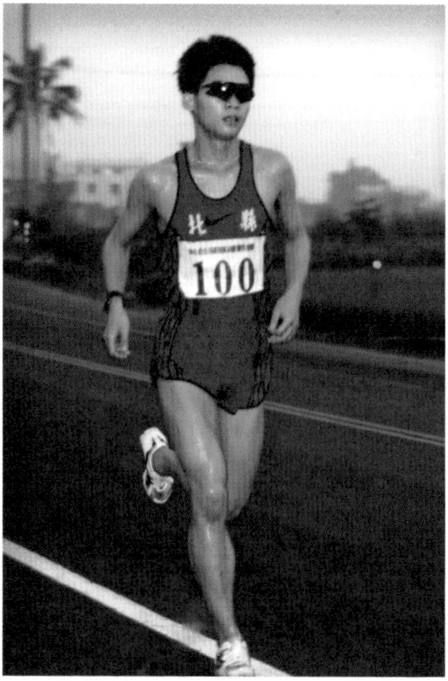

1997 年嘉義台灣區運動會馬拉松賽中

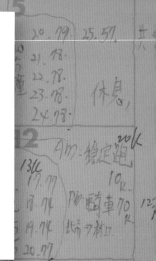

中國大陸女子一萬公尺全國記錄保持人、「東方神鹿」王軍霞於 1997 年來台分享會與作者合影。她的一萬公尺 PB 29:31、馬拉松 PB 2:24:07

中國大陸早期最具代表的女子長跑名將鍾煥娣，於 1997 年因海峽兩岸長跑活動訪台。她的一萬公尺 PB 30:13、馬拉松 PB 2:25:36

1997 年海峽兩岸長跑活動台灣站最後一場路跑賽中，作者與同行好友陳仲仁賽後合影

海峽兩岸長跑活動大陸站行經絲路敦煌－鳴沙山．月牙泉

海峽兩岸長跑活動大陸站途中，維吾爾族人用獨特儀式歡迎台灣來的團員

海峽兩岸長跑活動大陸站新疆段，與好友陳仲仁、曾參加奧運一千五百公尺項目的山東選手為段秀全（中）合影

2000 年荷蘭 IAU 世界盃一百公里錦標賽前，台灣代表隊與荷蘭接洽人員合影。左二起為領隊為郭豐州、郭宗智、吳有家、黃崇華

荷蘭 IAU 世界盃一百公里錦標賽前一天開幕儀式中，黃崇華手拿 Taiwan 字排。右起選手為黃崇華、郭宗智、吳有家

黃崇華與陳仲仁一起為 2013 年 The North Face 國際越野挑戰賽 - 哈盆古道探路

三重箭歐團團練

2014 MIZUNO 馬拉松接力賽中，第七棒 Bas Brüll 交棒給最後一棒江晏慶後體力透支（圖片來源：don1don）

Ruth Croft 曾獲得法國 Ultra-Trail du Mont-Blanc CCC 女子組冠軍

2014 MIZUNO 接力賽中三重箭歐團最後一棒江晏慶，後方為大腳丫選手（圖片來源：don1don）

2014 MIZUNO 接力賽三重箭歐團首次奪下社會組冠軍

2014 MIZUNO 接力賽中，第三棒 Ruth Croft 被媒體捕捉到一張她在台灣多年來眼神最殺的照片（圖片來源：don1don）

雷理莎於 2019 大阪馬拉松達成破三目標（圖片來源：雷理莎 Lisa）

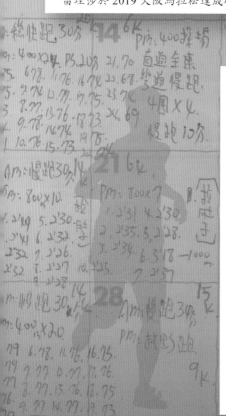

雷理莎於 2019 大阪馬拉松大會時間 2 小時 56 分 01 秒跑進終點線，左後方為全程陪伴的姐姐雷艾美（圖片來源：雷理莎 Lisa）

傅淑萍在三重箭歇團團練中以36分03秒37創下一萬公尺個人最佳紀錄，團練後與團員張哲豪合影

傅淑萍於2020台北渣打馬拉松創下個人最佳紀錄2小時43分40秒（圖片來源：運動筆記 攝影師：詹偉業 brid）

雷理莎於2019大阪馬拉松達成破三目標後，第一時間與姐姐雷艾美擁抱（圖片來源：雷理莎 Lisa）

推薦序

只要鎖定目標，便盡全力勇往直前

谷月涵
前花旗環球證券（台灣）董事長
寬量國際策略長

大家都稱他「火箭人」，這個封號對黃崇華來說再恰當也不過，其中一個原因當然是他的速度。

我認識黃崇華多年，據我所知，他年輕時曾代表台灣參加國際賽事，在台灣長跑選手中，算是菁英中的菁英。不僅路跑速度飛快，也是山野長跑的佼佼者。他的決心堅毅，只要鎖定目標，便盡全力勇往直前。

這本書是有關黃崇華多項驚人成就及勝利的故事，但要獲得這些成功的果實，他也付出極大的代價，包括不停歇的嚴格訓練，以及無數次椎心的失敗痛苦。

這不只是一本激勵人心的運動傳記，對有心挑戰馬拉松、超級馬拉松領域的人而言，也是一本訓練指引，甚至可以當成自己、越野跑或人生所設定任何目標的指導方針。

你曾想像過那些看似遙不可及的目標嗎？火箭人在舒伯特《軍隊進行曲》的背景音樂下，透過文字，告訴讀者達成這些目標的方法及心理素質。

火箭人不懼艱難，總是投入競爭最火熱、最耗體力的賽事：代表台灣參加歐洲和中國的競賽、台灣超馬環台賽，以及攻頂玉山主峰。就像緊張刺激的小說，本書詳細記載了長跑賽事和其他選手間彼此鼓勵互動的珍貴情節。

我認為跑步是最好的運動方式，不論是提升運動成績、強化心肺功能，或只是控制體重。過去六年來，黃崇華一直是我的跑步教練，從他身上，我學到越野跑步的基本功，這也成為我最熱愛的運動項目；在他多年的調教下，我的跑步能力已遠遠超越過去的自己，這是以前根本不敢想像的事。

黃崇華有太多值得學習的地方，透過這本書，相信也能幫助讀者以及新生代的跑步選手，達到自己設定的崇高目標。

練的是肌力，強的是心志

邱奕嘉
政大科智所教授兼商學院副院長

在所有運動中，中長跑可能是最無聊的活動之一，尤其是馬拉松。它不像球類運動必須透過團隊互動來達成；從事中長跑的選手，全程幾乎是獨自進行，只能藉由不間斷地內心對話，渡過漫長與艱辛的過程。即使偶爾旁邊有隨行者可以互相打氣、交流對話，但只要速度拉到一定程度，大家心餘力絀，也無法長時間交談。

因此，缺乏新鮮感與刺激性的中長跑，是一項考驗跑者心理素質的活動。無論颳風下雨、豔陽高照，都能夠準時在這跑道上出現的身影，都是非凡的毅力與強大的心理素質累積而成的。

本書作者黃崇華先生從事長跑運動三十一年，選手出身的他，曾代表台灣征戰國內、外大小賽事，也曾經歷運動傷害而使運動生涯出現瓶頸、一度中斷，但他仍然有夢，不肯輕言放棄，在低潮中琢磨出自己的路，屢獲佳績，再創高峰。

選手退役之後，他從事金融業相關工作，卻仍維持跑步習慣，並且以業餘教練身份指導不少跑團與選手。轉換身份、帶出心得之後，他更成為全職的專業教練，跑馬界鼎鼎有名的「三重箭歐團」，以及每週人數爆表的「無極限跑團」，都是在他的指導下成立。而他最有名的「一對一客制化訓練」，能針對受訓者的特性，從訓練內容、跑姿，甚至營養與作息進行客制化調校，許多團員與受訓者在他的指導下，有的是潛能大爆發，有的是砍掉重練，頻頻創造個人最佳紀錄，在各個賽事中屢獲佳績。

黃崇華教練目前是政大戈壁挑戰隊的教練，協助政大 EMBA 訓練隊員，發揮個人優勢，提升整體戰力。參與戈壁挑戰隊的隊員都是商界各領域的菁英與領袖，但絕大部份都是跑界素人，甚至幾十年沒有運動習慣。在黃教練客制化、專業的指導下，大家不僅愛上跑步，也都在幾個月內進步神速，看見一個健步如飛、活力滿檔的自己。

這本書主要是從黃教練的視角，述說他的跑步之路與所見所聞。全書各章分別說明他如何接觸跑步，並且如何展開自虐訓練，到最後接受專業培養而成為選手，並征戰國內外大小賽事。透過書中的文字，讀者能夠了解一個選手的養成之路，也可以透過作者的視角，一覽當年國內外各經典賽事的精采過程，而其中娓娓道來當年的知名選手如何克服萬難，突破障礙以創造佳績，更是讓人看了熱血沸騰。

初看，這像是一本自傳式的書籍，訴說一個選手的養成。但在這些動人故事背後，其實是在說明心理素質的建構與強化過程。它有著「破壞－建構－重生」的路徑。訓練的過程一定滿布荊棘與砂礫，賽事的結果也常常是起起伏伏、冷暖自知。此時就像是一個巨大的破壞，許多人可能就此被擊倒而出局；能夠正視前方、坦然面對的人，就能進入重新建構階段，接受各種改變與挑戰，最後堅持到底，愉悅地接受重生。這本書從不同事例與角度，說明心理素質如何透過此路徑，不斷被厚實與強化。

心理素質的建立不僅是運動成功的關鍵，也是各項事業與工作發展的關鍵因素。有趣的是，職場發展與運動所需的心理素質，其實是大同小異，也都會經歷破壞、建構、重生的路徑。也因此，有很多的調查顯示，許多成功的商業領袖與菁英都有從事運動的習慣，商場與運動場其實一同演繹著這個不變的法則。

既然這條「破壞—建構—重生」之路如此辛苦，那支撐眾人在這條重生之路前進的動力為何？從黃教練的生命故事中可以發現，「熱情」是支撐這條路徑最重要的因素。每個人先天條件不同，行走在這條強化之路有快有慢，但缺乏強大的熱情作為燃料，即便先天條件再怎麼優秀，也有可能被擊倒而黯然離開。

或許你並不是運動愛好者，但從心理素質建構的角度而言，這本書絕對是一本非常好的參考書籍。黃教練透過自己的生命故事，向眾人演示心理素質的建構，也告訴我們找到熱情的出口、找到揮灑生命的舞台，你可以比你所想像的更巨大、更亮眼、更動人。

日升月恆，每天準時在訓練場上跑著的你，你以為你練的是肌力，其實真正變更強的是心志。

一個出類拔萃的人，一個我真心感激的朋友

Ruth Croft
紐西蘭籍世界冠軍越野跑選手
法國 Ultra-Trail du Mont-Blanc CCC 女子組冠軍
尼泊爾聖母峰超級馬拉松六十公里冠軍
日本富士登山競走冠軍

火箭人（Rocketman）黃崇華是台灣跑步運動的「先驅者」之一，在跑步開始流行之前，他已經開始有出色表現。他對跑步的無限熱情始於孩提時代，並支持他代表台灣參加二〇〇〇年在荷蘭舉行的 IAU 世界盃一百公里錦標賽，而這些經歷讓他累積了無人能及的豐富跑步知識。

我認為一個人要被稱為「火箭人」必有其原因，這甚至只是輕描淡寫。能以如此快的速度奔跑，這份激情需要驚人的能量，而他確實具備源源不盡的能量，多到甚至足以幫助別人。而我就是這些幸運兒之一。

當我因為跑步比賽來到台灣這個陌生的環境時，我需要一顆北極星來找到我的方向，我在這裡沒有親人朋友、沒有任何關係，也不會說這裡的語言。火箭人給了我堅定

的支持和無條件的慷慨，就像家人一樣。

他曾經對我說：「你會離開台灣有兩個原因。第一，你結婚了；第二，因為找不到一份有意義的工作。我防止不了第一點，但是我可以幫你找工作。」他真的辦到了，從那時候開始，我與他所建立有如家人的關係直到今天。對於其他許多人來說，當關鍵時刻來臨的時候，火箭人總是帶來了希望。

多年來，我見證了他運用能力幫助成千上萬的人，建立自己並找到自身的極限，也因此變成更優秀的運動員。我相信，透過閱讀這本書，你會瞭解這個出類拔萃的人，一個我真心感激的朋友。

比賽不是戰勝別人，是淬鍊靈魂的方式

郭宗智

台灣首位波士頓馬拉松代表國手　一九八三年 2:31:06
台灣區運動會馬拉松三連霸　創四屆冠軍紀錄
前一百公里全國紀錄保持人 7:37
超馬百公里賽創三破全國紀錄　IAU/IAFF 認證
首戰東吳 24H 超馬賽破全國紀錄

鐵骨錚錚　氣勢磅礡
磨劍卅載　縱橫捭闔
千錘百鍊　騰蛟起風
劍及履及　剛毅勁健
艱苦卓絕　激越潛力
靜觀自在　空靜心悟

少年之時與父親同登觀音山，因緣際會結識山野俱樂部，融入團隊啟發運動門階，樂此不疲、不歇追求嗜趣。十三歲首度挑戰曾文水庫馬拉松雖是初試啼聲，卻一鳴驚人創下3時41分22秒佳績，更添加自己信心，故其異稟之賦不容小覷！

其入門之登山訓練無形中肌力汩汩盈沛，更提升蘊藏耐力基石，兩者相輔相成於窮年累月中，抖擻旺盛激越潛能！再經環島賽磨勵洗禮，其識自本心見至本性迸激所長，而滋養長跑人格特性、滋潤心靈。再接再厲玉山攻頂之舉更加奠定越野雄渾之功，其敏銳迅捷御風馳騁飛騰躍動，創下斐然戰績。

最值緬懷為二〇〇〇年荷蘭世界盃百公里賽，此役中更凸顯其骨氣動達心神合一，強化自我激起千層浪，忍受肉體窘迫亦堅韌心志，喚醒跑魂戰鬥不歇精神，體力毅力智力超越苦痛，以意念帶動心境，將深藏潛力發揮得淋漓盡致，以8時10分06秒完成、以二十年前成績而言，用「鳳毛麟角」這四字形容極為貼切。

比賽不是戰勝別人，而是肯定自我、淬鍊自己、挑戰自我、挑戰極限，於人生中那是種淬鍊靈魂之方式，亦是生活中獲得智慧與達觀的最高境界！

很棒的台灣長跑史說書人

陳仲仁
台灣戶外運動冒險家
尋找成吉思汗遠征隊隊長
德國世界大學運動會鐵人三項國家代表隊
日本宮古島國際二百公里超級鐵人賽 9:17
台北 101 國際登高賽 12:20
台灣大腳丫長跑協會創始人

這是個無可救藥、跑步重度成癮的人。

從小學跑到現在，遍體鱗傷，準備了三十一年的跑步故事，寫了一年多，打字打到手發炎，絕無冷場，真誠無華的文字，有些讓我捧腹大笑、有些感動盈眶，酸甜苦辣充滿著跑者堅毅與智慧。這本書大概有十場跑步演講的能量吧！

不是專業的文字工作者，很佩服崇華再次迅速轉換這死不認輸的長跑精神，獨力完成這本長文大書。一直認為崇華是個非常適合寫書、演講分享的人。他的記憶力驚人，很多幾十年前的場景，總能記得清清楚楚、歷歷在目，像剛剛發生過一樣，是個很棒的台灣長跑史說書人。

相較崇華對長跑近乎癡狂、自認為我只是很平凡的一般人，跑步大多是為了讓晚上的啤酒變得更好喝，飯變得更好吃⋯有運動就好。到現在還是很難體會他為了幾分鐘，甚至幾秒鐘的進步，每天拼命奔跑幾個小時，日復一日，年復一年的意義，但非常承認擁有這種熱情，絕對很幸福。

我因為要幫跑者做訓練，除了找出大學時期的訓練學，也看了不少坊間外國選手、教練寫的長跑訓練書籍。總覺得哪裡怪怪的，原來他們都處於低溫、乾燥的氣候區做訓練、比賽，難以直接套用於台灣相對潮濕、高溫的氣候。看了這本書得到了支持，更確認他細膩、巧妙地在一些故事中點出許多針對在台灣這樣的地理、氣候環境下做訓練、比賽的癥結所在。

他是個天生跑步鬥士，身體裡有勇敢競爭的靈魂。每次跟他練跑，總是感受到一波又一波的攻擊、濃厚的侵略壓迫，身體強度甚至心理的策略。經常邊跑心裡邊想「明明是好朋友，你的實力也不一定比我好⋯跑到快氣死⋯只是個小小的練習，沒事幹嘛這麼拼啊！」沒錯，他就是這樣的人，不管你是不是比他強，就是要跟你拼到底！

當他朋友絕對是很幸福的事，有需要會盡全力幫忙，包括用些介於正邪之間的手段。但如果與他競爭，那就會是件很痛苦的事。

擁抱困難，把一切轉化爲當下洪荒的力量

劉治昀
一百公里全國紀錄保持人 7:29:50

「浪花掏盡多少英雄淚，一代新人換舊人。」台灣長跑界能橫跨三十個年頭有多少人？有了新人忘了舊人，在本書中記載著有夢想、拚搏、榮譽、信仰等等事蹟，一路奮鬥、一路精彩，在不確定下不動蕩自己。

大部分人在經歷的事情中看到更多困難與誘惑，而崇華與大多人不同，擁抱困難，把一切轉化為當下洪荒的力量，在超常的堅韌中追求超常的目標，並且秉持初心，敢想敢做敢為。我看到的不僅僅是跑步，更是一種堅持不懈的毅力和對於贏的強烈渴望，以及不斷思考運用一切法門達成目標的決心；不僅是勵志，更在生活上能受益匪淺。

歲月的刻痕會隨著時間慢慢流逝，當對一件事物有相當深的愛與執著，才能如此不被時間的侵蝕淡化。這有如台灣長跑界的近代史，既是自傳也是回憶錄，深深地刻畫。

雖然我倆跑齡重疊二十年，卻沒有過激烈的廝殺，直到近十年有時好友有時敵對，在團體賽他是我最不願意面對的勁敵，在共同合作時卻是最值得信賴與依靠的夥伴，他必先收集對手情資與強弱來搭配團隊的共同策略，有如孫臏賽馬的故事。

如同活字典般，闡述台灣跑步歷史的興盛與發展

魏振展
台北市立大學鐵人三項教練
Challenge Taiwan 113公里半程超鐵賽亞軍 4:26:21
二〇〇三台北國道半程馬拉松 1:10:05

娓娓道來的人生故事，如此詳細且完整，在黃教練口中的跑步是如此生動又有趣，相信這是認識他最大的印象。不僅如此，從他敘述的文字中，能發現跑步對他而言是珍貴而富有意義的，如同文末「國立台北大學三峽校區，薛校長表示『你是我遇過講話邏輯最清楚的運動員』」，每每和黃教練對話後我也感同身受，但黃教練帶給我更深的印象是對運動的「癡情」。

我和黃教練成長歷程接近，我們都在新北市三重、蘆洲一帶長大的小孩，同樣從小跑步如癡的我，對觀音山御史路、蘆洲堤防旁的垃圾場（現今集賢環保公園）、光榮國中田徑場，幾乎和黃教練有同樣酸甜苦辣的經歷。而我們的緣分從國小開始，路跑賽是我們初次見面的場合，當時已經小有名氣的黃教練，對身為晚輩的我是偶像般的角色，

回憶起他在跑步比賽中的叱吒風雲，我就像是小粉絲般地望著他長大。對我視如己出的黃教練常常給予我跑步上的指導與建議，記得有次我們搭車前往比賽會場，路途中他買了一瓶葡萄柚汁給我，要我補充水分外也能吸收維他命等元素，以利比賽表現，他就是如此的無私奉獻和厚待晚輩。

近年，黃教練專職在跑步運動的教學，並時常更新訓練上的資訊，也領著許多選手創造不少優異的成績，更重要的是用正確的運動知識及觀念，讓一般民眾接受運動帶來的好處，我想這是他經年累月貢獻在這項運動的成功之處。

至今，我們仍保持密切的聯繫，而大多都是討論有關跑步及運動表現的各種話題，三十年如師如友般的情誼，只要談到跑步，黃教練永遠散發炯炯有神的光芒，有著似乎講三天三夜都停不下來的熱情，在他身上不只看到對跑步運動的投入，更看得到將運動員精神發揮淋漓盡致的一面。

而這本書就跟與他聊天一樣，打開第一頁後就停不下來，如同活字典般地闡述台灣跑步歷史的興盛與發展。讀完此書不只會更敬佩黃教練講故事的能力，更對台灣跑步的歷史有進一步的認識。而闔上書本後，你很快就會在運動場上巧遇黃教練了！

從小到大都跟隨自己初心的大男孩

雷理莎

國中女子一千五百公尺全國紀錄保持人 4:35:50
二〇一九日本大阪馬拉松　初馬 2:56:01
二〇二〇長榮航空城市觀光半程馬拉松 1:19:06

第一次遇見崇華是在二〇一四年，當時我還是個剛決定重返賽道，完全不知道該從何開始的菜鳥選手。那時剛上台北，姐姐拉著我說：「要不要來三重箭歐團？那邊的人很厲害喔！」

得知三重箭歐團是由一位名叫黃崇華 aka 火箭人所創立的知名跑團（當時還覺得這名字也太帥了吧！）不過左顧右盼：「咦？黃崇華教練呢？」跑友們說明教練今天有事，所以不會過來。於是我們的第一個招呼是在臉書。

第一次正式見面是在不久後的二〇一四台北馬拉松，當時我跑到一半準備進水站時，崇華教練突然從旁邊出現（嚇我一跳），幫我取水遞給我後說了一句：「妳的配速是九十分！」我試著跟上他但還是在上橋時被拉開了，最後以九十二分完賽。

結束比賽後，我們第一次正式打招呼：「你好，我叫理莎，請多多指教。」那時沒有想過眼前這位笑起來親切的教練，會變成我跑步生命中的貴人。

由於我那時還是個菜鳥，常常有很多問題想請教，黃崇華教練總是用他長年下來細心觀察每個選手以及自己的經驗，耐心解說跟我分享。記得聽到他十一歲時每天凌晨的課表讓我瞪大眼睛，難得有一位孩子可以如此熱愛跑步到成痴（比我學生時期當國手時練得還勤），然後一路維持到三十年後都沒有改變。每次他在講跑步、選手或比賽時，都能看到他的眼神在發亮，我常常感受到「他真的非常熱愛自己正在做的事呢！」

直到最後我決定挑戰初馬破三時拜託他訓練我，他幾乎沒有思考就答應了。

身為一個教練及跑者，他始終保有著選手的心，做什麼總是全心投入。不論大太陽大雨，他都在旁邊（在旁邊的意思是真的在旁邊，連跑課表都騎腳踏車在旁邊按錶、鼓勵、補給、放音樂多重用途，史上最忙教練無誤）。過程中並不容易，但他就像是我重新打開跑步大門時，幫我提著燈指引我門鈴在哪的人，儘管過程中燈差點熄過幾次，但他有個堅定卻不強求的力量，能讓人一再重新點燃直到門口。

最後我按了門鈴，門打開了，於是他笑著揮揮手，我帶著所有從他身上學會的東西，更勇敢的往裡面走。

當一個人開始飛翔時，人們都會看到他；但當我羽毛還沒長齊，崇華便一再提醒我：「妳是位選手」，這句話一直到現在都深深烙印在我的心裡。

在我眼裡的黃崇華不只是三重箭歐團創辦人、令人信賴的教練，或是狂熱的跑者，他更是個從小到大都跟隨自己初心的大男孩。

崇華的故事及視角不僅適合愛跑步的你們，如果在這繁忙的世代中，你依然保有著自己熱愛的事，別忘了時不時給自己充電，翻翻這本書，讓黃崇華 aka 火箭人帶著你一起，發射！

崇華是一位「很激動」的人

雷艾美
路跑女神
三立《上山下海過一夜》主持人

大約六年前，我在人生地不熟的台北開始工作，因為想要維持跑步習慣，便到處打聽跑團的消息，剛開始是接觸到了大佳路跑團，開始了我的台北練跑生活。大佳路跑團好玩有趣，跑完常常還有飲料或甜湯等著你。每天早上跟傍晚都有團練時間，訓練內容都是十二公里，但是對於有底子的跑者而言，很快地就嫌不夠練了，於是我又開始四處打聽跑團的消息。

後來跑者間傳聞一個非常厲害的跑團，堪稱是台北市最恐怖的跑團「三重箭歐團」，我光看到「間歇」兩個字就覺得很興奮，查了團練時間和地點後，很厚臉皮地找到了隊伍以及黃崇華教練。

崇華總是笑笑的，而且非常謙虛、客氣，但是我一往下瞄到他的雙腿，便知道這個人物絕不是想像中的簡單（笑）。那時候的三重箭歇團可是叱吒風雲，除了隊上有好幾位出名跑者，凡只要是出席團賽項目，賽場上就會引起一陣騷動、討論。

如果問我他是一個怎麼樣的人，我會說崇華是一位「很激動」的人，不論是在帶團上、自己的訓練上、與跑友的約會上（不是吃飯喝茶的約會，是約跑山或是團練之外的訓練約會）、對於所有他的朋友需要幫助上，他總是竭盡所能的給予付出跟幫助。

我記得幾年前我要出書，詢問他一些專業知識，他也是像寫論文般的給我長篇大論的解釋，在我撰寫完畢之後，還再給他看過一次檢查有無錯誤，他總是很熱心地幫忙，而且是會因為有幫助到你而感到開心的那種，真的超激動的！（笑）

為什麼會用「激動」這個詞，是因為他除了對人熱心，對於跑步甚至是生命都非常地熱血，說他盡情的燃燒生命一點也不為過！我跟妹妹雷理莎受過他無數次的幫助，我們一起練跑、討論專業知識、討論跑者的生涯等等。然而他的激動程度，竟然在我試讀他的文字之後，從我腦海中又疊出了新高度。

崇華跟我妹妹一樣，從小就超愛跑步。從他的文字可以看到，他是從國小便跟著叔叔伯伯們的跑團在練習，早上一跑、下課間玩追逐、放學後再去跑山，這個小崇華比我想像中的更激動了！內容有趣生動，讓我更可以窺見教練的可愛的模樣。

他還是一位非常正義、正直無私的人，既使你不認識他，讀他的書也不難發現，不管是訓練、教育或者待人處事上，都抱著非常正確以及周到的思慮。我記得有一次他擔任某場越野賽事的賽道佈置，最後因為主辦要的路線太過於危險以及不專業，後來他索性退出，酬勞沒了，也不做對參賽者不好的事。

此書有好多的寶藏，如果你也是一名跑者或是愛運動的人，會從他的經歷中學到很多。書中有句話：「究竟是賽事承載著跑者，亦或是跑者成就了賽事？」我個人認為是：「教練承載著跑者，而跑者成就了教練。」他肯定是眾多優秀選手的幕後推手！祝他新書大賣！

很感謝你的艾美　筆

自序

堅持、狂愛——跑步策略份子

擁有一雙「強壯的大腿」，是所有人對我的第一印象。

選手生涯最高賽事等級「二〇〇〇年荷蘭 IAU 世界盃一百公里錦標賽」，以八小時十分零六秒完賽，總排名列第七十七名，在賽事中為力求完賽而付出慘痛的代價，也造成至今二十年來難以抹滅的傷痛。當賽後回到文化大學校區，赫然發現這雙大腿竟然比緊鄰而坐的一百公尺全國紀錄保持人更為粗壯，才開始懷疑是否踏錯運動項目。

十一歲開始接觸的戶外運動，路跑、越野跑、登山，是每天最期待的童年時光。縱使十三歲完成初馬，十五歲跑步環台、單攻玉山、馬拉松破三，十七歲達成單週超過二百公里以上訓練量，此生仍未拿到全國冠軍，仍無法踏進奧運殿堂。慶幸的是，至少踏進全國戰時最高指揮中心「衡山指揮所」擔任駕駛兵逾一年時間。

正式職業生涯，從擔任中國信託商業銀行債權管理部專員做起，逾十年期間經歷職場歷練後，才發現原來我真的無法戒掉跑步！

工作十年後在因緣際會之下，開始承辦路跑、越野跑賽事以及擔任社會人士跑步教練。在人生超過三十而立之齡，才回到屬於自己專項與興趣兼具的運動產業。

二〇一三年創立三重箭歇團，打造業餘跑者高強度訓練平台，並打了一場全國馬拉松接力賽輝煌戰役。

七年前創立華通概念運動有限公司，長期經營「Without limits 長跑訓練中心」，試圖讓社會人士也能體驗感受，並從真正長跑選手的訓練強度與艱辛中找到自己的熱情。Without limits 的品牌精神，不僅在於不斷突破成績目標，而是藉由突破心裡那道關卡的力量，戰勝人生與生活中一切考驗與瓶頸。

十七歲那年參加捷兔位於南投兩天一夜的跑步活動，定居台灣超過三十年的美國籍友人 Eric 對我說：「你跑很快，在這邊取名為 Rocketman 好了！」

二十三歲進入職場，公司需要一個英文名字，心想簡單明瞭就好，於是替自己取名為 SOSA（索沙）。

強烈的企圖心、強大的好勝心、強壯的大腿、難纏的對手、討厭的人物，不論外界對我的印象為何，早在一九九八年躍上「NIKE 跑者俱樂部」第四季封面人物中的標題「堅持、狂愛—跑步策略份子黃崇華」，似乎早已為我下了一個最佳標籤。

人的一生絕非只有跑步，跑步卻可以帶給我們精彩生命。

1

女兒教父親的事

你成長過程中的選擇、興趣甚或志業，是不是都留著小時候的影子？

兒時的育苗插秧，是為了未來結實纍纍；然而如果揠苗助長，往往毀了一個能有豐碩果實的幼苗。回望自己瘋狂的兒時記憶，原來許多跡象都印證了現在熱愛跑步的自己；細看同儕的壓抑童年以及女兒的無憂無慮，原來長輩的期待，永遠比不過孩子快樂單純的笑容。

事件紀錄

蘇子寧｜13 歲，42K・2:49:19
黃崇華｜14 歲，42K・3:03
黃崇華之女｜10 歲・________

我的走廊追逐戰與女兒的跑步啓蒙

童年的本質是：培養興趣成爲未來發展的啓蒙。

小學六年級時，我總愛在學校走廊加入瘋狂追逐另一位同學的遊戲，在怎麼都追不到、抓不著的刺激中度過每一節下課。

警察抓小偷是相當有趣刺激又幼稚的遊戲，你先跑給同學追，當他拍到你身體任何一個部位的時候，代表已經抓到你，立即換你回馬抓他。快被抓到的時候身體要不斷閃躲逃離；當被捉到時，因為與對方距離最近，只要反應夠快就可馬上扳回一城，同學們時常陷入一種腎上腺素爆發的追逐！

在追逐的走廊上，必須不斷閃過各年級同學，甚至機動切換小路，這都是需要勇氣與臨場機智反應的，雖然常常換來同學的飆罵與老師下令的罰站，但也換來兩人握手言和的金酸梅獎。

每到週六上午，上課的情緒更不一樣，滿腦子想的盡是下午的越野跑活動：在晴朗的午後，奔跑於山林小徑之間，表面悠悠哉哉，心裡可是亢奮不已，這是屬於自己的 Cappuccino「最快樂的時光」。

山林小徑變成沖印在我心裡的膠卷，也成為我最初對跑步的印象。

回想起我十一歲「出道」那年，開始參加各大俱樂部訓練與路跑賽。為什麼是「出道」？當年，每天四點半前起床，獨自騎二十分鐘腳踏車前往集合點，跟隨一群叔叔伯伯跑完觀音山一圈，計十八公里，接著將濕潤的短褲套上制服長褲，若無其事的趕赴學校。在寒風刺骨、氣溫冰冷的晨曦，顯得特別獨立、自主、執著，甚至固執。

參加路跑賽是最嚴酷的考驗與肯定，對一位重視成績表現的男孩更是如此。雖然對人生的第一場和後來數場路跑賽已經沒有特別印象了，但每場拼盡全力跑完 8.5 公里後，就動也不動地在家裡客廳躺一整天的場景，倒是記得非常清楚。

賽齡已累積一段時間，直到在內湖大湖公園賽後公告獲得分組錄取時，我特地趕在頒獎前，先跑到頒獎區探望等會兒將頒發給自己的第七名獎盃，心想「哇，那獎盃是我的！」這才體會長久以來純粹因興趣而付出的努力，原來可以轉化成實體的獎勵。

⊕

晃眼之間三十一年過去了，眼前這位與我坐著打「詠春拳」大戰的小女孩即將屆臨小學六年級。（見照片集 P.3）

「你女兒也參加跑步訓練嗎？」一談到女兒，這是我最常被問到的問題。其實我對於她是否喜好或排斥長跑運動並不預設立場，畢竟，她的小學生活並不一定跟我一樣喜歡參加越野跑活動、有同學給她追。

如果她喜歡，我會從旁協助與支持；不喜歡，這個時代的孩子是不能勉強與利誘的，只期望她不會排斥戶外運動。秉持我一貫的想法及價值觀，跑步、登山、越野跑、騎單車、球類運動等都是我認為有益身心的「終身運動」益於身心健康與壓力抒解，遠比老是對孩子口裡喊喊「注意身體健康」更為實際。

小女從小常常跟隨為父為母的我們到越野跑團體，與同年紀的小孩玩耍追逐，日經月累無形薰陶中，基本上已不會排斥任何戶外運動。身為父親的我反倒希望小女在這個性急、好勝心強的年齡，能經由自己的喜好，無憂無慮地在運動時磨鍊一下，尤其針對沒有耐心的個性，我更支持孩子們多利用跑步或各種運動的娛樂性去改變及加強。

童年的本質是培養興趣成為未來發展的啟蒙，除非為了滿足個人名利而破壞童年的純真無邪，才需要有計畫性與目標的嚴苛訓練。

被冰淇淋「叭噗聲」追著跑的女孩

馬拉松肯定是地獄，也可以是天堂，地獄輪迴天堂，僅在 42.195 公里距離之間。

在我「出道」並獲得人生第一座路跑賽獎盃的同一年，每場路跑賽最受矚目的不是男子冠軍選手，而是一位與我年紀差不多的小女孩，可能還比我更小一些，在當時卻能夠成為國內女子長跑最頂尖的選手。

傳奇的故事在我們的驚嘆之中傳開了。據各大長跑俱樂部口耳相傳，這位小女孩長時間維持每天三小時以上的訓練。她約四歲開始練跑，在父親的要求下，六歲開始每天必須上跑步機三小時才可以下來。她的訓練場是在台北市青年公園中繞圈，有不少長輩看她年幼想要陪跑，她總是面露驚恐地拒絕說：「不行，我爸爸看到會罵我！」

有兩年多跑齡後，小女孩六歲就開始參加全程馬拉松，不明白跑步是不是她的興趣，又或長跑訓練是她的志向、目標嗎？我們都不得而知，或許當時她也不知道這是不是自己的興趣，但她被賦予高度期待與目標，接受計劃性訓練與維持嚴謹的生活紀律，這是肯定的。

小女孩場場賽事名利雙收，十三歲那年更以2小時49分19秒締造台灣女子馬拉松全國紀錄，同時也為家人贏得一輛汽車與優渥獎金。

不知道她個人當時的獎勵是什麼？也許是一本故事書，或許奢望得到一天的休息。無論如何，她總是報紙體育版的頭條，不斷贏得眾人的喝采。

十三歲的她締造全國紀錄的賽事，我也參與其中，並親眼見證台灣長跑界歷史時刻。當時自己的最大極限，也是我當天的成績為3小時03分，這個數字烙下我國中階段的里程碑。

在一年僅有兩、三場馬拉松賽事的年代，每場比賽都顯得相當重要與珍貴。那時選手們沒有晶片協助計時，號碼布與右下角小小一張名次卡僅靠一根釘書針「牢牢」繫住，是選手唯一的身分識別與護身符。

聽聞，某一年台南「曾文水庫馬拉松賽」（見照片集P.4），這位傳奇女孩一如往常率先抵達終點，賽後她卻因那張「護身符」掉落在路上，以致主辦單位無法承認她的成績及名次。所有選手不論參加或沒參加的聽到這個消息都相當驚訝，紛紛為她打抱不平，據悉她的教練在現場已極力爭取，但後續判定結果如何卻未曾再傳出新的消息。

後來的數十年間，我僅在三重體育場短暫碰過她兩次，她都沒有下場跑步，而當年生澀稚嫩的臉龐依舊沒變。至於我，從與她同場比賽開始，我就對一種聲音，一種對所有小孩都會歡心鼓舞的聲音有複雜的感覺，那是賣冰淇淋的叭噗聲。

「叭噗、叭噗」的聲音響徹街巷，大家有深刻印象嗎？想來一口清涼的冰淇淋嗎？喔！每場路跑賽從鳴槍開始，傳奇女孩的背後總是不斷出現這個聲音，原來比賽全程一直有人騎著單車、拿著喇叭不停地壓出「叭噗、叭噗」，為的是鞭策她不斷賣力往前奔跑。騎著單車的這位卻是身兼教練角色的家人，而不是冰淇淋賣販。

⊕

你喜歡跑步嗎？跑步帶給你有多大的健康與歡樂，跑步是否如水分子功效，滋潤著我們的身體與渴望？相信每一位跑者都是自由自在地奔跑著，如同玩瘋狂追逐遊戲的小孩們，雙腳的動力來自參與的慾望與企圖心，那是天真無邪的慾望與企圖心。

回頭看看自己的女兒，正如一張白紙被我們捧在手上輔以色彩，時間讓她慢慢展現屬於自己的藝術。而自己的興趣，做不到的成就，以及無法達成的願望與遺憾，跑了三十一年的我仍堅決不願意冠在她的身上。

那位傳奇女孩的故事，鮮活地不斷提醒與警惕著自己。

⬇慶豐國際馬拉松賽於昨
天破曉前，在高架高速公
路摸黑前進。
記者 陳明正／攝影
221
0102
0106

右起首位選手 221 號為傳奇小女孩，正中間戴墨鏡白色背心為黃崇華

2

自虐的少年

「這邊都沒有人，錶偷按暫停一下、偷偷休息一下，應該不會有人發現！」這是我國中時期練跑時的心中吶喊，因為太痛苦了心臟彷彿已跳出身體，緊繃的肌肉恐怕肌纖維瀕臨斷裂。這三十一年前遙遠的場景，如同初戀情人的樣貌，到現在已超過半甲子時光我都難以忘懷，而且不只畫面，連當時的確切地點都還記得，可見感受之深刻。

事件紀錄

黃崇華｜蘆洲河堤 2.8K・PB 8:56（順風）
｜北市青年盃空手道錦標賽・4th
楊登凱｜北縣田徑對抗賽 100m、1500m・1th
｜台北縣中等學校運動會 400m 跨欄・1th
楊紅煥｜馬拉松 PB・2:28:27

蘆洲河堤旁，踩不完心碎的腳步

心態是如此，身體與經驗自然會幫你配速。

人云：「青少年時期若交到壞朋友，容易往壞事方向發展。」我說：「兒少時光若遇到瘋狂長輩，容易往極端方向發展。」經常出入什麼地方，就會遇見相同興趣和生活圈的朋友，甚至未來的終身伴侶可能也在那群人中，這就是物以類聚的道理。

我其實不是跑步的料，只因為兒時每天爬山認識不少叔叔伯伯，在硬漢嶺（註）的雲霧之中，聽他們不斷訴說自己是多麼的一條好漢。而大家最常拿出來論述的戰績，就是從凌雲路三段第一登山口，全程階梯上坡攻頂至硬漢嶺區段的最快成績。每次碰面大家說出來的成績總是越來越快，其實當時也無從證實，畢竟那時沒有GPS錶這種高科技產品。

當有人不服輸或不相信時，實力派就會跳出來對論述派「下戰帖」不過下完戰帖後，通常對方就會消失一陣子⋯。也有正義使者會挺身而出，不過只比下坡不跑上坡，堪稱另類「輸陣不輸人」的比武大會。當時自己雖不是最強，但也不算弱，就是單純或笨了一點而已，才會每天想突破大家口中的

註：硬漢嶺
新北市觀音山的最高峰，昔日是憲兵學校受訓的路線，現為健行、越野跑的熱門去處。

紀錄，不斷往極限方向挑戰。

「看你那麼喜歡運動，要不要參加我們的俱樂部？」我就是被這句話所迷惑，在硬漢嶺答應參加長跑俱樂部。「俱樂部」一詞，聽起來像不像是快樂與高級享受的代名詞？我可以告訴各位，其實騙很兇、騙很大！

坦白說，當時是渴望加入的。俱樂部成員大多是四十歲左右才開始跑步的社會人士，參加原因各異，有的因為身體不好想透過運動改善健康、有的因當兵開始跑步操練，退伍後繼續保持運動習慣、有的因越來越胖被老婆要求運動減肥，還有一位是傻傻搞不清楚狀況的小六生─我本人。

數月後，我才弄清一個事實，這個俱樂部真的讓人很快樂，不過僅限於卸下跑鞋那刻，過程中我就不好意思再多說。這是個快速奔馳、樂此不疲的「山野長跑俱樂部」。

參加幾次團練後，突然發現一位林伯伯很厲害，訓練時表現雖不是最突出，但比賽成績卻是最好的，且很喜歡在破曉跑山路時，途中擅離溜去路邊廁所，但最終都能追得上來，更時常以火山爆發式噴出加速。後來聽他說：「這是最好訓練速度的方式！」

與林伯伯攀談後我才知道，他除了清晨與大家團練，下午下班後也會再到蘆洲河堤訓練速度。「阿伯，我下課後可以過去跟你練嗎？」我鼓起勇敢說出這句話，印象中他當時表情有點疑惑，不過馬上欣然答應。

依約我準時前往蘆洲復興路巷口等待，我們一起慢跑前往河堤後，他提議：「我們今天來跑三百公尺、四百公尺、五百公尺加速衝刺。」我就乖乖跟隨他開始訓練。每趟途中，感覺他一直想擺脫我，我也拼死命咬住他，但跑四趟過後我就累到不行，此時他轉頭露出得意笑容：「笑死人了！你這是什麼田徑隊的，才跑幾趟就累成這樣！」說得我啞口無言。當時的場景、畫面和氛圍至今仍歷歷在目，連被笑的地點依舊記得非常清楚。

從此過後，那條河堤上短短的2.8公里，就是我每天下課不斷穿梭反覆訓練的路線。

我對蘆洲河堤這條2.8公里路線有多懷念，相信不用多加敘述，倒是有兩件特殊事件，至今仍讓人「熱情四射」且「餘味猶存」。

河堤靠近重陽橋一側，當時仍是一座垃圾掩埋場，緊鄰河堤邊相距不到十公尺。恐怖的是，日積月累的垃圾山高度已經比河堤還高許多，陣陣「飄香」撲鼻而來，對於每天傍晚在此挑戰最佳紀錄，不斷大口大口吸氣吐氣的我來說，無疑是一種意志力與精神力的考驗。

說實話，不久後我其實習慣了，甚至很懷念那種味道，垃圾味成為相伴我三年的夕陽情感，至今仍餘味猶存，雖然我最在乎的仍是手上碼錶的成績紀錄。

某日黃昏時刻，我一如往常在河堤上痛苦煎熬地奔馳著，說土法煉鋼也好，力求突破也罷，總是以不斷突破個人最佳成績為目標，也是自己每日辛苦訓練最好的動能與犒賞。為創造2.8公里的個人最快速度，每次測驗卯足全力加速，將攻擊點不斷往前移，從最後四百公尺、最後一公里、中段過後、直到出發一公里後就發動攻勢，甚至出發才按錶就火力全開。至少，心態是如此，身體與經驗自然會幫你配速，總要有不成功則炸裂的決心。

每一次訓練，過了中段就開始非常痛苦，尤其幾乎都是一個人在抵抗逆風與逆境。有一天，空無一人的河堤上，遠方模模糊糊中似乎有人站在中央，我第一時間想「可能要稍微繞過去吧？雖然這樣很浪費體力。」再看一眼，疑？不對！是兩個人。當腳步不斷接近，終於水落石出，原來是一對情侶在擁抱熱吻！在當時民風較保守的年代，此刻畫面說有多火熱就有多刺激。

「算了吧！只能算我歹命。」原本太累沒有多想，但當我從這對熱戀情侶擦身而過，才發現「那位女生是我同班同學！有看錯嗎？噢不！」我偷瞄超過三秒，非常肯定就是她，倒是他們忙碌到根本沒發現有人「含淚」經過。你能想像那瞬間的動態對比有多強烈嗎？

讀到這裡，你一定認為我酸葡萄心理，或是別人在吃麻辣鍋我在旁喊燙。雖然那位女同學不是我的初戀情人，但當時正值情竇初開年紀的我很難不注意她，至今都記得她的模樣，此時「男主角為何不是我」、「若說他們是火山溶漿，那我就是火山灰」這些詞句都不足以完整形容當下的感受。

倒是那天最終跑出多少成績？有沒有因為受太大震撼而彈飛飆出新紀錄？我已完全沒印象了。

與空手道獎盃擦身而過

人因夢想而偉大，因愚鈍而成就。

國中一年級報名參加學校田徑隊，一開始相當擔心自己沒被選上，幸好和學校教練面談後，很興奮知道自己入選。

校隊開訓後，才發現整個隊伍不到十人，招生不如預期，固定訓練的出席狀況也僅剩小貓三隻，這三位分別是短距離、跳遠，以及中長距離的我。非賽季期間學校幾乎沒有訓練，所以我都以長跑俱樂部的訓練為主，但與其說訓練，倒不如說是個在叛逆期很愛跑步的國中生罷了。

國一不知道是書讀得不好還是太好動，莫名參加了學校空手道社團。空手道訓練中，我們要練靜坐、打型、對打，最後順利通過黑帶審查，也獲得參加台北市青年盃空手道對打比賽的機會。

當時的空手道比賽不像跆拳道有護具可穿，全身上下僅是一套道服與腰帶，護襠是自由選擇是否穿上，至於我當時有沒有穿護襠，就在此保留為最高機密。

比賽規定出手攻擊後一定要收手，不能將力量完全貫通對方身體，是一種「點到為止」的概念。第一場比賽我贏了！對方被我打到鼻子流血，然而下場後教練提醒我，那一拳我沒有收手，裁判沒抓算賺到，下次一定要記得收手。我當下才意識到，自己在求勝的企圖心中，早已忘卻平日訓練的規範。

我對於晉級的下一場比賽充滿期待，因為前三名就能獲得大獎盃，當時很期待拿到路跑賽以外的任何獎盃。然而，開賽後我卻不斷閃躲，因為對手實在太高大了，我擅長的「前腳側踢進」完全無法發揮效果，不意外的結果是敗陣而歸，而且被打到牙齦流血。最終無緣圓獎盃美夢，只得到第四名的安慰獎狀。

某一天下課後，空手道教練找我，田徑教練同時也在找我。在這般非得攤牌只能擇一的情況下，還是選擇了最無趣的長跑，這可能跟當時無趣的個性有關。

短暫的空手道學習過程中，從教練的教導中學到「習武之人，首重武德」練武習武是運用在健身與禦敵，不應為攻擊別人之器，遇到任何狀況必須以「忍」為最高原則，直到忍無可忍決定出手時，出手瞬間就必須讓對方立刻倒下，不能讓對方有反擊機會，並與對方保持適當距離，預留反應時間和出手空間。這是空手道教練不斷灌輸給我們的觀念，至今仍終身難忘。

直到現在仍相當懷念那段學習空手道的日子，只是今生再也沒有機會參加對打擂台賽了。

國中頒獎台上的舒伯特

訓練如生活，比賽如人生。

我是蘆洲三民國中第一屆的學生，國一下學期，學校來了一位畢業不久年輕的田徑女教練。教練知道我假日常常參加路跑賽，便跟我說：「崇華，以後你參加的路跑比賽，只要有得到獎盃都可以拿來給我，我在朝會時請校長或主任頒獎！」

那天過後，我就真的沒在客氣，由長跑俱樂部報名的每場路跑賽只要有得到名次，除了在比賽會場上台領獎一次，隔天就主動將獎盃帶到學校，趕在朝會前拿給田徑教練。

頒獎的最大特權就是朝會不用跟同學排排站，可獨自在教務處或體育室休息等候，待全校唱完國歌，校長、各處室宣導佈達後，聽到司儀麥克風說出：「頒獎，頒發幾年幾班黃崇華參加某某路跑獲得第幾名。」同時奏起舒伯特的軍隊進行曲「噔、噔噔噔、噔噔噔、噔噔……」全校師生順勢鼓手拍掌時，我才閃亮出場，接受「同一只獎盃」的授獎儀式。就算有時只獲得第四名，獎盃上面列出「優勝」而已，也可蒙混過關。

平均每兩至三週，我就會受頒一次獎盃，而印象最深刻的一次，是我在一場路跑賽中破了紀錄，教練知道後，在進入學校大門後必經的川堂佈告欄，貼上斗大的紅色佈告紙，上頭寫著「狂賀，某年某班⋯⋯」如此招搖的公告，讓我在同年級中知名度大開，但是我的小小心靈仍覺奇怪，怎麼從來沒有座位附近或隔壁班女同學，勇敢遞出小紙條跟我做朋友？

路跑比賽的頒獎會場，常見和學校裡播放著同樣的頒獎音樂——舒伯特的軍隊進行曲。這首經典樂章對於少年的我，真是百聽不厭、懷念不已。不同的是，比賽頒獎台上氛圍嚴肅許多，唯有第一名選手才有資格帶頭喊「敬禮、禮畢」等頒獎儀式，於是我會特別關注前面名次的選手，待下一場比賽抵達會場、熱身、起跑、折返後和終點前，都會默默留意這些對手。

國中時期為了比賽，我曾特地從台北南下到屏東車城，參加一場全國性十公里路跑賽，當時沒有運動旅遊的概念，為了比賽南下，比賽一結束就立刻回台北。

多次參加上午場後回家短暫休息，又接續趕去跑下午場。結果發現起跑點和頒獎台上都是同一批選手，想必是因為上、下午場都有獲勝獎金，吸引所有高手前來。最誇張的一次，下午場分組前五名跟上午場一模一樣，而且兩場還在不同地區進行。下午場頒獎時，自己內心不斷哀怨「怎麼都躲不過你們這些高手」，不過自己也心知肚明，與其躲避，提升自己實力才是最實在的。

國中時代就是這樣的情節不段重複，無論吃、喝、玩、樂、睡都跟跑步有關。

沾滿紅土與汗水彩繪的笑容

強者總是孤獨，孤獨總是頑固。

國中的我嗜跑成癡，國二時聽聞北縣光榮國中田徑隊在國內國中的成績屬於頂尖水準，探尋後才發現竟然在離家不遠的三重，心血來潮的一天我鼓起勇氣，在下課訓練時間獨自前往。我從學校後門一進去，就看見當時國中明星選手楊登凱。

他曾於台北縣一場田徑對抗賽中，奪下一百公尺與一千五百公尺雙料冠軍，那天台北縣所有田徑選手都相當錯愕，因為國中徑賽最長與最短的距離項目，在一天內被同一個人豪奪冠軍，而這兩個項目卻不是他的專項，他其實是四百公尺跨欄選手。

我個人與楊登凱有一段淵源，至今難忘。中等學校運動會是學生時期最重要的賽會，關乎學校獎牌排名、個人升學、也是學校教練執教的成績指標。國三那一年，最後一次參加台北縣中等學校運動會，順利進入八百公尺項目的複賽階段，複賽共有兩組選手，每組取前三名穩進決賽，兩組成績再合併擇優兩名，共八名進入最後的決賽，而前八名都可獲頒獎狀。

複賽開賽鳴槍前，在大廳裁判老師檢錄點名後，楊登凱突然召集我們這組複賽選手（當時大家來自不同學校，彼此根本不認識），他對大家說：「複賽後再兩小時就要決賽，我們這組前面要跑慢一點保留體力，後面決賽才有體力拼。」大家想想覺得有道理。

於是在鳴槍後，楊登凱率先領頭帶跑，但速度壓得非常慢，一般情況，這時一定會有選手爆衝，或超越出來帶更快的速度，或許大家稍早受他洗腦的影響不小，八位選手都以比一千五百公尺更慢的速度擠在一團，跑完一圈半約七百公尺。就在終點前一百二十公尺，也就是彎道快結束即將進入最後直道時，楊突然爆衝瘋狂加速，其他七名選手瞬間傻住，然後才開始加速，當場我也是茅塞頓開全力衝刺，但是不僅為時已晚也力不從心了。

賽後我相當懊悔不已，但也無力回天，只能等待另一組複賽選手成績，最後大會公佈成績與入選決賽名單，我剛好是合併成績計算後第九位，無緣進入決賽。雖然不甘心，仍很關心大家的決賽成績，最後看到決賽第八名的成績比我複賽還慢，無疑再度給自己重重一拳，這也是最沉痛的打擊與深刻的教訓。

常言道：「商場如戰場，兵不厭詐。」只能怪自己太單純，也欽佩對手的實力與機智。這是我在賽場上第一次被騙，自此過後便很少被騙，都是騙人居多。

有實力始可言論戰術、有戰術方可掌握勝利。

回到國二當我踏進光榮國中後門那一刻，楊登凱正扛著一組重量器材，對大家說今天要做重量訓練。我第一次看見超過三十位選手一起訓練，不僅大開眼界也相當羨慕，畢竟我們學校沒有正式的田徑教練團，都是由體育老師輪流兼任，常出席訓練的選手只有三位，也僅有我一位中長跑選手而已。

我找到當時知名教練張淑惠老師，對張老師說：「老師，我可不可過來跟你們一起訓練？」老師露出很驚訝的表情，打量我一番後詢問原因，我也據實以報。「可以啊，那就轉學來我們學校！」老師說。

然而，即將升上國三的我，最後一年若來到人生地不熟的環境，可能需要承受很大的風險與適應。對張老師而言，若不轉學我就是他們學校的對手，讓對手到自己的陣營長期訓練，確實是一件奇怪也不符合邏輯的事。於是自己只能忍痛，感嘆無緣無福參與最具規模、體制、競爭性的光榮國中田徑隊訓練系統。

國三時，老師、教練不斷勉勵我們盡量就讀公立高中，因為將來升大學機率較高。在統一長跑隊的高中學長告知考試資訊後，得以在國中聯考前，先報考了省立楊梅高中體育班獨招考試，因為擔心去一個陌生環境難以適應，而且沒有認識同學可以作伴，於是邀約同校三民中學田徑隊的短跑同學郭榮華一起參加考試。

我在國中時的成績普通，屬於中段班學生。為了這場公立高中考試的學科檢測，考試前我很認真讀書，但也不忘加緊訓練，爭取更關鍵的術科比賽。體育班考試很特別，學科占百分之三十、術科占百分之七十，換句話說，術科田徑考試相當於古代比武大會，如果贏得勝利，入學機率就大增，這是我人生中相當重要的一場考試、一場比賽。

第一天先考學科，上午第二堂考試結束後，大家到走廊休息準備下一堂考試，突然一位應考學生走到我們身旁說：「聽說台北來了兩位學生好像很厲害！」我和同學聽到瞬間差點爆笑，異口同聲回覆：「我們就是台北來的！」坦白說，我們內心其實更怕他們，因為許多人都知道桃園地區有眾多原住民好手，他們不但體能非常優異，速度爆發力更屬於上乘。

第二天術科考試才是重頭戲，楊梅高中操場是紅土四百公尺標準場地，上午第一項檢測就是我的項目一千五百公尺。因報考人數眾多，分成四組，每組約十二位學生選手出場，也就是說報考此項目有約五十位選手，要角逐僅僅兩個名額，有時學校教練會依最後檢測成績，決定某些項目要錄取分配多少名額，取代固定名額的分配制度。

比賽前已相當緊張焦慮，出場名單上我又是排在第一組，增加我坎坷不安的心情，一心想早點跑完早點解脫。當時楊梅高中田徑隊的中長距離項目是傳統有名的強項，最著名的選手是有「紅孩兒」稱號的楊紅煥學長，學長在高中組一萬公尺曾跑到32分12秒58，馬拉松最佳成績為2小時28分27秒，相當優異。不僅如此，屬於高步頻跑法的他，在高山馬拉松、山路賽事等項目更是成績斐然。

考試比賽即將鳴槍出發，起跑前所有選手把握最後時間，無論漸速跑、加速跑、馬克節奏、原地高彈跳等，各種招數紛紛出籠，看起來很厲害、很恐怖，也氣勢逼人。此時紅孩兒學長也在旁簡單熱身，似乎想跟大家一起跑。

鳴槍後，所有選手毫不保留如賽馬般衝出柵欄拔腿狂奔，硬質紅土跑道瞬間被數百根釘子威震八方，正式宣告本場戰役已展開廝殺，大家搶破頭只為了擠進公立高中，儼然社會人士競爭職缺的場景。

第一圈四百公尺我只能尾隨，換言之，大家速度都比我優異，根本輪不到我有領先機會，過了大約六百公尺，大家速度瞬間掉了不少，我也趁機取得領先的位置。一千公尺處，全程陪第一名跑的紅孩兒學長突然對我說：「穩住！穩住！」直到最後一圈都還沒有其他對手上來與我競爭。我知道這不代表勝券在握，因為還有其它三組選手即將上場，我無法預知他們的成績是否比我優秀，只能拼了命把成績跑好。

率先抵達終點後，稍微抒解不安的心情，間隔不到三分鐘，第二組選手也鳴槍出發，看到紅孩兒學長繼續帶跑第二組，直到帶跑完四組第一名的選手，由衷欽佩他的實力與訓練強度。

不到半小時內，四組選手全數跑完，我也在一旁紀錄每組前兩名的成績，而我的總排位居第二名。一位來自新竹縣田姓原住民選手的成績比我快一些，他曾在全國中等學校運動會國中組，奪下一千五百公尺前三名獎牌，算是本場獨招考試中長距離項目，來頭最響亮、實力最堅強一位，但這場與他在全中運成績有不少落差，據說他全中運後就疏於練習。

每次大賽前，我都會打聽掌握情資，資訊戰、情報戰從學生時期就已經悄悄展開激烈攻防。

術科考試結束的下午，我獨自到蘆洲河堤慢跑放鬆，那時我才發覺自己的放鬆行為模式與一般學生截然不同。

考試結束後雖然知道自己有希望，但沒有把握一定考上，況且還有學科筆試成績需要統計。等待放榜的期間既期待又惶恐，在網路資訊尚未發達的年代，只能在家裡等待考試放榜通知書，因為迫不及待想知道考試的結果，我還偷偷打電話去學校詢問過。

在家收到成績通知書的一剎那，真的可用「欣喜若狂」來形容，尤其回到國中上課時，看到同學正在拼命準備聯考，而自己已篤定進入公立高中，在學校走路時都有一種意氣風發的感覺。殊不知，自己即將面臨學生時期最關鍵的轉捩點。

⊕

高中時期首度離鄉背井，前往異地居住。每週六中午下課後才獨自搭火車回台北，每週日午後就提前離家前往學校，為的是趕在宿舍教官晚點名前，去楊梅高中操場或周邊道路再好好練跑一下。週日下午時段，學生們可能在瘋狂玩樂，也可能正在家中休息，總之，未曾有同學此時跟我跑過步，於是我也沈醉在自己的跑步世界、自己的享樂世界。

在楊梅高中操場上，我們最常跑的課表是三百公尺十趟，大約跑在三十九秒至四十二秒區間。我常在訓練結束後發現小腿前方脛骨位置因為跟前面同學太緊，而被釘鞋刺傷流血，不過當時不會有任何在意，因為我更在乎訓練的成績表現。

高中獨自訓練時常突發性對自己施壓，沒邏輯性地虐待自己。記得有次傍晚獨自在操場跑步，我看到一群學生正在打排球，心想「既然你們能打我就能跑，非要跑到你們先結束不可。」天色昏暗後他們仍不肯停歇，最後我也生氣了，心想「有種你們打到半夜十二點，我就跑到半夜十二點。」經過漫長的對抗後，他們終於善罷甘休結束，獨留既疲憊又虛脫的我。

某天清晨獨自在操場跑步，快結束時錶帶竟然斷了，好不容易找到錶帶，卻找不到錶帶與錶結合的細杆，當下心想「今天不把你找出來，我就不離開操場！」那根細杆如牙籤般細小，縱使在ＰＵ操場要找到這麼細微的物體也不容易，況且是在紅土四百公尺操場，跑道上還摻雜有枯葉、樹枝等雜物，猶如海底撈針陸上版，但最後真的被我找到了。

高三住校期間，有次星期六因為要補課，那週末就沒有回台北。星期六下午教官突然宣布住宿生集體到視聽室看電影，當所有學生都雀躍不已時，我心想「看電影的歡樂時光一下就過去了，不如去跑步訓練好了。」不到十秒我就想到要挑戰三百公尺衝三十趟。

因為視聽室位於操場旁邊，所以每趟我都可以關注裡面歡樂的同學。大約八十分鐘過後，同學們滿心歡喜的走出來，而我也沾滿紅土與汗水彩繪的笑容，蹲坐在終點處。

3

一生難忘的國內經典賽

究竟是賽事承載著跑者，亦或是跑者成就了賽事？

無論是團體戰或是個人挑戰，馬拉松、越野賽、高山越野，甚至跑步環島，每一種比賽或是練習形式，都是跑者用盡身體痛苦、精神折磨與汗水，刻畫出自己一生難忘的賽事經歷，也為這些消失的經典賽譜出難以被時間抹滅的地位。

事件紀錄

何信言｜馬拉松 PB・2:22:30
官原順｜10000 公尺 PB・30:46.83
黃世瓊｜奧林匹克盃玉山高山馬拉松賽・3:08:11
廖本達｜馬拉松 PB・2:39:00
林國良｜10000 公尺 PB・31:37.99
牛頭鞋長跑隊｜團體越野健行大會・1th
統一企業長跑隊 A 隊｜團體越野健行大會・2th
黃崇華｜1993 曾文水庫馬拉松・2:55:21
花蓮國際馬拉松賽・4:08
林福城、吳興傳、曾太平
林清勇、黃銓仁、黃崇華｜統一企業環台長跑挑戰賽・7日環台挑戰成功
吳有家｜奧林匹克盃玉山高山馬拉松賽・3:02:23
黃崇華｜奧林匹克盃玉山高山馬拉松賽・4:10

初入山野的三公斤「重擔」越野健行大會

戰役勝敗之榮譽，不僅於勳章，而是榮耀隊員。

十二歲就讀國中一年級時期，也是我正式加入「山野長跑俱樂部」的那年。加入俱樂部沒有盛大歡迎的加盟儀式，幾個月後僅拿到一件綠色背心，背後印上「山野」兩字。

當時，大家正在準備一場團體越野賽，這場算是一年之中大家最重視也最期待的賽事，地位僅次於曾文水庫馬拉松賽。由於這場的賽制採團體排名賽，具有團隊戰力展現與團隊榮譽的特殊意義，因此大家都相當看重也全心投入訓練中。

每年決定團體越野賽組隊實力的編制，多多少少會有一些紛爭與雜音。換個角度想，如同公司運作，大家因為重視才會有討論與爭取，以正面積極的態度做出客觀果斷的決策，終將往勝利的一方前進。

這場賽事由中華民國山岳協會主辦，名為「第四十四屆團體越野健行大會」，每年都在十月份舉行，也列為十二月份馬拉松的前期訓練與前哨戰。雖然賽事名稱與活動型態屬於健行，但因總排前十名隊伍可獲得錄取獎勵，在路跑賽還相當稀少的年代，是馬拉松選手大展身手的競技舞台，每年總共吸引逾千隊近三千多人參賽，出發前總是擠爆會場現場。三十年前的路跑賽很少超過千人參與，這一場可說是盛況空前，規模浩大。

賽事規則相當多元，不僅考驗個人體力耐力，更是團隊互助精神的展現。早期比賽設有五十公里組、三十公里組等距離，從我參加的那幾屆開始，則取消五十公里組，僅保留三十公里組。此外，大會沒有個人賽，只有團體賽，每三人為一隊，每隊配發三個背包，每個背包裝有三公斤米，不過這不是大會擔心大家餓了可以在山上煮，更不是可直接帶回家的報名贈品，而是規定必須「全程背負」的強制裝備。話說這趟路程七成以上是困難度較高的越野或登山路線，比賽挑戰難度可見一斑。

賽事起點設於北市泰北高中操場，出發後從至善路開始上坡，直攻最高點風櫃嘴，左轉進山徑行經頂山、石梯嶺、抵達擎天崗大草原。

中段從冷水坑開始，經巴拉卡公路、二子坪蝴蝶步道，抵達二子坪遊憩區。然而這段是經過中湖戰備道、竹子湖路；或是從夢幻湖、七星公園、攻頂七星主峰再下小油坑，我對路線的變換己沒有特別印象。因為賽道每年會微幅改變，或是在烈陽高照之下，長時間背三公斤負重比賽，要全程集中精神難上加難。大部分時間，我只是跟著前面的人走，偶爾才看看地圖甚至詢問路人。

後段則是從二子坪遊憩區經三聖宮、清天宮登山口，最後一路下坡抵達終點北市復興高中。

有別於目前大型賽事皆以晶片作為計時系統，這場大會司儀宣佈活動正式開始後，各組裁判才開始發放檢錄地圖。此時，各隊競技人馬蜂擁而至，爭相領收後立即加速狂奔。當然還有另一種也是大多數的隊伍，選擇以健行型態體驗山林之美，細細享受這趟美妙旅程。

各隊依序經過每個檢查站時，都必須接受裝備檢查、蓋章，才能繼續前往下一個檢查點，抵達終點時由裁判檢視每隊完賽資格。大會規定成績判定以該隊三位同時抵達終點，或該隊最後一位進來的時間為全隊成績及名次，因此大部分隊伍都以三人同時前進的策略來移動，若隊友體力不濟或發生抽筋等狀況，也便於第一時間協助照料。

當隊友遇突發狀況，最直接也是最大的幫助就是幫他負重。以我的經驗，通常對方第一時間會說：「啊⋯不用我還可以，真的不用我可以再撐看看。」但當你直接取下他的背包，他會馬上說：「真歹勢，麻煩辛苦了！」就不再拒絕。此後，協助者就要背負高達六公斤，受助者換得一身輕盈，得以好好調節體力，以應付後段更艱困的賽程。

我看過最驚悚的畫面是，某一屆當我們跑到士林風櫃嘴前上坡段，一位男子選手從後面追了上來，我回頭看了一眼，原來是來自高雄的長跑好手林國良。他超越我們時一個人身上背了三個背包，等於一個人背負九公斤的重量，以過人的運動能力奔馳於陡坡之中。我的隊友們見狀無不嘖嘖稱奇，當下林福城隊友問他：「哇！這麼厲害，你的隊友呢？」他則以平緩口吻回說：「沒辦法啊！我的隊友都還在後面……」這個場景、這句話讓我難忘至今。

賽後，我和隊友們都很好奇他最後是否順利跑進終點，因為他超越我們之後，接著還有二十多公里的越野路程。雖然最終沒有得到確切的消息，無論如何，他的實力與拼勁實在令人非常欽佩與感動。

加入山野長跑俱樂部之後，我參加過數次「團體越野健行大會」。印象最深刻且溫馨的是我十一歲首次隨俱樂部組隊參賽，出發後不久就一人獨跑，跑到比賽後段剩不到八公里，當時已接近中午，遇到綠野長跑俱樂部的一對父子，外觀體魄強健的父親問我：「哇！看你年紀那麼小，你的家人隊友呢？有沒有吃飯？」我回答爸爸在我背包有放一個便當，但沒有時間拿出來吃，當下他不斷勸我取出來吃，並提出暫時幫我背負重量。雖然很不好意思麻煩別人，畢竟賽事經過六個多小時，每一位選手必定都很疲憊，經他不斷勸說後我也妥協了，更不忘說出：「真歹勢，麻煩辛苦了！」

印象深刻的是，當這位大哥幫我從背包內取出便當，看到還有幾顆柚子、幾瓶礦泉水等補給，他露出驚訝的表情說：「哇！你背這麼多，這麼重啊！」

那次過後的數十年間，在路跑賽現場，偶爾會遇到這位體魄強健的大哥，我都會點頭致意，不忘感謝那短暫的協助、莫大的幫忙。

記憶中，最終我雖然有順利完成比賽，但確切的完賽時間已不記得，不過可以肯定的是，競賽時間比我的初馬時間多出三小時以上，也算是另類的初馬賽事。

⊕

我最後一次參與這場越野健行大會，大約在國三或高一時期，當時已入選統一企業長跑隊最堅強A隊，隊上在組訓期間，還有另外兩位長跑界名將，分別是馬拉松何信言老師，全馬曾跑出2小時22分最佳紀錄；短程則為官原順先生，場內一萬公尺曾跑出三十一分內成績。兩位名將都是路跑賽的常勝軍，但因為他們專於田徑場與馬拉松等路跑賽事，越野賽較少參與，才讓我有機會得以入選A隊。

我的兩位隊友實力戰績都相當顯赫，一位是早期越野跑名將黃世瓊前輩，黃前輩無論高山越野跑的訓練與賽事、馬拉松等經驗都相當豐富，個人最佳紀錄為從玉山登山口單攻主峰往返，只花3小時8分11秒時間。而一般登山民眾大約會花兩天一夜登上玉山，若是登山好手或越野跑選手單攻，也需花費半天以上。此成績拿到現在來看，仍是非常不可思議的紀錄。

另一位是市民跑者廖本達先生，廖大哥約四十多歲才開始跑步，馬拉松最佳紀錄2小時39分，奧林匹克盃玉山高山馬拉松賽更以3小時10分43秒奪下總亞軍。在那個年代的馬拉松跑者對他應該都不陌生，堪稱業餘名將等級。

廖大哥有兩項趣事至今仍讓我印象深刻，在一次曾文水庫馬拉松賽前一天，他邀請大家去散步走走，多位馬拉松選手不疑有他，結果他帶大家走了五個多小時才回來。隔天馬拉松賽大家都因鐵腿而成績不盡理想，只有廖大哥跑出優異的成績。原來他平常除了練跑，已習慣每天走路三至五個小時。

另一次在車上聽到他跟跑友說，前陣子交了一位女朋友，但僅約會一次對方就失聯分手了。大家都問他知道分手的原因嗎？「我只不過找她一起去看電影，我們走了十多公里路去看，看完再慢慢走回來而已……」廖大哥娓娓道來。

比賽前得到情報，實力堅強的三人組合奪冠的最大競爭對手是「牛頭鞋長跑隊」這個被公認最強的隊伍由吳有家大哥領軍，吳大哥堪稱越野界最頂尖素人跑者，他當兵時才開始接觸跑步，退伍後正式投入訓練不斷精進，馬拉松最佳紀錄曾跑出2小時27分，更曾在奧林匹克盃玉山高山馬拉松賽以3小時02分23秒奪得總冠軍。他在越野賽、高山馬拉松、登高賽等領域都是台灣長期霸主，打從我開始參加越野賽近二十餘年間，沒看過他在任何一場越野賽輸過，第二名選手更是與他有不少差距。

牛頭鞋另一名隊友是周顯光先生，周大哥也非體育科班選手，他在大專運動會代表台灣大學出賽，因為台大沒有體育相關科系，所以他是乙組選手身份，一萬公尺跑出32分16秒不可思議的紀錄，此成績別說是當時的甲組選手，以目前甲組選手而言，也是相當夠水準的成績。

牛頭鞋還有一位隊友是吳銘鎮教練，吳教練住在台南，因此我對他的了解不多，僅知道吳教練曾是牛頭鞋隊長，那些年參加「曾文水庫馬拉松賽」時，看過幾次吳教練率先折返的跑步英姿，對他獨特的跑步姿勢印象非常深刻。

這屆牛頭鞋長跑隊派出名將等級應戰，三位選手馬拉松都具有二小時三十分實力，團隊戰力絲毫不遜於現今任何一場團體賽事，包含馬拉松接力賽在內。這個組合可說是長跑界名人堂隊伍，展現勢在必得的奪冠企圖心。

那些年每一場路跑賽，「統一企業長跑隊與牛頭鞋長跑隊」兩大菁英隊伍對決局面儼然成形，這兩隊也幾乎網羅了當時長跑界菁英選手。

在得知自己入選統一企業長跑隊A隊時深感榮幸，但也感受到極大的壓力與挑戰，深怕拖累隊友折損戰力，更不用說我們的對手有多強大。然而當時因為隊員三人分別居住在不同區域，賽前只能仰賴每個人各自埋頭苦練全力備戰。

比賽終將到來，那一屆會場起點改在台北市復興高中，依慣例鳴槍後才發放檢錄地圖。我們的戰術是留一位最強隊友在起跑處爭奪，另兩名隊友背著他的背包先跑出去，等同兩人背三包互相協助，待最強隊友奪得檢錄地圖後，再輕裝快速追上來跟我們會合。如此會比拿到檢錄地圖後，三人才負重一起出發快上許多。

因為大會沒有禁止選手可先單獨出發，只要在司儀宣布活動正式開始後出發，都不算違反大會競賽規則。有經驗或有機會進入總排前十名的隊伍，都會選擇採用這種戰術。

開跑後，行經惇敘工商、跑往七窟溫泉餐廳附近，這段是長距離公路上坡，大會在此設下第一個檢查站，我們三位同時抵達時，裁判看到我疑惑了一下，表明只檢查我一人的背包，不用檢查另兩名隊友。當下我沒多說什麼，但裁判在檢查過程有點不好意思地表示：「往年傳出不少選手在背包內偷塞報紙代替米，看你那麼年輕卻跑在前面，還是檢查一下好了！」當然，我順利通過檢查也沒有耽誤太多時間。

比賽過程中，我們沒有太多纏鬥的機會，最終以亞軍作收，算是順利完成任務也符合原本的戰力評估。那時我是A隊實力最差的選手，影響了團隊戰力，也與牛頭鞋在整體實力上有一段差距。

這一屆過後，大會因每年都傳出不少爭議聲音，例如，選手看到某隊在公路段，整隊坐上有人接應的廂型車，進山徑或檢查站前才下車繼續跑；或是未按照大會規定背著每人三公斤的米⋯等等。種種亂象爭議不斷，導致大會決議隔年起取消團體前十名的錄取獎勵。不少馬拉松選手，包含我們這一隊便再也沒參賽，可說是相當可惜的一場經典賽事。

備戰初全馬「下基地」御史路 18K 與八里海岸 32K

毅力其實不需要決心，決心其實不必要目標。

十二月份，我獨自跑在八里海邊的道路上，在寒冷的冬天卻全身濕透、體力透支，只好向騎著機車趕往釣魚的陌生人招手攔車，用顫抖的聲音緩緩說出：「請問可以載我一段路嗎？若不順路能載多遠算多遠，很感謝！」

這樣自虐式的訓練，最終都是為了人生初馬鋪路。

十三歲那年，迎來了人生第一場正式馬拉松—曾文水庫馬拉松賽。雖說經過一年訓練與賽事洗禮，對於初馬稍有信心，但那個年代的馬拉松選手，幾乎沒有在歡樂馬輕鬆跑，因為每一場馬拉松都必須在四小時三十分關門時間內進終點，否則視同棄賽或無法取得完成證書。全馬四小時三十分，對一般女子馬拉松選手而言，挑戰度相當高，況且每五公里才設有一個水站，每位選手無不力竭拼命地跑，雖不敢說用生命在跑那麼浮誇，但以最積極的態度面對挑戰是肯定的。

賽前三個月，長跑俱樂部流行開始「下基地」也是現在俗稱的關鍵訓練期，意味著必須全心全意投入訓練，除了每日晨跑，還包含假日特訓。

當時大夥開始相約從週一至週五早上五點整，於大S彎道（現今的成蘆橋下）集合，經五股成泰路後右轉上御史路，最高點抵達觀音山風景管理處，再沿路下坡回到集合處，總路程大約十八公里，訓練結束後大夥再解散趕赴上班，下午則是大家各自偷練的時段。

這條路線前面約三公里是平路，適合大家先輕鬆聊天並充分熱身。從御史路開始就是大陡坡，而這條路的最大特色就是並非連續上坡，途中還有多處微下坡，類似小「W」地形，可讓緊繃的肌肉得到舒緩，也有助於提升速率，但整體地勢仍在向上爬升。

在即將抵達最高處前五百公尺，有一段令人難以接受的大陡坡，因此有人在地面噴上「好漢坡」字樣，以此為名激勵著奮鬥中的跑者。抵達最高點後，大約有五公里連續下坡，直到最後三公里又回到平路，也是大夥最後飆速的路段。

在訓練期間，最深刻的記憶就是前段市區中伴隨我們的不是掌聲，而是垃圾車播送的「少女的祈禱」某一天，我聽見一位倒垃圾的阿嬤看著我們說：「吃飽太閒才在那邊跑！」

我們每天抵達御史路時天都還未亮，沿路上經過不少墳墓區，在訓練體力耐力之餘也順便鍛鍊膽量；下午則會到蘆洲河堤作各種速度訓練，基本上每天至少跑二十至二十六公里。週五下午與週六則是固定的休息時間，那時還沒施行週休二日，週六上半天大家仍要工作，週日則是訓練的重頭戲。

週日訓練最常跑的路線，是從八里廖添丁廟集合，出發後跑台十五線海邊道路，經八仙樂園、林口火力發電廠，直到桃園竹圍漁港附近再原路折返，總距離大約三十至三十二公里。

記得第一次跑這麼長距離之前，我特地去買了一雙知名品牌的慢跑鞋，當時最新科技流行的叫氣墊鞋，老闆不斷推薦跑步穿這雙準沒錯！跑鞋所費不貲，但為了馬拉松訓練，心一狠決定買下。

第一次跑這條路線時，跟不到三公里就落隊獨跑，因為跑前大家有特地交待我，跑到預先設定的時間一定要先折返，以免跑不回來。雖然我已先折返，最後還是累到用走的，而且最後一段因為肚子太餓，還跑去路邊吃甜不辣充飢。費了一番功夫好不容易回到終點，才發現第一次穿的氣墊慢跑鞋早已破氣報銷。

另一次在同一路線回程時，因體力耗竭渴到不行，看到海邊靠近沙灘處有一間土造小屋，猶豫一下鼓起勇氣去敲門要水。

過了許久，一位阿嬤應門，我說明來意後阿嬤好心地請我等她去取水，等待時我突然看見客廳祖先牌位上有一位往生者黑白照片正望著我，想是阿嬤的先生，瞬間感到相當恐怖淒涼，嚇到忘卻體力不支的痛苦，一喝完水隨即向阿嬤道謝，就立刻加速逃離現場。

記得那一天的氣溫非常寒冷，我的背心、短褲卻已濕透，回到濱海公路上累到走不下去，只好試著攔車，當時身上不僅沒帶錢，當地似乎也沒有公車可搭，折騰了半天，終於有一位準備去釣魚的機車騎士願意載我。坐在後座的我雖然免去走路的痛苦，但寒風刺骨也是相當煎熬。

⊕

經過這條八里至竹圍漁港長距離訓練的洗禮，為期近四個月特訓也即將結束，但是刻苦的「訓練」倒是還沒結束。初馬賽前兩週，一位馬拉松前輩私下跟我說，肉類屬於酸性食物，不利馬拉松耐力運動表現，建議我儘量不要吃肉類食物。當下我毫不猶豫決定「戒掉吧！」於是賽前兩週無論中午在學校吃便當、家裡的晚餐、雞排店等，一律謝絕所有肉類食物。

一個在發育中的學生，中午將整個便當最精華的主菜送給同學，需要相當大的勇氣與決心。比賽前三天，家中的晚餐出現了難得一見的鹹酥雞料理，雙眼注視許久，緊握雙拳，最後理智終於戰勝邪惡的念頭。那個場景至今仍歷歷在目。

十三歲的人生初全馬
曾文水庫馬拉松賽

馬拉松比賽是…跑了才知道，進終點才算數！

民國八〇年代，台灣一年大約只有三或四場馬拉松，每年固定舉辦也最具指標性的就是由中華民國田徑協會主辦的「曾文水庫馬拉松賽」這場賽事在每年十二月份於台南地區舉辦，困難挑戰度不低，也時常遇到炎熱天候的考驗。

賽事起點從曾文水庫管理局出發，行經台南玉井市區，續往北寮國小再原路折返，途中有不少上下坡起伏，最後兩公里大陡坡更是對選手意志力的極大考驗。每年賽事都有不少觀眾會守在四十一公里處終點前，全程觀看選手們各個歷劫歸來、浴火重生的場景。

曾文水庫馬拉松的賽前一天，我抱著忐忑不安的心情，沒有太多興奮與期待，與眾多馬拉松好手一起搭上遊覽車前往會場。車輛緩緩駛入賽道範圍時，大夥的情緒如空襲警報般瘋狂，輪番訴說著自己去年的慘況。

主辦單位在賽道上的每一公里都設有明顯標示，當車輛行經三十公里處，大家口徑一致說：「就是這裡，從這邊就開始知道累了！」對於從未跑過馬拉松的我而言，此時聽到大家議論紛紛，猶如已打上麻醉的羔羊，全身抖動等待屠殺。不久後，又經過三十三公里處，不禁開始幻想明天經過此地猙獰的模樣，還沒比賽又再度對自己補了一槍。

到了三十七公里處，一位選手脫口而出：「我去年就是在這裡棄賽的！」當時自己很納悶：「都已經跑完三十七公里，最後五公里應該可輕鬆跑完，為什麼要放棄不跑完呢？」只能說，當時真的太單純、太天真了。在短短半小時車程中，比賽還沒開始，已先進行了一輪馬拉松巡禮與震撼教育。

馬拉松專車抵達會場，大家火速前往餐廳報到，當兵用的超大鍋飯被大家一掃而空，不少跑友還偷渡回房間，在半夜進行最後的肝醣超補（註）。無論是哪一位團員在戶外煮火鍋、搭帳篷，以及睡前聽過哪些歌，賽前一夜發生的一切事情，對我來說都晃如昨日。而我就像沉醉在自己內心世界的太空人，坐進太空梭隔離艙內，似乎一切早已準備就緒，準備迎接這趟夢幻旅程，也迎向未知的挑戰。

賽前一晚，與賽的我們都睡在大禮堂的大通鋪，與其說數百人睡在一起，倒不如說是躺在一塊，人聲鼎沸，想睡著真不是一件容易的事。當時唯有菁英選手或特殊管道才能訂到高規格的小房間。

凌晨一點多，大家才稍微安靜可以入眠，但三點就有選手起床吃飯，接著半

註：肝醣超補

Carbohydrate Loading是進行耐力運動比賽前常用的手段，主要是運用肝醣可以快速提供能量的特性，透過賽前飲食習慣調整，最大化體內肝醣的儲存量，避免比賽時因為能量不足而「撞牆」。

小時內超過一半的選手紛紛起身，飽足賽前最後一餐。

更驚訝的是，不到四點就有選手在別號碼布，以弓箭步之勢前後擺臂，看似熱身也像在模擬比賽情境。坦白說，當時我看到這位選手就累了，因為距離鳴槍還有兩小時以上，而且這是一場路途遙遠的馬拉松，還有很多時間機會可以準備，不過現在用比較專業的解讀，這位選手可能正在進行一項「意象訓練」。

所有馬拉松選手從數月前開始積極訓練，直到賽前一週，無論在跑量、強度、飲食、睡眠等各方面，體能狀態已調整達到極限巔峰，加上期待與亢奮交錯的刺激之下，眼前各種景象真的不難理解，也是馬拉松選手備賽的獨特景象。

天色依然昏暗，所有選手陸續抵達起跑線附近，眼前有極少數透過慢跑做熱身的跑者，他們多為菁英或高階選手，大部分的跑者還是選擇原地伸展，以保留體力為最高原則。

由於這場賽事是我的初馬，山野長跑俱樂部的前輩在賽前特別請年約五十歲的資深跑者蔡麗水先生帶我跑，大家不斷吩咐交代我，要我好好跟著他跑不要爆衝，否則後果將會付出慘痛的代價！

蔡前輩賽前特別交代，我們以每公里五分整速度前進，前段千萬不可輕舉妄動，這段長達數月的特訓期間，大家也都略知我的訓練成果與實力，即使不少人對我說跑完應該沒問題，但是總感覺多少帶有安慰的成份，畢竟馬拉松比賽是「跑了才知道，進終點才算數！」

1996第十三屆曾文水庫馬拉松路線圖

也許因為心情緊張，感覺時間流逝得特別快，所有人員、選手已準備就緒，即將鳴槍出發。

鳴槍後，我像小貓似的乖乖跟著跑，蔡前輩不時回頭確認我還跟著，在五公里處我們一起進補給站，僅以液體類的純水、運動飲料補充，還沒有機會吃到固體補給品，當時大會也僅準備液體類、香蕉、小餅乾等少數補給品。畢竟過了四小時三十分終點就會關門，五小時整條賽道都將淨空撤場，這意味著就算爆掉也不能在原地停留太久、走路不能太慢，否則都將無法趕在關門前進終點。

關門前半小時，大約是三十五公里至四十公里區間，看到不少跑者不斷地低頭望錶，內心不斷檢視與盤算自己能否來得及回到終點，運氣差點，可能有台掛著「回收車」標示的專車在後頭不斷尾隨關注著你。雖然壓力是潛能激發的動力，但此時此刻這種壓力真是讓人無助，尤其是連走路都很困難的時候，這就是當時的馬拉松比賽。

跑到十公里過後，炙熱的太陽逐漸升起，此時我們已無法精準控制在五分整配速，每公里都會落後一些，起伏不定的上下坡多少有影響。心裡雖然著急，但是急也沒有用，否則後段肯定會付出更慘痛的代價，甚至前功盡棄無法完賽。

跑到十八公里左右，看到領先集團、主集團及高階跑者陸續折返，當時看著跑在前導車後面的選手不僅帥氣非凡，也讓尚未折返的選手相當欽羨。

前導車上方掛著一個大喇叭不斷播放音樂，我在遠方隱約聽到時非常羨慕，因為這是唯有第一名選手專屬的福利與禮遇。但當我與前導車交會之時，突然發現這是一首悲情的台語歌，我邊跑邊想選手跑到三十五公里最煎熬時，聽到這些歌心情是否會遭受打擊？雖然我不確定車內的駕駛、裁判，放這些歌是要給自己還是選手聽。接下來幾屆我都特別留意前導車進行曲，每年撥放的竟是類似曲風，當下覺得選手應該很無奈，現在回想起來卻很有趣。

前導車後面的領先集團只有一人，他就是何信言老師，那些年在國內馬拉松賽場上，何老師是冠軍最熱門人選之一，馬拉松曾跑出2小時22分30秒的佳績，當時排名約歷代第五傑。他在高中時期就是一名相當優秀的長跑選手，在這場代表統一企業長跑隊，穿著代表隊背心配上墨鏡出賽，不僅外型相當酷炫又充滿殺氣，實力更是不在話下。

我對何老師印象最深刻的一場比賽，是北二高速公路開通前舉辦的慶豐集團國際馬拉松賽，從樹林收費站跑到龍潭折返。這場獎勵相當優渥，國內男女總冠軍是一台汽車，在亞軍沒有任何獎勵之下，不難想像途中競爭有多激烈。尤其，何老師在官原順（註）、許義忠（詳見第七章）等名將四面環敵之下，脫穎而出奪下國內冠軍，論實力、技術、經驗、戰術各方面，何老師堪稱是國內馬拉松教科書。

回到賽場上，在何老師之後，接著是八人的大集團，裡頭有一位我們隊上的

註：官原順馬拉松最佳紀錄2小時23分34秒，當時排名歷代第九傑，目前為歷代第十七傑。

名將高全寬老師。高老師是相當優秀的中距離選手，一千五百公尺曾跑出3分58秒佳績。回想我國三那一年在準備梨山高山馬拉松，俱樂部跑友們特地去他老家陽明山竹子湖練跑。從竹子湖跑到靠近三芝的北新莊，是近十公里的連續下坡，折返回來就是煉獄之路，折返後我有一段時間跟高老師跑在一起，每次只要有機會跟高手一起訓練，我都會莫名興奮，狀況也會特別好。

在自己的初馬賽場上，看到高老師在二十五公里處集團內，不斷搖頭伸展頸部，我對眼前這幕印象非常深刻，也深深領悟馬拉松真是一項相當煎熬的挑戰。

終於，輪到我來到折返點，此時蔡前輩說他狀況不好不用等他，於是折返後我就獨自繼續奮鬥。至於三十公里過後到底發生什麼事，很奇怪地我完全沒有記憶，希望不是太痛苦而選擇性遺忘？

十三歲這年，我最終以3小時41分22秒完成首場馬拉松，意外的獲得分組第四名（不意外應該是前三名）。無論如何，當時仍然很開心順利完賽，也算是對自己這段時間長期訓練及吃素的肯定與回報。

賽後當遊覽車再度經過三十二至三十八公里區段，突然發現窗外陽光普照、百花齊放，掌心中的獎盃與完賽證書也握得更緊實了。

完成初全馬後，每年十二月份我從沒缺席過曾文水庫馬拉松（見照片集P.4）。第二年起也有更明確的目標：除了登上分組冠軍，更追求各組別最高紀錄。

每年大會賽前都會製做秩序冊（見P.95），詳細列載大會簡章規則、獎勵方案、各隊報名資料，各組參賽名冊、去年總排前十名選手成績、去年各組前三名選手成績、歷年各組最高紀錄等，堪稱前一年賽事總成績的榮譽榜，這在網路尚未發達的年代，是非常珍貴的紀錄資料。

曾文水庫馬拉松的路線有不少起伏，以第十二屆成績為例，男己組第一名為3小時17分，第十四屆第一名為3小時05分，我參加的是十七歲以下男己組，這個組別的最高紀錄是由台中一名高姓選手創下，成績為二小時五十七分左右。因此，高姓選手的紀錄算門檻相當高的挑戰。

經過三年的努力與奮鬥，我終於在十五歲那年，第三次參與一九九三年的曾文水庫馬拉松，以2小時55分21秒打破分組紀錄。

原本我已對自己訂定雄心壯志，計畫在十七歲這年，也就是最後一次以男己組身份參賽時，把握最後機會將紀錄推向新高。可是從九三年起，國內陸續復辦或誕生許多場馬拉松，而我當時沒有年度訓練計畫與賽事規畫的觀念，盲目地不放過任何一場馬拉松。

接下來的比賽，先後是四月九日的恆春馬拉松跑出3小時09分、十月八日慶豐高雄國際馬拉松（暨台灣區會馬拉松）跑出2小時53分，這兩場天氣都非常酷熱。最後在十一月份中興新村馬拉松跑出2小時49分當時個人最佳成績，這三場都是該年首度舉辦的馬拉松賽事。

原本心想在十二月份之前，經過這三場馬拉松的磨練與考驗，對於再度創下男已組紀錄充滿信心且期待，不料那一年因為部分賽道路段施工，大會調整不少路線，最終無法將紀錄推進。賽後我相當失望挫折，畢竟這輩子無法再參加男已組，也特地詢問不少跑友選手的心得，大家普遍認為那年賽道的改變讓困難度提升了不少，整體成績表現也不如過往。不過我想，較成熟的選手始終會相信「實力能戰勝一切」。

直到二〇〇四年ING台北國際馬拉松舉辦，我已卸下專任選手角色，成為一般的上班族，考量路線難易度、溫度、賽事競賽水準、北部賽事可免去舟車勞頓等因素，於是調整自己每年固定參加ING台北國際馬拉松。

此後未再參加曾文水庫馬拉松的我，每年仍不忘委託有參加這場賽事的跑友，幫我拿回一份大會秩序冊，看看自己分組紀錄能保持多久。印象中，我的紀錄保持八年才被打破，也算是為我的初馬賽事緣分劃下一個休止符。

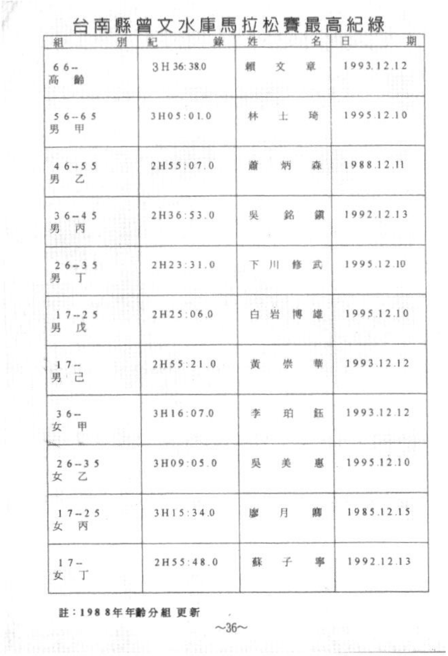

台南縣曾文水庫馬拉松賽最高紀綠

組別	紀錄	姓名	日期
66-- 高齡	3H 36:38.0	賴文章	1993.12.12
56--65 男甲	3H05:01.0	林士琦	1995.12.10
46--55 男乙	2H55:07.0	蕭炳森	1988.12.11
36--45 男丙	2H36:53.0	吳銘鑽	1992.12.13
26--35 男丁	2H23:31.0	下川修武	1995.12.10
17--25 男戊	2H25:06.0	白岩博雄	1995.12.10
17-- 男己	2H55:21.0	黃崇華	1993.12.12
36-- 女甲	3H16:07.0	李珀鈺	1993.12.12
26--35 女乙	3H09:05.0	吳美惠	1995.12.10
17--25 女丙	3H15:34.0	廖月卿	1985.12.15
17-- 女丁	2H55:48.0	蘇子寧	1992.12.13

註：1988年年齡分組更新

~36~

成績證明書

第八屆曾文水庫馬拉松賽

80・12・8 台南縣

姓名：＿＿＿＿＿＿

組別：＿＿＿＿＿＿

里程：42.195公里

成績：時 分 秒

中華民國田徑協會

理事長：＿＿＿＿ 秘書長：＿＿＿＿

右：1991曾文水庫馬拉松，也是作者的初全馬成績證明書

左：曾文水庫馬拉松賽大會秩序冊表列各組最高紀錄，作者持續八年為男己組紀錄保持人

以舉辦於民國八十五年前後的曾文水庫馬拉松來看，馬拉松組的報名費僅台幣三百元，總參加人數僅約五百位，其中女性才佔二十六位。若以現階段國內馬拉松賽事的規模與數量來比較，很難想像這場是當時台灣最具指標性、一年唯三場的馬拉松。由此可見，當時國內馬拉松選手總人口數和普及率，尤其是女性馬拉松選手，仍處於萌芽基礎和急需推廣的階段。

成績部分，以第十二屆曾文水庫馬拉松總排名為例，該場馬拉松男子組第一名爲下川修武（2小時23分），國內第一名爲許義忠（2小時29分，名列總排第三，前兩名皆爲日本選手）；女子組第一名則爲國內選手吳美惠（3小時09分）。

若考量當時選手裝備和賽道不少起伏等因素，梳理近二十五年與現今國內馬拉松比賽的成績落差，並沒有想像中巨大。

馬拉松生涯唯一「破四」人生第二場全馬

只要你拼盡全力，每一場馬拉松都將成爲奮鬥人生最佳的精神寫照。

雖然初馬順利完賽，但人生第二場馬拉松，才真正令我難以忘懷。相隔初馬不到三個月的時間，花蓮國際馬拉松賽應該是上半年唯一公開賽，賽道從花蓮市區出發跑往郊區。比賽跑到三十公里時我已經撐得非常痛苦，仰頭長望天空卻連一朵雲都沒有，此時大約上午十點，炙熱的太陽讓人猶如在烤箱中跑步，猜想當時的溫度至少三十七度以上，高溫讓體力嚴重衰竭，但是又要維持速度，簡直就是人間煉獄。跑到四十公里時更是雪上加霜，我突然感到相當飢餓，最終仍耐著飢餓咬緊牙關抵達終點。

因為天氣太酷熱，無論總冠軍或其他選手的整體成績都不盡理想，自己也留下4小時08分慘不忍睹的成績，這成為我馬拉松生涯唯一「破四小時」的紀錄。

痛苦又難忘的還不止於此。賽後大家因為節儉，捨不得花錢坐車，所有人從會場步行四公里的路程到車站，這段路已經不是人間煉獄，也不是馬拉松精神的表徵，這已達是徒步修行的境界。

隔天回學校上課時，我感覺手臂有點刺痛，翻開衣袖才發現雙臂早已曬傷脫皮。歸咎原因，由於初馬順利完賽，當時的我對第二場馬拉松輕忽大意，才釀成痛苦災難。

這次經驗也讓我長久堅信：無論跑過多少場馬拉松，無論曾跑出多少傲人成績，又或者遲遲無法突破目標關卡，只要你願意拼盡全力，每一場馬拉松都將是最寶貴的經驗，留給你無法取代的記憶，成為你奮鬥人生最佳的精神寫照。

七天 250K 瘋狂環島
統一企業環台長跑挑戰賽

人定不一定勝天，但必能激發無窮潛力。

人生總要做一件瘋狂的事情，而且還要趁年輕！年少輕狂不是錯，只要對自己負責、不傷害他人，也不傷害自己，年少不狂才徒留悔恨。但如果正值輔導級十五歲的年紀就跑步環台，算不算年少「太狂」呢？

當我十四歲，也就是二十七年前，台灣的運動界在運動行銷上相較沒有概念，整體社會氛圍都專注於拼經濟，對於運動、健身、休閒較不重視，運動場館、河濱公園自行車道等相關硬體設施也尚未完整建構。當時運動休閒產業的發展受限，跟不夠完善的環境多少有關，相較於現在各縣市行政區皆設有運動中心、四通八達的河濱自行車道網狀線有如天壤之別，也足見台灣社會整體進步的幅度。

這一年，我被甄選進入統一企業長跑隊，簽了人生的第一份合約—統一企業長跑隊贊助合約。長跑隊所有經費預算由統一企業全額贊助，所以我簽約後的比賽裝備服飾、比賽報名費、交通費、獎金制度等，都獲得相當優渥的贊助與獎勵，相對的責任義務是一年內必須參加約定場數的全國賽會。

長跑隊大約每半年開會一次，討論賽事選擇與集訓方針，所有運作都委由春秋廣告公司負責執行，也相當於目前的運動行銷公司，而執行團隊都是非體育科系或選手背景。該公司後來成立了鐵人三項協會，主辦統一盃鐵人三項國際邀請賽，據我所知，該協會可能是台灣最早期的鐵人三項協會。

長跑隊成立後兩年左右，春秋廣告公司也承辦規模相當盛大的「為健康而跑—統一企業環台長跑挑戰賽」，在民國八十二年，這可能是台灣歷史上規模最空前盛大、動用最多政府行政資源的環台活動。選手們得在七天內環台灣跑步一圈，考驗的不僅是體力、耐力、恢復力，還有多日連續移動的舟車勞頓。

籌辦期間開了不少次會議，讓承辦團隊與選手不斷討論如何訂定活動標準與規範，最終達成的共識和決議，使活動得以順利舉行（見照片集 P.5）。

活動標準由甄審委員會評選符合資格與條件的選手，再將所有選手分成四大隊，其中一隊全部是女子選手，其餘三隊皆為男子選手，男子其中一隊為國手組，包含何信言等名將在內。

賽事七天內，每天從上午六點開跑，持續至傍晚七點左右結束，各隊以不間斷接力方式進行。承辦單位將所有路線距離設定以每公里五分整的配速前進，規定每隊移動速率不能低於這個標準，若有隊員落隊會先給予提醒跟上隊伍，落後達一百公尺以上，隨車裁判會判定該名選手喪失資格並強迫上車，無法繼續跟跑，活動結束後也無法取得完成證書與七千元獎金。

註：曾太平
素人跑者，五十歲時馬拉松首度跑進三小時大關，對於以破三為目標的素人跑者，具有相當正面的激勵效果與學習典範。

籌辦階段最後一場開會討論時，承辦單位依各隊實力分配路線，因為採取輪流接力方式進行，各隊路線困難度差異並不大。換句話說，各時段每隊皆有出場的機會，不論是最煎熬的中午時段，以及東部的連續爬坡與海邊逆風路段。每位選手一天平均輪到兩次，第一輪跑完後馬上移動到下一個接力區，一天大約跑三十至四十公里不等，七天內要完成超過二百五十公里。

跑在中午酷熱時段、東部爬坡段，以及不能低於五分速，是三項最大的挑戰；當三項挑戰同時發生更是最大的考驗，承辦單位甚至表示「可以允許比五分速更快，但就是不能慢於五分速」，這是活動開始前不斷被叮嚀的殘酷規則。

相信當大家遇到一項挑戰，無論是事業、生活、運動、賽事、訓練等各方面，一定會評估自己的能力範圍與風險指數。然而當時我還算懵懵懂懂的年紀，聽到這項活動只顧著表達強烈的參加意願，並沒有多加深思熟慮，只認為要準備接受比馬拉松訓練更艱難的任務。

在我交出生平第一張家長同意書與切結書後，如願獲得參加資格，既期待又戒慎恐懼的心情隨之而來。

⊕

環台長跑挑戰賽是台灣大型企業與政府合作促成，在活動前期的宣傳與活動多日報導，算是相當完整且深入。宣傳之廣，連記者會當天我的姑丈在晚報上看到這項活動報導與我的名字，還特地打電話給我父親。在網路尚未發達的年代，能上報紙算是大事情，報紙內容除了詳細報導此活動的特殊性與挑戰性之外，也特別提到年紀最輕的十五歲黃崇華，與年紀最大的五十一歲曾太平（註）。

活動前一晚，所有選手被安排集體進駐飯店休息，活動第一天在台北市國父紀念館舉行盛大開幕儀式，所有隊伍選手都必須跑第一天的第一棒，與最後第七天的最後一棒。

抵達會場後，我被人山人海的場景與高規格震攝住。我們的保母車空間寬敞舒服，讓長途中可以好好休息，車上有整箱企業最流行的奧雷特、寶健運動飲料可無限暢飲。

起跑後，雙台警車鳴笛前導，大小路口皆站崗交通警察，選手車輛隊伍經過前立即啟動變燈機制通行，選手隊伍行進時安排一輛救護車、選手保母車、大會裁判車，以及隨行記者等全程跟隨，整個隊伍共有五台車輛前後壓陣。如此規格不僅於開幕第一棒，在環台七天的全程皆有如此高規格的待遇。

讓我印象最深刻的是第三天上午賽程，我的隊伍輪到跑高雄站第一棒，當時市區遇到上班交通尖峰時刻，連機車道也塞滿車輛，警車情急之下不斷鳴笛廣播，請民眾禮讓我們優先通行，隊伍才得以保持每公里五分整速率前進，當下覺得既不好意思也相當感謝大家的協助。

七天六夜活動不到最後一天，我們絲毫不敢鬆懈，深怕一個不小心掉離五分速、一個失神扭到腳喪失資格。在第三天起床時，隊友曾太平伯伯問我：「你壓力很大吧！」我回答「有嗎？」其實有些壓力屬於隱性，自己也不一定知道。曾伯伯繼續說：「看你半夜突然醒來，呆坐在床上不發一語許久，我想應該是壓力太大，放鬆一點不要給自己太大壓力！」其實我根本不知道自己半夜發生這些怪異舉動，回個神告訴自己盡力而為就好，過大壓力不僅沒有幫助，反而影響休息睡眠與恢復。

第四天，隊伍進入屏東地區，在移動到下一個接力區的沿途每個路口皆有員警待命，而當時離我們隊伍預計出發時間還有一個小時以上。在等待出發前，我跟嚼著檳榔的原住民警察聊天打發時間，也感謝他們的辛勞。

以現階段社會氛圍與政府行政資源的運用，要再舉辦如此大規模的活動幾乎是不可能。但如果政府、大型企業、民間體育等三方願意共同合作舉辦大型體育活動賽事，相信對台灣體育發展將注入更大的能量。

第四天路線是從屏東跑往恆春方向。大約中午十二點，我們便遭遇恆春著名的落山風襲擊，高溫酷熱加上強大逆風，嚴酷考驗著全隊的實力、意志力與團隊合作，至目前為止全隊還沒有一位選手失格，大家仍在為目標奮鬥中。

賽程剩下十公里左右，曾伯伯突然體力大幅衰竭，步伐變得沈重不穩、節奏凌亂，可以看得出來他已勉強使出全力，企圖力挽狂瀾跟住全隊速度。但不久後他突然對大家說：「我不行了，你們先跑不要等我，不要拖累大家！」當下大家輪流跳出來鼓勵他，請他不要想太多，先專心盡量維持速度為主，此時全隊也很有默契地自然稍微降慢速率。

剩不到三公里，大會的裁判車從後面加速到我們側邊，搖下車窗吶喊提醒全隊速度已慢於五分速，必須拉回原速率。瞬間大家趕緊加速，此時是中午十二點半左右，但曾伯伯還是跟不上，不僅跑得辛苦，又掉了幾步距離，於是大家又再度放慢一些。

不到兩分鐘時間，裁判車再度急飆而來說道：「如果他再無法跟上，全隊務必維持速率，不然全隊將喪失資格。」裁判車再度退到後面繼續監看，全隊不知所措，此時隊友林福城大哥突然大喊一聲：「把他包圍起來！」於是採取緊迫盯人戰術，曾伯伯前後、左右都被其他隊員緊緊包圍，沿路全隊鼓勵之聲沒有斷過，他也幾乎被大家全程「壓著跑」。長跑選手無論訓練或比賽，當實力狀況不好時，被隊友用此方式激勵與對待，真是猶如人間煉獄。

度秒如年的我們終於看見一道曙光、一種重生的希望。前方接力隊伍已在準備待命，這也是我們歷經摧殘坎坷之路的終點，待我隊和即將出發的隊伍完成擊掌儀式後，正式宣告今天全隊再度通過考驗，保住明天繼續挑戰的資格。

環台挑戰賽的第四天賽況，不論是團隊合作與團結心、曾伯伯的意志力及不屈不撓的精神、終點線後大夥兒疲憊不堪的模樣，二十七年來一直刻印在我心中，時光荏苒都無法抹滅。

第五、六天在待命區，不斷傳來女子組速率已掉到五分多，甚至六分速的戰報，承辦單位也不斷鼓勵男子組選手，能夠盡量補回延滯的時間。

在男子三隊之中，我們這隊實力居中，僅能守住基本速率，我們隊友有林福城、吳興傳、曾太平、林清勇，黃銓仁、游樹林與廖學輝，以上七位全馬都是能跑進三小時內大關的選手（見照片集P.5）。據說國手隊都以每公里四分速，甚至四分內飆速，實際上到底有多恐怖，因沒有機會加入也無法得知。

時間終於來到第七天，我們從坪林出發跑往終點站台灣大學大門。出發前大家都相當興奮，經過七天的煎熬終於要完成了，沿路上全隊歡樂氣氛也提升不少，但我還是小心翼翼，深怕一個不小心扭傷了腳而樂極生悲。

順利完賽後的活動閉幕儀式上，我獲頒一張環台挑戰成功感謝狀與一筆優渥獎金，記得當時在頒獎台上並沒有熱淚盈眶，情緒淡定冷靜，心裡只是想著「終於完成了，也終於結束了！」

如果問我七天環台長跑挑戰賽的感想是什麼？經由這次經驗讓我更加相信

民國八十二年環台長跑挑戰賽成功感謝狀

「人定不一定勝天，但必能激發無窮潛力。」

兩張切結書換 3952 公尺
奧林匹克盃玉山高山馬拉松賽

賽道上的風景，永遠比終點更精彩迷人；
賽道上的感動，永遠比終點更難以言喻。

眼前一片壯麗遼闊，工作人員對我說：「來，先拍一張！」接著問我要不要喝水，我心想「真的很需要，我已經兩小時沒有喝到水了！」最後有點捨不得地多看了一眼。在低溫低氣壓中，我只停留了一分多鐘就趕著離開，因為我仍在比賽中，所在位置卻是台灣最高峰—玉山主峰。

這場賽事由中華民國健行登山會主辦，名為「奧林匹克盃玉山高山馬拉松賽」。我當時越野跑的跑齡約四年，殊不知「越野跑」與「高山越野跑」是兩回事，即便在相同困難度（海拔高度、距離、總爬升、路況、爬升曲線等）之下，個人運動能力的差異將會展現不同的運動型態。例如運動能力較佳者，運動型態屬於越野跑；運動能力較弱者，則屬於登山或健行，兩者因為運動時間落差極大，所需裝備也截然不同。

玉山單攻從海拔高度約二六一〇公尺的玉山登山口開始，登上海拔高度約三九五二公尺的玉山主峰，總距離約二十二公里，爬升一千三百四十二公尺高度，相當於連續爬 2.6 座台北 101 大樓高度；如果精算累積總爬升，可能接近三座台北101。複雜的地形路況以及空氣稀薄等環境因素，讓單攻已不是一件輕鬆的挑戰，還要應變高山變化多端的氣候。

一般登山客會安排兩天一夜行程入住排雲山莊，第二天清晨攻頂後返回。近幾年開始流行單攻玉山主峰，玉山國家公園管理處也開放單日往返申請，但每日僅六十位名額限制。單攻因個人運動能力、經驗、裝備等因素，花費時間差異甚大，大部分登山客往返約八至十二小時不等，如果能在八小時內完成，屬於登山好手等級；若能在四至六小時內完成，則屬於越野跑好手等級。

玉山高山馬拉松賽的報名簡章清楚寫著「限十八歲以上」，當時我明知不符合資格，但運動員的性格就是不到最後一刻絕不放棄！賽前一天，我心想「反正先去再說，有去有機會」，抱持著試看看的心態前往賽事說明會場，並將命運交給上天。

主辦單位深知這場比賽有相當難度與一定風險，賽前一夜特地舉辦一場賽前說明會，詳細說明路線困難度與注意事項，所有參賽選手幾乎都到場仔細聆聽。說明會結束後，我與父親立刻拉住主辦單位負責人，不斷尋求能讓我報名參賽的任何可能性，我們坐下來商量很久，負責人詢問我的運動能力、馬拉松成績以及登山經驗等，但就是沒有詢問越野跑經驗。因為在二十五年前，台灣運動界還沒有「越野跑」運動型態一詞，甚至更早期台灣路跑賽簡章中，還常以「越野賽」

為活動名稱，但實際上全程皆是一般道路。當時台灣越野賽除了沒有強制裝備（註）的觀念，更沒有 GPS 衛星定位手錶輔助，僅能倚賴傳統計時碼錶、個人方向感及體力分配經驗，或是參賽者在賽前預先路線勘察，來熟悉賽道與高山變化多端的天候。

最後，負責人經不起我苦苦哀求的攻勢，沈思許久後終於說出：「好吧！既然你那麼堅持要參賽，父親與當事人都要簽下切結書，我才能讓你報名。」

聽到終於可以參賽的我雀躍不已，根本不管切結書的法律效力與嚴重性，隨手拿了兩張白紙，在大會負責人指導之下，一字一句寫上切結書內容，最後也被要求要親筆簽名、蓋上手印與壓上日期。

切結書內容我早已忘記，甚至根本沒有在記，我只知道不斷與對方再三確認，如果我得獎是否可比照一般選手，具有錄取領獎資格及完賽證明？等到對方當場允諾後，我才心滿意足地離開。

由於賽前一天才確定獲得參賽資格，我在訓練上並沒有特別針對性的準備，僅維持一週早晚訓練六天的節奏、假日參加越野跑團體活動，跑山比例維持在每週四次以上。但我認為如果能做好模擬賽、移地訓練、裝備訓練、高度適應等針對性訓練，雖然不一定能完全反應於成績表現，但一定能將運動風險降至最低，這是高山越野跑競賽最基本也是最重要的觀念。

註：強制裝備
越野賽特有的賽事規範，所有參賽選手出發前，必須先通過大會列舉的裝備檢查項目，全部合格後才能取得正式出賽資格。

直到賽前，我只知道總距離約二十多公里、主峰海拔高三千九百多公尺，如果經過排雲山莊就代表快到了，其餘賽道資訊完全不清楚。這是場風險相當高的賽事，現在回想起當時的我僅憑著一股傻勁。

在補給方面我更是非常外行，可說是幾乎零分。全身裝備跟參加馬拉松一模一樣，不過那時台灣還沒有水袋背包裝備的觀念，為了求速度和成績排名，僅以最輕便的裝備應戰，全程倚賴大會設立的補給。而大會除了在會場外，賽道上僅在登山口、主峰折返等兩處設有簡易補給。

所幸平常訓練已習慣並適應在兩小時運動時間內、三十公里距離內，可以全程不用補給。不過這有兩項前提條件，第一是訓練前後必須充分補給，讓水分與肝醣充分儲存於人體肝臟與肌肉中（現代跑者過度依賴大會補給，而遺忘身體原本就擁有最佳的儲存能量系統）；第二是紮實的訓練，在相同距離、速度、強度、氣溫變化之下，實力較佳的選手在競賽途中的身體能量耗損程度相對較低，體重較輕的跑者能量保存也相對較高。

現在我不會建議一般跑者效仿兩小時不補給的訓練法則，畢竟這存在一定的風險，也不是完全健康的做法。競技選手與健康運動法則，仍存在一定的衝突與抵觸。不過，不能過度依賴大會補給這方面是肯定的，也是選手訓練的基本原則。

玉山高山馬拉松賽的起終點設於塔塔加遊客中心，出發後很快就遇到山路上坡，我猜主辦單位用意是藉此疏散選手密度，避免在登山口發生選手擁擠狀況，這也是國內外所有越野賽道設計上的基本程序。

大會鳴槍，選手們從塔塔加遊客中心出發，自己像是無頭蒼蠅地盲目跟從，這條約三公里的山路道路位於海拔二千六百公尺高度，跑起來不算輕鬆。所有選手皆爭先恐後，搶在進登山口之前取得最佳位置，到登山口前已不像出發時擁擠，大家也陸續搶入山徑。

不過，因為比賽一開始的卡位爭奪戰，不少選手在折返前，甚至進山徑後不久的上坡段，即發生體力衰竭等狀況，代表大家在體力分配、路線熟悉度，甚至競賽心態等各方面，都還有提升與進步空間。再加上二十五年前的玉山路況與危險困難度高上許多，多年後我才聽說，玉管處修補許多危險的登山路段，沿路架設不少木棧道與木橋。

進入山徑不久，我的前後就看不到任何選手，只遇見幾位一般登山民眾，因此幾乎是獨自一人在山林中奔跑，遇到較陡峭上坡時，就改以快走前進。不知過了多久時間，我終於來到排雲山莊，賽前得到的賽道資訊顯示，抵達排雲山莊後距離玉山主峰就更近了，只是這最後一哩路、關鍵攻頂段，更加考驗體能與毅力。

峭壁、鐵鏈、大小碎石相繼來打擊挑戰者的決心，這段路我花費了不少時間，也曾多次嘗試切小徑上攻，但數度以滑落失敗收場，只得乖乖沿原路徑而行。就在不斷遭遇打擊時，終於看見第一名選手吳有家，大幅領先群雄率先折返下山，此時無疑是對自己注入一劑強心針，不斷告訴自己：「主峰真的不遠了！」

繼續加油、不能放棄，更不能放慢。眼前的霧氣都是自己的喘息，我也終於深刻體會到，在高山上拼鬥、生存，是如此的殘酷與現實。最後聽到前方山頭有眾人呼喊聲音，我才知道即將攻頂。

攻頂那一刻，我聽到大家接連的鼓掌聲，還有人說：「這位好像比較年輕噢！」攻頂後，眼前的壯麗景色沒有讓我淚流滿面、感動不已，心裏只想著：「台灣最高峰長這樣喔，終於看到了！」

大會工作人員先幫我拍一張照片，背景是于右任銅像（後來銅像遭人破壞移除了），接著我趕緊喝了幾杯純水，回眸一眼便趕緊下山，在主峰僅短暫停留一分多鐘。此時我大約在總排前十名左右，換句話說約有十名選手比我更早攻頂。

下山後，我繼續奔跑於高原山林之間。當天所有登山客都知道有這場玉山攻頂比賽，所以在途中遇見我們，都會禮讓比賽選手優先通行，每位選手胸前也都配掛顯眼清楚的號碼布，在遠方即可辨識。

返程途中遇到一處斷崖段，此時前方有兩名登山客看到我迎面而來，立即做出禮讓動作，我也急忙揮手表達感謝之意。但是當我接近時卻發現，兩名登山客面朝峭壁、背朝著斷崖站立不動，但他們的登山背包相當龐大，以致可通過的空間相當有限，我小心翼翼地經過時看著下方斷崖，心想「萬一不小心滑落下去，就真的掰掰了，我還年輕啊！」此刻才是我在這場比賽印象最深刻的一幕。

驚險萬分地通過後，接著延綿不絕的長下坡似乎沒有上坡輕鬆，可能此時體力已大幅衰退，也可能心態上急於奔回終點失去耐心，無論如何，正好驗證「上山容易下山難」這句名言。

衝出登山口後還得面對三公里道路，雖然知道完賽已不成問題，總排名也在前段班，但總覺得相當煎熬與折磨，因此衝進終點後的畫面，我著實一點印象也沒有！

跨過終點線，大會準備不少熱湯熱飲，為每位選手驅寒暖身，也慰勞選手的辛勞，此時的粗茶淡飯肯定不亞於平地的美味佳餚。

簡易果腹充飢之後，我聽到大會廣播我的名字—黃崇華！是的，我獲得分組錄取，準備上台接受頒獎。當屆大會分組範圍相當廣，男子組只分甲、乙、丙、丁四組，我這組是男丁組二十九歲以下最年經的組別。

雖然早已忘記自己是分組第四或第五名，但是總時間成績卻記得非常清楚，因為這場成績與我人生第二場馬拉松，也是人生唯一「破四」（在此指超過四小時）的馬拉松成績相近，總時間四小時十分左右；若從玉山塔塔加登山口至玉山主峰往返，換算約花費三小時四十分。

本場賽事總冠軍吳有家以3小時02分23秒成績，超越上屆冠軍黃世瓊所保持的3小時08分最佳紀錄。而大會登記吳有家選手僅花費一小時四十五分登頂成功，如果扣掉前段道路約三公里時間，吳有家從玉山登山口至主峰實際登頂時間大約一小時三十二分（我則花費約二小時零七分），此驚人成績雖有當年的報紙為證，現在卻無法在網路上搜尋到相關紀錄，實為可惜！

據傳，吳有家選手為了本場賽事積極特訓備戰，更提前在賽前一週前往當地適應調整，最終如願奪下冠軍並創下紀錄，實至名歸，更展現台灣數十年越野跑霸主地位。

就在心滿意足地完成玉山登頂任務，捧著獎盃準備驅車離開會場之際，大約下午一點多，大會工作人員、選手，應該說是會場的所有人，包含許多等待的選手家屬不斷議論紛紛。

當我坐上車後，會場才傳開來不幸的消息：大會工作人員接到山上無線電傳回來，一名選手不幸掉落山谷，可能兇多吉少，也有人說已經氣絕身亡！大會現場可能為了查證消息，也避免還在等待選手返回的家屬過於焦慮，在我們離開前尚未正式宣布這件令人震驚錯愕的不幸消息，我們則帶著遺憾與祈禱離開會場。

賽後一個月，我收到主辦單位寄來一張登頂成功的證書，證書中間放上一張照片，正是我登上玉山主峰的照片。

「一登玉山，二單車環島，三勇渡日月潭」。此三項戶外運動曾是身為台灣人最流行，也是必須做的三大壯遊。

民國八十二年，也是我十五歲的這一年，前後不到兩個月時間就完成了登玉山、跑步環島兩項任務。然而這二十七年來，卻沒有完成勇渡日月潭最後這塊拼圖。原因無它，當我沒有把握、沒有準備好時，絕不貿然嘗試，更不心存僥倖。

即便我早在十五歲就以兩小時站上玉山主峰，二十七年來，我仍然對玉山心存敬畏。

74歲老翁、14歲少年同登玉山

吳有家 三小時一點多 率先跑完全程

（記者黃秀仁、謝坤融玉山報導）奧林匹克盃玉山高山馬拉松賽，昨天上午七時三十分，在波蘭前奧會副主席李明斯基的鳴槍下，準時開跑。來自台北板橋的馬拉松選手吳有家以三小時二分二十三秒，第一位抵達終點，並超越上屆的最佳成績，奪下這次男丙組的冠軍。

鳴槍後，每位選手從起跑點上東埔沿著平坦的柏油路面，向玉山峯頂方向前進，一直到玉山塔塔加登山口，路段開始變為彎延曲折的羊腸小徑；從塔塔加望過去，只見得每位選手宛如一條長龍般的前進，再配合上玉山的景色，則形成一幅天人交融的畫面。這次比賽共有一十三個服務站，每站的工作人員，都會紀錄每位選手的成績；而這次成績最佳的選手吳有家，便以一小時四十五分的成績，通過折返點玉山峯頂（三九五二公尺），最後更以三小時三分二十三秒的佳績，超越上屆黃世瓊保持三小時八分的最佳成績。

吳有家在返抵終點表示，在整段的過程中，由於對折返點後的路況不太熟悉，因此便讓男乙組的廖本達稍微領先一段路，直至掌握路況之後，再加上是下坡路段，因此，便從玉山風口附近，超越廖本達，並且開始加速度衝刺，而擺脫廖本達的糾纏。而廖本達以居次的三小時十分四十三秒，奪下男乙組的冠軍。

另外，這次參賽的五位外國選手中的羅道格，是來自美國在台協會的選手，他不僅成為外國選手中表現最優異的選手，更以三小時十六分拿下男丙組的亞軍，也是第三位抵達終點的選手。而上屆的盟主黃世瓊，因受感冒的影響僅以三小時三十分奪下男乙組的亞軍，是第四位抵達終點的選手。女子組則由吳麗華獲得冠軍，男甲組由林士琦登上王座，男丁組由陳仲仁拿下第一。

各組比賽成績如下：男甲組—①林士琦②林福得③蕭炳森，男乙組—①廖本達②黃士瓊③周章榮，男丙組—①吳有家②羅道格③陳仲仁，女子組—①吳麗華②劉興萍③劉秀盆。總名次—①吳有家②廖本達③羅道格（外籍）④黃士瓊⑤陳仲仁。

值得一提，此次三九五二公尺競賽參賽選手年紀最大為七十四歲王贊勳，最小為十四歲陳恩帆，跑完全程一七五位，均獲頒登頂證書。

馬拉松花絮

△昨天的玉山馬拉松賽，凌晨五點鐘就見到每位選手，紛紛的朝起跑點聚集，由於高山的日夜溫差很大，據測量溫度大約在十度以下，所以，從每位選手身上，可以看到各式各樣的服裝出籠，形成一幅有趣的畫面。

這次參賽的選手，有的已是識途老馬，有的則是此中菜鳥，因此，在面臨高山上日夜溫差很大的情況下，就有不同的表現，昨天在起跑點的時候，只見得有些選手大衣裹身，有些選手則很勇敢的打著赤膊、穿著短褲，眞令人難以想像，有這麼兩極化的表現。

在經詢問之下，有的選手表示，說不冷是騙人的，但溫度的變化，本身就是對選手的考驗，因此，在參加此項比賽之前，心裏就已經做好準備，所以，感覺上就沒有那麼冷了。（記者黃秀仁）

奧林匹克盃玉山高山馬拉松賽後報導

高山越野跑活動因爲選手的不幸事件，承受不少輿論與批評。玉管處、陽管處等相關國家公園處長、副處長等高階主管之職，即便相互輪調機率極高且頻繁，在這個事件發生之後，台灣高山越野跑競賽活動就不被管轄單位所接受、報備與核准，而一概嚴格禁止。

以民國八十九年中華民國路跑協會舉辦的「陽明山超級馬拉松越野六十五公里挑戰賽」暨 IAU 世界盃一百公里國家代表隊選拔賽爲例，賽後傳出陽管處其實沒有核准這場賽事申請，只是當時陽明山國家公園管理法沒有明文禁止「越野跑」這項法條，最後只能以攤販的名義對大會所設補給站開罰。然而補給站不涉及現場現金交易，基本上也不符合攤販的定義，這是當時相當矛盾的課題。

歐美地區算是越野賽發展較早的區域，擁有不少歷史悠久且經典的越野跑賽事。最著名並有「越野跑界奧運」之稱的「環勃朗峰超級越野耐力賽（UTMB）」賽道位於阿爾卑斯山，穿越法國、義大利和瑞士境內，最長的項目距離約一六六公里（一〇三英里），總爬升高度達九千六百多公尺，相當於從海平面爬上玉山主峰 2.4 趟，或等同於爬台北 101 大樓 19.2 趟。

如此艱困甚至是挑戰人類極限的賽事，每年仍吸引來自世界各地數萬名競技運動好手，爭相前往挑戰與朝聖，而最終僅有近萬名取得累積積分資格的選手得以參加。賽事活動所有的參賽選手、選手家屬、觀摩的旅遊人士等，背後所產生的觀光旅遊產值難以估計，值得學習效法。

亞洲區則以鄰近的日本爲例，日本境內最高峰是標高三七七六公尺、最具指標性的富士山，每年皆舉辦富士登山競走攻頂賽。另外，素有「神山」之稱，海拔標高四〇九五公尺，位於馬來西亞境內的京那巴魯山，每年十月也盛大舉辦國際登山賽（沒有禁止越野跑型態）。

以台灣擁有得天獨厚絕佳的山林資源，無論陽明山、嘉明湖、玉山等國家公園，都不亞於舉辦上述越野跑賽事的條件與特色。若能在不久的將來由台灣相關管理權責單位、主辦單位、越野跑界、登山界，以及一般喜好户外運動民眾，共同努力推動，必能成就國際性大型越野跑賽事。相信對於台灣喜好户外挑戰運動的民眾、越野跑者的競技水準、台灣户外運動賽事的國際化，以及推廣國際觀光行銷等各方面，皆有顯著的提升與效益。

4

嚴酷長跑環境下的爭霸戰

在高溫溼熱的台灣土地上，長跑環境先天就相當艱困，身為長跑選手，得靠後天的努力從金字塔底層慢慢往頂端邁進，除了訓練之外，技術和戰略不能少，機運和心理素質則常常成為臨門一腳。

無論是升學考場上與各地優秀選手纏鬥，或是區運會賽場上與全國頂尖選手競爭，我雖然不是最好、最快，但自己總要不斷堅持下去！

事件紀錄

梁芳彬｜台北市立體育學院入學考 5000 公尺・16:15, 1th
陳仲仁｜台北市立體育學院入學考 5000 公尺・16:21, 2th
黃崇華｜台北市立體育學院入學考 5000 公尺・16:22, 3th
黃文成｜男子 1500 公尺全國紀錄・3:46.4
林家煌｜大葉大學獨招考試・1th
黃崇華｜大葉大學獨招考試・2th
林國翔｜大葉大學獨招考試・3th
吳美惠｜馬拉松 PB・2:58:56
張榮輝｜馬拉松 PB・2:42:17
黃崇華｜區運會 5000 公尺項目台北縣選拔賽・16:30
1996 年屏東台灣區運動會馬拉松・DNF
1997 年嘉義台灣區運動會馬拉松・2:41
許績勝｜馬拉松全國紀錄・2:14:35
10000 公尺全國紀錄・29:12.1
台北縣代表隊｜1999 全國公路接力錦標賽・1th

升學之路上，操場即戰場

機會與命運我無法掌控，我只知道配速。

學生時期面臨升學壓力、成年時期面對就業考驗，似乎是每個人的宿命。高中畢業那年沒有考上理想學校，於是選擇再給自己一年時間，以時間換取機會、以機會換取命運。但命運的十字路口，總是令人徬徨與猶豫。

在我升大學那年，非常多人報名台北市立體育學院（以下簡稱北體，現為台北市立大學天母校區）的考試，尤其是熱門項目棒球僅約十多個名額，每個守備位置多則兩名，少則沒有名額，卻引來近千人報名獨招考試。籃球項目也是如此；相對之下，田徑屬於比較冷門的運動項目。

之所以冷門必有其因。第一，田徑各運動項目相對其它運動較枯燥乏味，尤其是中長跑項目，更是公認最無趣、折磨又最累的訓練科目。本身是桌球專項的大學體育室沈主任曾在課堂上公開對大家說：「你們長跑還不簡單，就只要往前跑就好，我們桌球光如何切球、球的旋轉就可以出一本書。」可見不只是非體育人，縱使是體育人、體育專項同學都不喜歡也不認識長跑，更不期待日後能有任何發展與願景。當時我們還會私下開玩笑說：「長跑競技真的是練身體健康而已！」

第二是未來的職業發展機會限制。那時台灣盛行職業棒球、職業籃球，學生選手至少看得到目標與機會，更不論若有幸被國外球隊相中，簽約金至少數十萬美金起跳。而長跑唯一出路就是當體育老師、田徑教練而已，長跑選手就連到健身房當教練，都會被嫌棄肌肉量不夠，體格不像一般健身教練如此強壯威武。

大學時期我在健身房打工，就曾被客人懷疑經驗，幸好當時立刻解釋自己的運動項目特性，也搬出安靜心跳僅在每分鐘四十下左右，才足以威嚇各式各樣的客人。當然，在跑步機心肺功能訓練上能講出一套系統邏輯，也是能展現出專業的重要原因。

因為種種原因，除了練身體健康、避免小孩學壞外，當時的父母實在想不到任何理由，讓小孩從事田徑長跑運動之路。除非這個小孩對跑步已執迷不悟、對長跑已沉迷難戒。

北體考試簡章上，田徑長跑項目男生只有兩個名額、女生只有一個名額，可預期男子選手競爭肯定相當激烈，但我總抱持著一份期待與希望。

仔細閱讀簡章規則，發現有一條特殊規定註明「凡在全國性賽會獲得優勝者，可憑賽會獎狀於報名時，一併遞交申請額外加分」。看到這條規則令我相當振奮，馬上想到自己有一張台灣區運動會馬拉松第八名獎狀，這場賽事相當於目前的全國運動會，也是台灣國內等級最高的運動賽事，於是興高采烈地向報名承辦老師表示有張全國性賽會獎狀可以加分。

臺灣區運動會
84 WE CAN, 高雄

獎狀

臺北縣
選手　黃崇華
參加　男子田徑馬拉松
榮獲　第八名
成績爲 2時 53分 45秒 整
表現優異，特頒發獎狀乙張，以資鼓勵。

中華民國八十四年臺灣區運動會
會長
吳敦義

台灣區運動會馬拉松第八名獎狀

遞交後，老師看著獎狀遲疑不決，對照簡章並與其他老師討論後，對我說：「你這張獎狀是馬拉松項目，與考試測驗五千公尺項目不符，所以沒辦法加分！」我當下真是感到挫折與崩潰，心想「不都是長跑項目為何不能加分？」但也只能默默接受這個事實。接下來唯一能做的，就是積極備賽加強訓練，而那段訓練期間，也是我選手生涯中強度最高的訓練。

考試當天，我來到舊北體田徑場，也就是現今的台北田徑場，各考生陸續提早報到，現場充滿肅殺氣氛，沒有人面帶微笑，也沒有人相互交談，各自展開熱身備戰。

台北田徑場大門內，公告本次術科測驗相關規範，我赫然發現男子五千公尺項目從原本兩個名額變成一個名額，女子五千公尺從一個名額變成兩個名額。打聽後，據說北體老師為了想收范玉貞選手，於是調整五千公尺男女生名額，但這僅是現場選手傳出來的小道消息，無法獲得證實。

來自新竹的女子長跑選手范玉貞，在高中時期馬拉松已逼近三小時大關，更在一九九五年高雄慶豐馬拉松賽暨台灣區運會，以3小時03分53秒佳績，一舉奪得大會頒發國內女子組冠軍的汽車大獎，以及區運馬拉松金牌榮耀。

台北田徑場內，當男子五千公尺選手熱身時，女子五千公尺選手率先起跑。看著賽場我的內心相當挫折，因為場上只有兩位女子選手在跑，其中一位據說還是跨欄選手，等於是同額錄取，然而范玉貞選手卻沒有在場上！

此時，想到稍後我將面臨當年全國田徑分齡錦標賽高中男子組五千公尺金牌梁芳彬、西湖工商好手許峻瑋等兩位五千公尺逼近十六分整大關的強者，另有一位來自竹東的徐姓好手。在三位強勁競爭對手環伺下，還有來自各地高中好手加入戰局，該如何奪下唯一名額呢？

熱身結束起跑前，我赫然發現來自台中縣的陳仲仁也參加這場大學術科考試，瞬間我才真正腿軟崩潰！心想「前三位我已經拼不太過，再加你就有四位對手，我若排名第五⋯到底要如何跑到第一名？」當時已知陳仲仁專科畢業退伍，還暗自抱怨「你退伍怎麼不開始工作，為什麼要來跟我搶這唯一的名額！」在那個年代觀念較保守，都以為男生退伍後就該接著工作和結婚。

無論是放手一搏或是硬著頭皮上場，總之就是全力以赴，將訓練成果以超水準方式表現於賽場。那天清晨下過一場大雨，起跑前雖然雨勢已歇，但跑道上仍微濕，此時我看到許績勝老師親臨現場觀看比賽，許老師對我說好好加油，接著說這種氣候濕度較接近人體肺部的濕度，他在日本也是在這種氣候下創出佳績。

裁判老師招集所有選手集結於起跑線進行最後點名，也一再核對考生身份，畢竟不能有代考、代跑的情況發生。現場大約十五名選手參加，而唯二沒有穿釘鞋的只有我和陳仲仁，因為我們都屬於路跑型選手，不太習慣場內賽穿釘鞋，也不懂運用釘鞋特性與優勢，現在回想起來真的是非常狀況外的抉擇。

裁判老師鳴槍後，率先衝出並領跑的是梁芳彬，所有選手以一條龍隊形排列。

賽場上的大家都知道，梁芳彬是全國賽高中金牌選手，論實力、狀態、經驗等各方面，絕對比場上任何一位選手突出，因此也沒有人敢出來挑戰他，甚至挑釁他。而他也非常聰明，起跑後馬上出來壓速度。為什麼我會這麼說？因為以他的實力而言，前面每圈跑在八十秒上下，除了保留一點實力外，最主要是他想掌控領先集團的速度、掌握主集團的節奏。除了展現冠軍選手的氣勢外，也順著當天自己的狀況與節奏前進，更可避免經驗較嫩的選手出來爆衝，甚至是隱藏版兔子（註）企圖打亂他的配速與節奏。

梁芳彬以穩定速率前進，沒有遭受任何攻擊與挑戰，主集團大約有八名選手，我也跟隨於其中，絲毫不敢輕舉妄動。六圈過後，也就是賽事剩下不到一半距離時，梁芳彬突然加速爆衝，由於拉升速度太快，整個主集團瞬間瓦解，沒有一個人可以跟住前面選手，每位選手都變成獨跑的情況。

我無法確定他拉升的速度到底有多快，大約從每圈八十秒拉到七十三秒左右，若其他人以原本的速率前進，看似短短的七秒時間換算下來，每圈大約會被拉開近三十五公尺，短短三圈就會被拉開超過一百公尺，在四百公尺標準場地將落後一個直線道距離，想再追回已是不可能任務。除非這位選手是兔子，沒打算跑完這場比賽。

此時梁芳彬的目的主要是拉開與第二名選手的差距，也不讓主集團任何選手有繼續跟跑機會，因此當下他的速度會以超出平均成績方式前進。此攻擊量能對

註：兔子

一般兔子在起跑後，以超出平均實力的速率跑在主集團前方數十公尺，試圖拉快主集團節奏。較有經驗的兔子會先跟在主集團後方，待賽事進行三分之一再逐步加速，較容易吸引主集團選手上鉤；另一種兔子起跑後即帶領主集團前進，但以極誇張的速差不斷切換。上述戰術視兔子的目標而定（提升主集團成績、讓某選手陷入困境⋯等），雖然兔子不追求完賽或成績，甚至要有犧牲的心理準備，但必須具一定實力才有資格擔任。

他而言根本不是太大問題，況且他前段已保留不少體力，待後方選手被大幅拉開失去競爭力後，可再放回或慢一點的速度來回充體能，準備最後衝刺階段所需的體力與速耐力。

以上看似經驗豐富與細膩戰術的背後，其實就是「實力」二字的絕佳展現。

有實力，方可談上戰術；有戰術，方可關鍵致勝。

當下自己無暇盤算名次，只能盡量保持不被後面選手超越，也企圖追上前面的選手。但這不是一件容易的事情，此時能跑在你前面的選手，無論各方面能力肯定比你優秀許多。

終點裁判老師狂敲鈴鐺，也代表賽場來到最後一圈。過線前我告訴自己，就當作是四百公尺間歇最後一趟，以衝刺四百的重心、步幅、決心來跑最後一圈。於是明顯感受自己的速度拉上一波，在第一個彎道過後，我發現自己一直追近前面的選手，更在直線道卯足全力追上，隨即進入第二個彎道，也就是直道快結束剩下最後半圈時，我再度告訴自己，彎道跑在外道太費力也太吃虧，必須想盡辦法在直道結束前超越並卡位成功。

我順利超越在路跑賽從來沒有贏過的陳仲仁，也暫時居於第二名位置。多年後與仲仁回憶起這場比賽，他說當時在直線道，有聽到後方選手不斷逼近的腳步聲，第一時間他以為一定是許峻瑋，仲仁知道他是實力與速度絕佳的田徑選手，就告訴自己「該來的總是會來」，打算就讓他輕鬆過去吧！但是一看到是崇華超越時非常詫異，心想「怎麼會是他，在路跑賽從來沒有輸過啊！」

此時仲仁充滿信心與能量，搶在進入最後直線道，也就是終點線前一百公尺再度超越我，搶回領先位置。第一次超越仲仁已花光我所有力氣，沒想到最後關頭又被他迎頭重擊。終點線前剩下約八十公尺，我的直覺反應就是跟他拼命了，再度追上並與他齊進，但真的也沒辦法再超越，我們僵持纏鬥約數秒鐘，他在最後五十公尺發動最後一波攻勢，我只能眼睜睜看著他搶進終點，飲恨敗北收場。

最終成績，梁芳彬以16分15秒毫無意外地奪下冠軍；陳仲仁居次，成績約16分21秒；我則以16分22秒創下當時個人最佳成績。

賽後，我的心情相當平靜，因為僅開放一個名額，我跑第三名根本不可能有任何希望，況且也沒有額外加分獎勵。於是，我完全放棄正取的機會與期待，也明白自己真得已經盡力了，暗自收拾沒穿的釘鞋，也沒心情收操慢跑，黯然地離開台北田徑場。

北體考試後一週，我去觀音山爬山散心，遇到認識許久的黃浩然長輩。黃大哥關心我考試情況後，沒想到他馬上說，當時北體主任黃文成老師跟他同住新莊且很熟，要帶我去找黃老師聊聊。黃文成老師是非常頂尖的中距離選手，於一九八三年一千五百公尺跑出3分46秒佳績，距今已三十七年，仍是台灣全國紀錄保持人。很難想像當年能跑出如此不可思議的成績，並在三十七年後仍高懸為全國紀錄，無人能破。

雖然我不抱持任何期待，也不好意思婉拒黃大哥美意，最後黃大哥說：「沒關係，就趁這個機會介紹你認識一下黃老師，只是跟老師聊一聊，就這樣而已。」於是我點頭同意，硬著頭皮跟黃大哥前往拜訪黃文成老師。

進入黃老師位於新莊的住所時，黃大哥幫我說明事發經過，禮貌詢問我是否還有機會。沒想到黃老師說：「人家跑第一名三個月前就來找我，你到現在才來找我！」聽完這句話，我真正徹底崩潰，不僅跑輸人家，找老師時間也輸人家。不過很感謝黃老師願意撥冗跟我碰面，以及最後不斷的鼓勵與勉勵。

⊕

因為深知入伍將中斷跑步訓練，退伍後肯定直接進入職場，等於宣告退出長跑選手身份，僅能以業餘長跑愛好者角色繼續運動。我在北體考試結束後不到幾週，報名了夜間部聯合考試，據說錄取率很高，只是不知道學校在哪邊。

不到兩週時間，我聽說中南部的大葉大學有舉辦田徑運動員獨招考試，打開簡章後我赫然發現，大葉大學考試日期與夜間部考試是同一天，而分隔台北與彰化兩地，根本不可能同步應考。換句話說，我只能從中擇一，若選擇大葉大學失利，就準備高唱從軍樂；選擇夜間部考試雖比較穩，但就會失去夢寐以求的大學機會。

人生的十字路口，命運與機會抉擇，最後我決定賭大一點，正確來說，應該是「賭一個夢想」。

人因夢想而偉大，也因夢想而冒險。

當年大葉大學順利取得隔年全國大專院校運動會（以下簡稱全大運）承辦權，但當時校內沒有體育相關科系，因此沒有具競爭力的地主選手可出賽，於是特地舉辦這場獨招考試，藉以招募與培訓明年種子選手，可代表地主隊爭取榮耀。

「這場是我的最後機會！」我不斷告訴自己不成功便成仁，決定放手一搏。

上午八點多，在彰化縣立體育館田徑場，夏天酷熱的天氣也代表嚴酷的考驗即將開始。賽前我打聽到來自台中市，曾在全國中等學校運動會奪得三千公尺障礙賽銅牌的林家煌也報名參加這場考試，林家煌能拿下三千障礙銅牌，代表他五千公尺具備一定實力，而速度絕佳是他最重要的優勢與武器。

在熱身時，我看到林家煌也積極熱身準備，心想情報消息果然精準，無論生理能發揮到何種程度，至少心理層面已準備好面對他了！而這場我也學乖，記得穿釘鞋下場比賽。

鳴槍前最後一刻，大葉大學裁判老師走過來向大家說：「學校是以去年全大運甲組五千公尺第八名為選拔標準，如果你跑進去，縱使是最後一名仍有機會考上，如果沒有跑進去，縱使拿下第一名還是可能不會考上，所以你們五千公尺的標準是16分36秒。」這段話無疑對我是一劑強心針。有了更明確的目標，儘管炎熱的溫度是最大考驗，但至少這個成績雖不能稱上十足把握，也不是遙不可及。

鳴槍後，我稍微頓一下左顧右盼，沒有選手願意出來領跑，尤其是實力最好的林家煌也不肯出來帶。他屬於速度型跑者，如果我是他也不願出來帶，而我相信我的底細他也早就摸清楚，他應該先以跟跑戰術為主，最後再找機會超越。

雖然我知道這場比賽是以跑成績為主，不應有太多戰術名次干擾，但如果沒有人出來帶也不能一直擺爛求名次，於是我很快決定出來帶速度，心想「如果以後有機會一起考取當同學，再來算這筆帳！」

於是我以每圈七十八至七十九秒區間很穩定的速率不斷前進，後方選手也跟得很舒服。沒有太多意外與戰況，幾圈過後領先集團僅剩下三位選手，我仍繼續帶頭跑，後面緊跟的是林家煌，暫居第三位是來自宜蘭的林國翔。

最後一圈，裁判老師依例敲起鈴鐺時，我瞄一下手錶並快速換算一下剩餘時間，知道自己非常有機會跑進老師所說的成績內。最後三百公尺，林家煌果然發揮實力與速度優勢，以極快速度成功超越我，連打聲招呼或說聲謝謝都沒有。看到他加速我也拼勁全力，但我們速度實在落差太大，我連反擊尾隨的機會都沒有。最終名次維持不變，分別是第一名林家煌、第二名黃崇華、第三名林國翔。我們三位都跑進標準成績內，放榜後也順利正取。

也許需要機會、也許無法跳脫命運，更是擲下全部的賭注，讓我的人生非得來到最後一場、跑到最後一步，方能摘下品嘗甜美的果實。因為去年全大運甲組第八名選手提供不高的門檻機會，大葉大學讓我實現了踏進大學的美夢。

進入大葉大學修讀一年後，我轉學考至中國文化大學體育學系的田徑長跑專項。其實從轉學考至文化大學三年以來，沒有為學校、教練貢獻任何成績與戰績，那些年全大運的承辦學校因場地與交通管制問題，多半取消舉辦我最擅長的馬拉松項目。與其說我擅長，倒不如說，場內田徑賽五千公尺、一萬公尺我實在太差，如果有馬拉松項目，以當時的實力有機會跑進甲組前六名成績。

還記得大學一年級代表大葉大學，那年因為是體育相關考生身份，依照規定必須參加甲組，也就是體育系選手組別。生涯首次參加全大運，感受到甲組選手的震撼與威力（見照片集 P.8），在彰化縣大村鄉學校田徑場上，上午八點舉行男子甲組一萬公尺決賽，最後我跑出三十四分半左右，而那屆金牌是名將吳文騫老師，記得他跑約三十一分多成績。

五月中旬的彰化天氣非常酷熱，場邊所有教練選手對吳文騫能跑出如此優異成績，都感到不可思議與欽佩。最後我排第九名完賽，也是倒數第二名，後面只剩一名選手，赫然發現竟然是陳鄭雄老師。

陳鄭雄老師一萬公尺曾跑出三十一分十一秒最佳成績，本場顯然只是為了保持出賽紀錄，或只是復健慢跑而已。換句話說，我三十四分半的成績幾乎是甲組最後一名，這也是令我心生畏懼的一場賽事。

追求榮耀與高額獎金的兩難

訓練是一種累積，賽事是一場考驗。

台灣長跑界整體實力，無論頂尖選手、高階選手、業餘跑者難以大幅躍進的主要原因之一，是台灣亞熱帶氣候的地理位置，夏季高溫濕熱非常不利於長跑運動，這是台灣長跑選手無法改變的事實，僅能透過國內高原訓練、國外短期移地訓練等方式因應。但此方法並非長久之計，也不是所有市民跑者都能執行。

歷年來，台灣以長跑為本業或長年旅居國外參與訓練、賽事的頂尖選手屈指可數，最具指標性的馬拉松全國紀錄保持人許績勝老師則長期旅居日本。據悉當時王千銓（原名王珍輝）、官原順等名將都曾短暫旅居日本訓練。反觀台灣土生土長的長跑選手，長年累月居住於濕熱台灣，無論訓練跑量、訓練強度、恢復能力等都打了不少折扣，最終能跑進奧運馬拉松殿堂的也顯得更加難能可貴。

另一方面，位於台灣南方的國家，例如菲律賓、泰國、印尼、新加坡、馬來西亞等國，整體長跑實力遠不如台灣。而中國大陸雖然長跑人才輩出，但更精準地說，實力在台灣之上的僅限於北方地區，如內蒙古、山東、遼寧、北京等地；南方地區如廣東、廣西、澳門、香港，歷年來也鮮少出現優秀的長跑選手，反倒是高原地區如雲南、內蒙古等地，頂尖好手不斷湧現。

中國大陸早期最具代表的人物之一，是來自雲南的女子長跑名將鍾煥娣，長跑生涯中曾於一九九二年夏季奧運會奪下一萬公尺第四名佳績，個人一萬公尺最佳30分13秒。後期最知名的選手是來自馬家軍，至今仍為大陸女子一萬公尺全國紀錄保持人、被喻為「東方神鹿」的王軍霞，她曾於一九九六年夏季奧運會奪下五千公尺金牌，一九九三年於北京全運會一萬公尺跑出29分31秒紀錄，至今大陸仍無人突破。雖然後期馬家軍傳出不少禁藥疑雲，但其長跑實力仍有相當高的水準。

上述兩位大陸女子長跑名將，無論是整體實力與水準，在當時或現今世界級賽事都具有相當高的奪冠競爭力，也分別於一九九七年海峽兩岸長跑活動，以及個人分享會形式受邀短暫來訪台灣。熱衷瘋狂於長跑運動的我，很慶幸當年沒有錯過這兩場活動，現場聽取她們的訓練觀念、方法與訓練歷程，更把握難得機會合影留念（見照片集P.10）。

一九九七年，在台灣最具指標性的女子馬拉松選手是吳美惠。她不僅非田徑長跑科班出生，更在當媽媽後才開始接觸跑步，馬拉松最佳成績為2小時58分56

秒，是目前國內女子馬拉松歷代排名第二十六傑，更曾為台北縣（現新北市）奪下台灣區運會（現全運會）女子馬拉松金牌二連霸。

⊕

台灣最大型的運動賽事，當屬每兩年舉辦一次的「中華民國全國運動會」（簡稱全運會）；在一九七四年至一九九八年期間，全運會稱為「台灣區運動會」（簡稱區運會），每年十月份舉辦一次；一九七三年之前則稱為「台灣省運動會」（簡稱省運會）。

這場賽會由台灣各縣市推派選手參加，每個單項各縣市限額兩位選手報名，沒有年齡分組，僅有男女之別，各運動項目金牌選手可名正言順冠上「全國冠軍」頭銜。

每面金牌獎金各縣市頒訂不一，區運年代從十二萬至二十萬台幣不等，若為地主主辦縣市，獎金勢必加碼上調，以二〇一七年宜蘭縣地主主辦為例，金牌獎金從原本二十萬台幣，經縣內運動基金會及民間加碼，直接翻倍至四十萬台幣高額獎勵。如果是特殊運動單項，例如因體能嚴重衰竭原則上僅能參加一場的馬拉松項目，在區運年代獎金直接以加倍計算頒發，若成為連霸主（連續兩屆金牌）可能豪奪加倍獎金，部分縣市更是祭出二連霸加倍獎金、三連霸三倍獎金等誘人獎勵。

例如，前文提及吳美惠在區運會完成馬拉松二連霸，即獲得台北縣提供高達四十八萬的總獎金，因為一面馬拉松金牌獎金相當於任一項目金牌的兩倍，如果是二連霸的馬拉松金牌總獎金，就等同於一般項目四面金牌獎金加總。在長跑各距離項目上，近三十年是由吳文騫老師保有最多連霸與金牌數。另外，桃園縣劍道代表隊曾在區運會創下二十三連霸驚人紀錄。

雖然各縣市獎金辦法略有差異且逐年調整，不過當時區運會每年舉辦一次，以一位頂尖長跑選手巔峰期而論，少則三年，多則十多年以上，那麼三年內就有機會完成三連霸，十年就有機會完成十連霸傳奇。話雖這麼說，在區運會馬拉松賽的歷史中，也僅有我高中追隨的教練－郭宗智老師，曾於一九八四年完成馬拉松項目三連霸紀錄。

當然，眾人羨慕之餘，不能遺忘選手是用艱苦訓練換來的實力展現，況且一面金牌可能斷送另一個連霸，二連霸可能毀掉另兩位金牌得主。集榮耀與獎金光環於一身的，畢竟只是台灣極少數頂尖選手，也都是奧運等級台灣長跑名將。

一九九九年，區運會改制為全國運動會，也改為每兩年才舉辦一次，因此任何運動項目想完成連霸美夢都必須付出加倍的時間，這對運動員而言是相當嚴酷的考驗。

註：套圈
在田徑場上被追過一圈。

由於區運會連霸獎金實在太誘人，正所謂重賞之下必有勇夫，不少選手因此挺而走險。早期曾傳出欲尋求連霸的中距離選手，在賽前透過友人私下向奪冠呼聲極高的另一位選手商量禮讓金牌，但是那位頂尖選手不願在場上放水，還順利摘下金牌，後續更完成不可思議的連霸紀錄。不過，這只是個無法證實的傳說。

另一方面，全運會是台灣藥檢最嚴格賽會之一，每年還是多少傳出選手藥檢未過，國際體壇亦是如此，其所影響範圍之廣、涉及層級之深，實令人瞠目結舌。

無論單一國家結構性、單一系統訓練站，以及個別獨立選手，總是面臨追求榮耀與高額獎金的極大挑戰與壓力之下，在運動員榮耀與禁藥關卡之間不斷拉鋸。

吳美惠、來自樹林長跑的張榮輝大哥以及我，是台北縣區運馬拉松代表隊選手，從一九九五至一九九七年，連續三屆的高雄區運、屏東區運及嘉義區運都一起參加比賽。我們三位常常相約訓練，尤其到了每年十月份區運會的前三個月，假日早上便相約去三峽跑三十公里，回程我與張大哥會互相較勁，而下午我再坐車去台北田徑場，尋找現場的長跑好手繼續較勁偷練。

張榮輝大哥曾以市民跑者之姿，跑出全馬2小時42分17秒紀錄，他白天上班工作，僅能利用早晚與假日時間訓練，能在台灣場地跑出如此亮眼成績相當不易。

而我對張大哥最恐懼，印象也最深刻的是他馬拉松的後段有相當強的尾勁。我曾在三十公里過後被他追上，被超越的瞬間即便沒有掉速，卻連跟的機會都沒有，只能眼睜睜看著他揚長而去。

有一年，台北縣的區運會五千公尺代表隊名單一直敲不定，於是北縣田委會在三重體育場辦了一場專屬選拔賽，當時我已確定入選馬拉松代表隊資格，根本不必下場檢測排名，也知道自己五千公尺的速度很差，下場與五千公尺專項選手競技，不僅難看更可能被套圈（註）。不過當時認為這是強度訓練的難得機會，抱持不怕被笑話的態度，於是鼓起勇氣向時任台北縣田委會的劉富福老師報名，下場當作測驗。

賽場上，我是唯一沒有穿釘鞋的選手，僅以最熟悉的馬拉松鞋應戰。鳴槍後，緊咬第一集團直到最後三百公尺，當時自己評斷再不開出去，最後衝刺階段一定會輸掉，於是告訴自己就當三百公尺間歇的最後一趟，卯足全力毫不保留狂開速度。最後跌破眾人眼鏡率先衝線抵達終點，不過成績是很普通的十六分三十秒左右，而五千公尺專項選手基本水準是十六分內。

憑良心說，當時如果有機會讓我參加區運會五千公尺，我打從心底不敢。因為區運五千公尺金牌選手都有機會跑進十五分內，等於鳴槍開跑後我就可能被不斷拉開，不到十圈就會被主集團套圈，萬一因此成為場邊所有觀眾的目光焦點，又是極大的壓力。這也是當時心態不成熟的我，對於場內賽（田徑場）存在恐懼的主因。

這場選拔賽中，我印象最深刻的是第二名選手，據說自費前往大陸移地訓練剛回來，比賽最終不如預期，然而這位選手在之後不到兩個月的時間，五千公尺就突飛猛進到十六分鐘內。這讓我學習到，去較涼爽的地區移訓，除了要注意密集訓練導致累積疲勞，如果主戰場在台灣，回來後也需要較長的時間適應與調整，才能表現出最佳的移訓成效與狀況。

與我亦敵亦友關係的張榮輝大哥，當時全程在旁觀戰選拔賽，賽後我心情大好，特邀張大哥到家裡短暫休息，下午又帶他到士林至善路楓林橋，兩人從楓林橋跑到風櫃嘴，並往五指山國軍公墓跑去。當下沒想太多，就是有路就跑，盡量選較緩的陡坡以拉高速度，目標是跑足三十公里。

抵達國軍公墓時，大霧瀰漫四處無人，自覺高強度運動訓練時氣場很強，絲毫沒有任何恐懼的心情。我們從下午跑到天黑才回來，在後段入夜後，我的狀況仍然相當好並不斷狂開速度，等訓練結束後，張大哥不斷誇我狀況很好，我心裡卻有一種可惜，他不是說我「實力堅強」，只是「狀況好」而已。

數十年來，自己就是個跑步狂熱份子，北部任何可跑步的場所絕不放過，卻沒有教練開立完整課表、編排階段性訓練目標、協助進行賽前調整，或是提醒可能過度疲勞。總是自己不斷尋找實力堅強的選手訓練，也習慣不與隊友一起進終點，訓練過程中一定要不斷纏鬥，分出個勝負高下才甘願⋯這樣錯誤的訓練觀念至少伴隨我十五年以上。

現在，國內外超馬、馬拉松、路跑及越野跑等賽事眾多，選手和跑者更應該具有「階段性訓練計劃」與「年度賽事規劃」的觀念。

正所謂「訓練是一種累積，賽事是一場考驗」。訓練上，可累積訓練成果，避免因嚴重受傷而中斷訓練；賽事上，可提前訂定目標，透過不同賽事型態、距離來尋求突破。

最痛苦的決定

唯有正面看待，吸取寶貴經驗與記取教訓，才能成爲未來訓練的動能以及成功之鑰。

一九九五年，我首度代表台北縣參加台灣區運會馬拉松項目，這一年在高雄地區舉行，路線從高雄市體育場出發，往返澄清湖繞行兩圈。在酷熱天候與國際選手高強度競爭之下，台灣不少名將好手途中紛紛棄賽，最終我幸運撿得第八名成績，獲頒一萬六千元獎金。

隔年一九九六，我再度取得屏東區運會的台北縣馬拉松代表隊資格，有了前一年經驗，這年我花了很多時間準備。賽前打聽到屏東馬拉松路線屬於相當平緩且筆直路況，還特地獨自到林口地區，尋找相仿但難度稍微提高一點的路線，作為適應性與移地訓練。

這場全國性賽事前後準備時間超過四個月，除了每週強迫自己休息一天外，沒有一天訓練少於兩場，直到抵達屏東縣賽前一週。

某日，同為台北縣馬拉松代表隊張榮輝以及女將吳美惠，相約一起前往三峽滿月圓特訓三十二公里長距離，回程途中不斷與張榮輝激戰，直到約中午才結束返家。當天下午竟然按耐不住心中的訓練癮，再度獨自坐公車前往台北田徑場。進場熱身後不久，不斷尋找田徑場中最快的跑者，猶如獵人般鎖定目標，鎖定後立即上前並肩而跑，且不斷發動攻勢加速，一陣槍林彈雨激戰後，直到對方棄械投降（下場休息不跑）我才願意善罷甘休，然後再繼續尋找另一個獵物。

前後共殲滅擊落四位跑者，最終因筋疲力竭、虛弱無力才甘願下場休息，總計在操場上又跑了一個多小時，直到傍晚五點多下場時，巧遇在旁全程觀戰的北大長跑協會（註）大前輩，人稱「老夫子」，他下場時對我說的第一句話：「哎呦！你怎麼把我們一個個都幹掉了！」這句話、這一幕猶如時光倒影投射於眼前。

當時跑步之於我，猶如宗教狂熱份子，對訓練如沉醉愛情般瘋狂，已無法只用「熱衷」二字形容當時的迷戀。但是對於訓練架構與階段性課表，總是缺乏整體性規劃與遠見。

屏東區運會馬拉松前夕，我們為了適應炎熱的南台灣氣候，提早五天抵達高雄，並在吳美惠友人的安排下，以特優惠價住進高雄圓山飯店。

賽前一天，依大會規定前往報到及身體健康檢查，如果身體檢查未過，選手將被迫取消參賽資格。由於適逢賽前倒數十六小時，選手大多已休息調整多日，現場看到明天的激戰對手，很多名將好手都因血壓過高無法通過血壓檢測這關，只好在旁平心靜氣放鬆等待，直到複檢通過為止，才得以確定參賽。

註：北大長跑協會創立於一九六三年，是台灣最早成立、最具規模的民間長跑社團之一。黃崇華的人生第一場獲獎的路跑賽是由北大長跑協會舉辦，路線從台北田徑場出發到內湖大湖公園約8.5公里，黃崇華拿到人生第一座獎盃：男己組第七名。

現在回想起來，這真是有趣的檢測！檢測現場，每位馬拉松選手的心跳一個比一個還低，讓醫師、護理師不斷驚呼連連。而我正常狀況下每分鐘心跳四十二下左右，如果超過四十四下代表身體處於疲勞狀況。

賽前最後一晚，張榮輝、吳美惠與我一起到選手村附近夜市逛逛。在為期四個多月訓練期間，每當我身體感到疲勞，會喝純胡蘿蔔汁加速恢復，夜市裡剛好有一家果汁攤，我不好意思自己獨買，還問大家要不要喝，吳美惠說：「那就一起買一些，大家想喝就可以喝！」我大約買了五瓶以上深怕自己不夠喝，結果回到選手村宿舍都沒人喝，只有我一人埋頭苦「灌」。已經忘記那晚喝了幾瓶胡蘿蔔汁，只記得連半夜起來口渴都拿來止渴。

比賽當天，屏東的太陽果然炙熱毒辣，所有男女選手鳴槍出發後，近五十多台機車部隊，也浩浩蕩蕩跟著出發。

依據區運馬拉松賽規定，一位選手跑出去後，配一台機車裁判老師全程跟隨，為了比賽公平性與安全考量，其中男女各組總排前三名裁判，胸前都會側背一條類似值星帶的紅色肩帶，繡上「男子組第一名」、「女子組第一名」等標示，加上警用汽車鳴笛全程開道，好不風光。

起跑大約十公里過後我就感到肚子不適，折返後劇痛更加激烈難耐，心想這段期間全力投入賽事訓練，說什麼也不能輕言放棄！我就一路不斷苦撐，直到三十公里左右，肚子已呈現絞痛情況，我已確定無法跑進終點，才心灰意冷向身邊裁判老師說：「我不跑了！」當下沒有心情向裁判老師解釋太多，不是不想跑，是真的無法再跑了。

裁判老師面容雖和藹可親，用詞卻非常冷淡無情地對我說：「要我載你回去，還是要號碼布給我，你自己回去！」

比賽途中，只要有選手最終棄賽，欲離開裁判視線範圍，裁判都會收回號碼布，以防選手偷搭乘車輛，但在全國等級的賽事，基本上不太可能有選手違規觸法。而各縣市不少選手在比賽途中都有教練、隊友、家人、朋友等全程觀戰與鼓勵，甚至是隨時提點總名次變化與前後選手差距時間等最新戰況，萬一不幸爆掉棄賽，都會被各自教練或家人領回，所以大多選擇交出號碼布。

然而當時沒有任何人可以領回我，只好選擇坐裁判機車。回程途中，一陣陣冷風吹拂，不禁顫抖雞皮疙瘩四起，其實我心知肚明，除了體力耗竭、腹部絞痛之外，心寒憔悴才是主因。

不知坐了多久，看到同為台北縣代表選手的郭宗智老師仍在以獨特跑姿賣力扭動腰際奮戰中，當下雖很想大聲吶喊加油，但背負棄賽戰犯身份，只敢內心默默祈禱祝福。接著看到苗栗縣吳有家選手，臉部猙獰地獨自拼鬥；最後看到代表台中縣的好友陳仲仁，以腰間挺直、手臂正直擺動之姿，不斷往終點大步邁進著。

在搭乘裁判機車回程途中，只要遇到賽會相關人員，我的身體自然往裁判背部靠近，臉部也下拉三寸，深覺棄賽是一種恥辱象徵。尤其看到大部分選手仍在炙熱太陽下激戰，自己卻已提早打包回府，心底非常不好意思，更深怕被別人認出來。

短短十餘分鐘車程，感觸比跑一場馬拉松更為遙遠，唯一能安慰自己的就是期許明年能加倍討回來，但前提是還能再獲得代表隊資格。

回到會場時，除了想找個地洞把自己埋起來外，就是想趕緊逃離會場，免得被眾人追問棄賽原因。

馬拉松選手因路程遙遠、肩負極大壓力且拼鬥激烈，最終若不幸決定棄賽，肯定是幾經掙扎後做出最痛苦的決定。考量因素眾多，可能身體極度不適，無論腹瀉、嚴重感冒甚至受傷或體力耗竭等等，唯有正面看待此事，藉此吸取寶貴經驗與記取教訓，才能成為未來訓練的動能以及成功之鑰。

這場張榮輝跑得不錯，他趁我們離開會場前，硬是找我跟他合照一張。我相信任何人看到這張照片，就會知道哪位跑得不錯、哪位跑得差勁，我也留下一張值得憐憫的苦瓜臉照（見照片集P.8）。

最後，劉老師、張榮輝、吳美惠與我四人也合照一張，本場吳美惠為台北縣奪下一面女子馬拉松金牌，身為隊友的我們感到無比榮耀。

當我落寞憔悴地回到選手村宿舍，看到剩餘那幾瓶胡蘿蔔汁，心裏多少產生憎恨，好奇拿起來試喝時瞬間恍然大悟，也不斷警惕自己日後賽前一天半夜，在晃神狀況之下，不能再亂喝任何果汁飲料，尤其是胡蘿蔔汁！

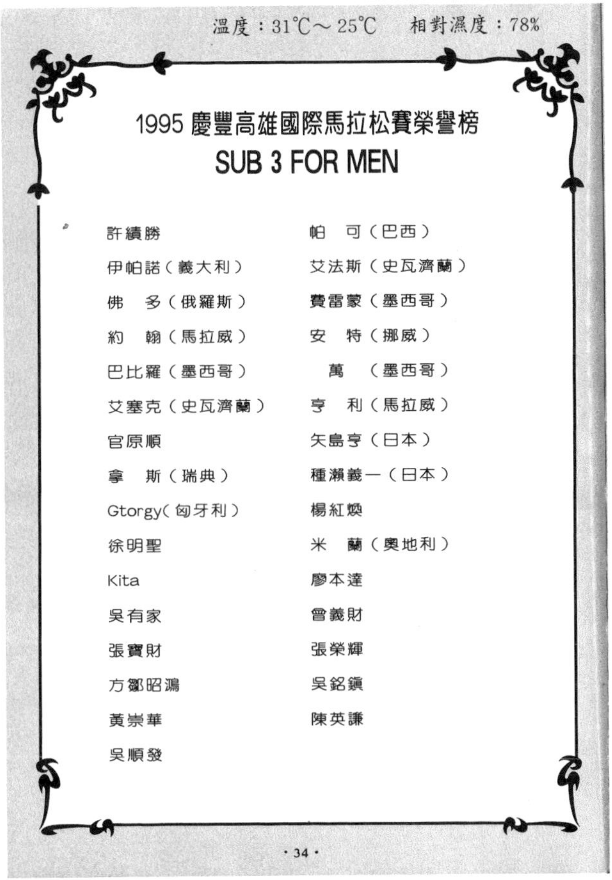
溫度：31℃～25℃　相對濕度：78%

1995 慶豐高雄國際馬拉松賽榮譽榜
SUB 3 FOR MEN

許績勝	帕　可（巴西）
伊帕諾（義大利）	艾法斯（史瓦濟蘭）
佛　多（俄羅斯）	費雷蒙（墨西哥）
約　翰（馬拉威）	安　特（挪威）
巴比羅（墨西哥）	萬　（墨西哥）
艾塞克（史瓦濟蘭）	亨　利（馬拉威）
官原順	矢島亨（日本）
拿　斯（瑞典）	種瀨義一（日本）
Gtorgy(匈牙利）	楊紅煥
徐明聖	米　蘭（奧地利）
Kita	廖本達
吳有家	曾義財
張寶財	張榮輝
方鄒昭鴻	吳銘鎮
黃崇華	陳英謙
吳順發	

・34・

作者 1995 年首次參加高雄慶豐馬拉松賽暨台灣區運會馬拉松台北縣代表隊，以 2 小時 53 分 45 秒成績進入 SUB3 榮譽榜之列，並獲得男 H 組 19 歲以下冠軍暨區運會第八名

我不笨，因爲我要贏！

樹上果實高掛，總有人有辦法摘下。唯一摘下者，獨享其鮮甜美味。

也許因為運氣好，也許取得台北縣田委會老師信任，一九九七年我三度獲得區運會的台北縣馬拉松代表隊資格。這次我記取去年寶貴教訓，也在參加海峽兩岸長跑活動加持之下，對比賽充滿期待與自我期許。

在關鍵準備期間，我首度將每週總訓練量突破至二百一十五公里，平均週訓練量也提升至一百六十公里水準。

這一年訓練最特別的改變是：將每公里三分四十七秒速率的訓練，提升到占週跑量的百分之八十五以上。換句話說，除了熱身與收操之外，我都以三分四十七秒或更快的速度做訓練，而此速度也是這場馬拉松的目標速率。

賽前一天，我們依慣例完成報到手續和身體健康檢查之後，立即驅車前往觀看明天的馬拉松比賽路線。其實我在車上並沒有很認真看路線，只想大概知道是否有上下坡（包含橋樑），或是哪幾個路段有上坡、大概多陡多長，頂多再留意一下是否經過風勢強勁的海邊路線。

我認為，對比賽路線只要有初步概念就相當足夠，把困難路段記得太清楚，反而容易在抵達前造成心裏預期性與極大壓力，不利於發揮正常或超水準表現；當然，也不能完全狀況外而造成失常水準。所幸這一年區運會在嘉義平原舉辦，路線相當平坦筆直，從主會場體育園區出發左轉後，只有約六公里處再一個左轉，接著就沒有任何轉彎，直到二十一公里折返點。

比賽當天是清晨六點整鳴槍出發，我們大約四點四十分就抵達主會場。偌大的田徑場人數相當稀少，但是所有大型燈柱已全部投射於場中，透露出不尋常的肅殺氣氛。接近五點半時，現場變得相當熱鬧，尤其是不少選手已在熱身，做最後的準備與心理調適。

鳴槍起跑後，背心胸口印有各縣市代表隊的馬拉松選手，如萬馬奔騰氣勢般，集體極速跑離會場（見照片集P.7）。台灣區運會馬拉松賽對選手裝備沒有太多限制，唯一規定是選手除了胸前、後背各有一塊號碼布，背心胸口必須繡出所屬代表縣市，無論燙印、繡上甚至是手寫，只要能明顯辨識即可，這是為了方便裁判老師或工作人員辨識。對選手而言，這也等同將家鄉榮耀，如勳章般植入身上。

比賽出發後戰況有點詭異，大約前五公里我都還可以隱約看到前導車在不遠的前方。照理說，欲奪下全國冠軍頭銜的頂尖選手，馬拉松都具備二小時二十五分實力，應該不到三公里距離就可輕鬆加速奔馳而去，可見對選手們而言，前段都在慢跑或有其它戰術考量。

好友陳仲仁（馬拉松最佳2小時34分）回憶起這場賽事，前五公里領先集團都是由他帶頭跑，約五公里過後，我才發現後面有兩位選手齊步以相當穩定的節奏超越。聽腳步聲就知道這不是一般等級的選手，果不出其然，原來是來自台北市的官原順與新竹縣的杜茂開，兩位馬拉松最佳成績為2小時23分與2小時25分。

當下我猜測兩位前段刻意躲在後面，可能是為了將四十二公里變成三十五公里來跑。簡單來說，就是將前七公里以低於馬拉松配速的方式跑，或者以五十公里配速去跑四十二公里的馬拉松。

運用此跑法可能是當訓練量未達一定水準，或自認狀況相當差所採取的最保守戰術，但也可能另有其體力分配考量，或對整場賽事所有選手實力有十足把握的名次型戰術跑法。

此戰術最大的優點是，全程馬拉松中可能閃避掉撞牆期，且當大家最疲勞的三十五公里過後，自己仍可保持理想的配速，甚至具有加速能力。最大的缺點則是，最終總成績可能無法突破最佳，如果遇到同等級的選手，後段可能來不及追回來。但是每一場馬拉松賽總是充滿變數，唯有實力、狀況、戰術、經驗合為一體，才是真正王道。

官原順挑戰了不可能也不符合邏輯的任務，就是當天早上比完馬拉松，下午參加五千公尺決賽。以全國性賽事強度而言，絕非一天跑四十七公里，這麼簡單來計算體力變化與削減。印象中，最終官原順在馬拉松項目奪下金牌，但是下午的五千公尺決賽僅名列第六名之後，此名次明顯低於基本實力表現，但其企圖心與霸氣，仍令人相當欽佩。

當兩位頂尖選手快速刷過所有選手後，原本大家的集團式隊形，也瞬間瓦解成單一選手戰況，此後我也處於獨跑情況。大約在七公里處，我很好奇當下的速率，雖對於自己配速很有信心，但還是想再確認，於是突發奇想以公路總局路標為參考依據。聽不少人說過公路總局的距離路標相當準確，以每 0.5 公里標示一次距離，例如 67.5 公里，下一個就 68 公里，以此類推。

在決定測量前，我先告訴自己萬一測量結果速度落差很大，就不要理會，要相信自己的配速。做好心理建設後，透過公路總局路標，我得到從七公里至八公里區間花了三分四十八秒，從八至九公里區間同樣又花了三分四十八秒，因此我當下立即決定不需再做任何速率檢測，我確認配速已經相當精準，只要專注在節奏穩定與身體狀況變化即可。

在漫長的馬拉松賽途中可能有任何人提供數據，萬一數據錯誤卻誤以為信，嚴重可能毀掉一場比賽。

現代跑者幾乎人手一支 GPS 手錶，有時因天候或品牌廠商等因素，可能提供錯誤資訊。例如十幾年前的 ING 台北馬拉松每公里都有標示，但當我跑在市民大道上約三十公里處時，發現其中一公里距離速率減少約三百公尺，我當機立斷不予理會，約過兩公里後，另一公里距離速率竟增加三百公尺，而總距離卻是準確無誤。賽後聽到不少跑者在距離缺少段立即放慢，在增加段又馬上加速，嚴重影響也搗亂配速穩定性，進而影響最終總成績。

身為一名有經驗的馬拉松選手，配速不敢說一定多精準，但至少不能完全狀況外，以馬拉松目標配速四分整來說，建議每公里落差控制在十秒內。想達到理想配速能力，平時該速率的訓練量必須達到一定程度，或者占總訓練量五成以上。

在此也建議各位跑者，馬拉松途中不要過度依賴大會公里數標示牌，或是不斷觀看 GPS 手錶距離與配速，雖然可以將此列為極重要資訊，但過度依賴的結果，可能影響潛力發揮，甚至失去賽道上專注度。

我繼續保持穩定節奏獨跑至十九公里處時，看到領先集團已率先折返，此時我的任務就是開始數名次。當時區運會馬拉松是錄取前八名，當數到第七名時，我也即將抵達折返點。

第七名是來自屏東縣的選手徐一文（後改名為徐文德），我很想知道我們的差距有多遠？於是靈機一動，在我跟他交會瞬間，路邊剛好是一根電線桿，我拼命記住這根電線桿，甚至牢記桿上的編號，並計算從這根電線桿跑到折返點再跑回電線桿，我大約花了一分四十五秒時間，當下很明確知道這就是我跟第七名的差距。

接著，我想起曾與徐一文選手在幾場路跑賽較勁，短程十公里距離由他勝出居多。他對我而言屬於速度型選手，如果我在終點線前一公里內才追到他，我的勝算不算太高，於是我當下決定，最晚必須在四十公里前就追上他。

自己開始邊跑邊盤算，四十減二十二等於十八，我必須在十八公里距離追上一分四十五秒，再換算得到，我每公里必須追五至六秒左右。

現在回想起來，不敢說我的配速精準到一秒不差，但至少要有個大概念，而有這個概念後，我可以穩定且更有信心地追上徐一文選手，不至於發生爆衝導致後段爆掉的絕境，這也是有經驗的馬拉松選手最容易犯錯的地方。

當兩位選手不斷移動中，其實並非等距速率可以計算，因此，當下我評估他三十公里過後速度會稍微掉一些。以他的馬拉松成績及速度底子而言，我相信我的估算不會落差太大，而我雖屬於較弱勢的耐力型選手，但馬拉松經驗上我可能略勝一籌。

折返後，來到約二十五公里處，台北縣田徑委員會資深老師劉富福也到場關心選手戰況，劉老師對我說：「崇華，你目前第九名，往前追一名就可以前八名（錄取）了！」我對他點點頭示意已收到，內心卻想著「我明明是第八名，我都有在算，想騙我追一名，我沒那麼笨！萬一追過頭後面爆掉，豈不是得不償失。」

這樣的想法對老師實在很無禮，但準備這麼久，也一路戰戰兢兢，深怕犯一個小小錯誤或是接收到錯誤資訊，而毀掉一場重要的比賽。如果當時真的是第九名，為了跑進錄取的名額，肯定採取比較大膽的策略；但如果處於錄取名額內，將採取保守但略帶攻擊性策略。畢竟我知道自己完全沒有前三名奪牌實力與本錢，僅能在實力最大範圍內，取得最佳的成績與名次。

約三十七公里處，我隱約發現前方有一名選手在筆直的道路上，一位跑者身邊一台機車全程尾隨，實在很難隱形躲藏起來。直到通過三十九公里處時，我已逼近眼前這位對手，但當下又不斷想著，無論原本的實力與近期狀況如何，我們能在四十公里處相遇，代表今天的實力狀況一定相當接近，而剛剛這段距離我不斷追近，代表我的速度比他快，也等同我的強度比他高，待會即將進入最後決勝關鍵，我如果不先調整好強度與狀況，肯定比較劣勢吃虧。

於是我先示意騎機車的裁判老師，儘量往我後方退一些，我希望裁判的機車聲音不要太早激怒到他，我也試著將腳步聲放輕，延緩他發現我的時間點，當他進入我的掌控範圍時，我先稍微放慢速度，提早調整強度與狀況，以應付最後決戰時刻。

來到四十公里大關，如原先我所盤算，果真在此追上第七名選手，前段所有該做能做的，我已竭盡所能執行成功，無論是穩定追上、提前調整、不被對手太早發現等等。此時此刻，若我想搶下第七名席次，勢必要有更積極的動作，那就是「超越他！」

我沒有任何遲疑，只是很擔心超越他的瞬間如果被他緊跟，直到最後進入田徑場階段，我的勝算肯定不到兩成，等同超過八成還是會輸，還是處於第八名。於是我又靈光乍現，在完全交通管制的省道上，他跑在所有選手都會跑的外側道，我卻選擇往中央安全島移動，我幾乎貼著安全島而跑，僅希望在超越他瞬間，我們倆之間的相對距離盡量越遠越好，藉由不從他身邊擦身而過，來減緩他緊跟的企圖心與機會（見照片集 P.9）。

馬拉松來到四十公里，選手的毅力與企圖心，有時不到一秒就決定一切。超越他瞬間，我的經驗法則與直覺反應不能回頭看他！老一代選手和對戰心理學，超越瞬間必須展現自信、霸氣、快速，甚至頭也不回的表現出對方根本不可能追上來。如果不斷回頭瞻望，只是更顯示自己狀況不佳、失去信心，而失去信心也等同讓對手添增自信，進而激發對手無窮潛力。這種情況大部分發生在被追的選手身上，當體力不佳、擔心被後方選手追上，對方卻不斷近逼時，這過程真的相當痛苦煎熬。

「不要回頭、不能回頭、忍住不回頭！」我內心不斷告訴自己，沒想到超越對手後，比超越前面臨更多考驗。經過四十一公里處，我終於忍不住回頭瞄了一眼，太棒了！對手不僅沒有緊跟，也沒有想追上來的企圖，看來我的遠離戰術果然奏效。剩下最後一公里多，應該可以保住第七名位置，但是也絲毫不敢鬆懈。

比賽進入最後倒數階段，前導裁判老師將我帶到一座體育場，在接近體育場外圍時，咦？不對，區運會馬拉松賽終點雖然不會人聲鼎沸，但也不至於異常冷清，甚至一個人都沒有。我已有警覺不太尋常，直到我跑到體育場側門時，才發現側門鐵門放下深鎖，原來裁判老師帶錯路線，他把我帶到一座空無一人的足球場。當下我按耐不住脾氣，相當無禮地說：「拜託！怎麼會帶錯路線！」

長途跋涉、長時間激戰之下，其實我只是很擔心所有努力付諸流水，直覺反應馬上查看後面選手有無趁機追上來。幸好還沒有追上來，我們趕緊掉頭，往下一座體育場邁進。

數百公尺後，這座體育場外圍已有不少民眾圍觀，我知道這就是終點田徑場，裁判老師帶我到側門後，就讓我獨自跑完最後的三百公尺。

2小時41分，折返時間1小時21分，這是我手錶顯示的時間。賽後也才發現，原來我回程比去程快了一分多鐘，如果再扣掉跑錯足球場的來回時間，也許再快數十秒鐘。我深信是折返後前面的選手激發了我的潛能，而我也不斷試圖不要激怒對手。

看似完美結局的背後，其實隱藏了一點小小遺憾。通常區運會馬拉松賽後頒獎，只有前三名奪牌選手可以親自上台授獎，其餘第四至第八名錄取選手，都由大會統一轉發獎狀給所屬代表縣市田徑委員會。

賽後我確實領到三萬多元獎金，但獎狀卻在轉交過程中遺失了，因此我無法留作紀念。相信某個單位的資料庫一定可查詢此成績名次，而那張遺失的獎狀經過二十三年來，卻很難在我心中遺忘。

一九九七年十月二十六日嘉義區運馬拉松賽結束後四週，我再度挑戰台北國際國道慶豐馬拉松賽，在短短四週時間內，我依序完成恢復、訓練、調整等三大階段，並不斷提醒自己，第一階段任務沒有達成，就不能貿然進入第二階段。

四週共二十八天時間，又產生了另一篇熱血故事，而我最終以2小時40分48秒成績完賽，這張成績證書也得以保存至今。

台灣最大災難下，以冠軍致敬

縱使最後一名，爬也要爬進來！

高中三年級這年，我獲邀代表台北縣參加「全國公路接力錦標賽」這場具有歷史傳統、高度競爭與榮耀的賽事，目前已停辦長達二十一年，在網路上已很難查到相關資訊。

「全國公路接力錦標賽」無論在組隊方式、整體水準、競技方式等，與近年來廣受矚目的馬拉松接力賽完全截然不同。賽事每年由各縣市輪流舉辦一次，也由各縣市推派男八位、女四位，共十二位菁英長跑選手出賽；賽程為期兩天，每天總共有十二個路段、十二個棒次，每個棒次距離皆不相同，女子組距離稍短，大約四至六公里，男子組距離約從五公里起跳，最長可達十二公里。

大會規定，每位選手最多僅能出賽兩場，如果第一天出賽兩場，那第二天就不能出賽。賽前一天，大會招開技術會議說明各項規則與注意事項，各縣市田徑委員會領隊老師必須同時提交第一天賽程棒次名單；第一天賽程結束後，晚上再提交第二天賽程棒次名單，大會最終以累積總時間方式，決定各隊總成績排名。

由於大會是以總時間為最終總排名，因此各縣市最頂尖的選手都會被安排在距離最長的棒次，因為競賽時間越長，彼此間輸贏的落差就越大。

以總時間為排名，不採取名次積分方式，對於每棒跑在後段的選手，無疑是一種嚴酷考驗。意味著，縱使跑到最後一名，也絲毫不能氣餒或放棄，因為你每慢一秒，隊友就多了一秒差距要追。如果是採取名次積分，當賽事來到中後段時，若前後面選手落差太遠，還可以放慢速度保留體力，以應付下一場賽程，因為名次已經決定，積分也不會改變。

二十八年前曾有一場在新店碧潭舉行的團體接力賽、中華民國田徑協會曾舉辦的數場路跑賽，以及個人積分年度總冠軍競賽，就是以個人名次為積分，總結算以積分最少者勝出。而「全國公路接力錦標賽」以團隊總競賽時間排名，讓跑在越後段名次的選手受到領隊、帶隊老師、隊友、甚至是其它隊伍選手所有關注與激勵的眼神、手勢與喊聲，絕對不亞於跑在前段的選手。

有別於目前流行的馬拉松接力賽，上下棒次不間斷傳遞接力帶，這場賽事卻是採取間斷式進行。意即每天十二個棒次分為十二個區間賽，每區間從第一名進終點線後，要等到最後一名選手跑完，下一個區間的棒次才會整隊重新鳴槍出發。

團體公路接力賽如果採取不間斷規則，從第二棒開始僅能看到目前每隊前後排名，難以分辨該區間棒次前後落差。如果採取間斷規則，則每棒從第一名進終

註：殿後車

Rear Bus，在路跑賽場上又稱「回收車」，負責收容在大會時限之內無法完成的跑者。

點後，直到第二名進來時間，就是第二名與第一名的落後距離，意味著你輸第一名多久、落後前一名選手多長，大家眼睛都看得很清楚。

如果不幸跑最後一名，不僅有殿後車（註）全程壓迫，數百位來自各縣市菁英選手、下一個區間熱身完畢選手、所有裁判、工作人員，甚至媒體等等，都站在終點線附近瞪大眼睛等你跑進來，才能繼續進行後續的賽程，這對苦苦追趕的最後一名選手而言非常殘忍。

賽事採總時間計算排名，如果其中一棒選擇棄賽，會以最後一名選手的完跑時間再加上數十分鐘計算，因此，萬一不幸某隊有一名選手棄賽，等於宣告該隊提早打包結束，絕對失去競爭團體前六名機會。因為在最長距離，也是競爭最激烈的棒次中，每位頂尖選手前後輸贏落差僅數十秒至幾分鐘，如果以最後一名選手完跑時間另外再加十分鐘，跟第一名可能差到十五分鐘以上。一個區間棒次虧掉十五分鐘，如果均分給兩天賽程，男生共十六個棒次中的另外十五棒，每棒要背上六十秒重擔，以均速換算約有三百公尺的額外負擔。

團體接力賽中，如果是男女合併棒次，女子選手的實力差距通常較大，將撼動整隊排名變動，如果是男子選手獨立計算排名，則該隊最弱的幾位選手，將影響隊友們競爭前三名的機會。選手們都知道棄賽的嚴重性，大家也半開玩笑說：「縱使最後一名，爬也要爬進來！」

「全國公路接力錦標賽」屬於全國性賽事，各縣市單位都以全國賽事等級規格頒發獎金，各區間棒次前三名選手可獲得一筆相當優渥的獎金，如果團體能擠進前三名，敘獎規格就看各縣市單位如何訂定，或爭取加碼獎勵選手。

獲得代表隊選手資格表面看似風光，但沒有堅強實力為後盾，將會把自己推入萬丈深淵，而我就是屬於這類型。

我第一次參加「全國公路接力錦標賽」於新竹縣舉行，這一年，田委會老師可能為了讓自己的選手增加磨練機會，派出不少高中田徑隊的中距離年經選手應戰。雖然當年我才十八歲，但已經是隊上年紀最長的選手，老師因此將「隊長」的任務賦予我。其實隊長沒有特殊任務，只是作為選手與老師間相互傳達的橋樑，另外比較重要的功能是不斷幫隊友加油。然而，我本身已是泥菩薩過江。

第一天賽程，我被老師排到 11.2 公里的棒次，這是距離前三長的棒次。因此，當我站在起跑線上時，算一算總共才十四位選手，每位選手背心胸前繡出所屬代表縣市名稱，各個看起來凶悍嚴肅。

接著，我發現這個棒次竟然有超過八位選手，都是我不曾贏過的名將或好手，其餘五位則是我不認識的選手，起跑前這幕幾乎成為我終身的噩夢。唯有看到宜蘭縣都派出俱樂部等級選手，才稍微安慰自己應該不至於落到最後一名慘況，事實上，宜蘭縣也是派出全馬三小時內的好手應戰，只是在競爭激烈的全國賽中顯得較不耀眼。

數年後，自己的心態趨於成熟健康，深知身為選手角色，只要盡力奮鬥表現，縱使跑最後一名，仍是值得眾人掌聲。不過當時非常恐懼跑最後一名，仍是不爭的事實。

鳴槍後，雖然我很賣力地往前跑，但是跑不到一百公尺回頭瞄一眼時，後面的選手只剩下小貓兩三隻，當場嚇得幾乎不敢再回頭。

因為自己屬於馬拉松型選手，比較好聽的講法是耐力較佳，比較真實的講法是速度很差，在這種五至十公里的賽事中，幾乎全程處於劣勢挨打的狀態，專項五千、一萬公尺選手則佔了不少優勢，明顯居於上風。

各縣市所有隊伍選手在上一場的棒次選手出發後，才會陸續上交通遊覽車趕往下一個區間接力區。因此，每次當我跑到兩公里左右時，將陸續出現各縣市遊覽車通過，隊友們都在車窗邊不斷吶喊加油，尤其在自己所屬的隊伍經過時。當下沒有跑在前段位置我總覺得很不好意思，然而也無可奈何。

當賽事來到中半段，此時自己所屬縣市的老師群會以機車巡迴方式，或不斷移動以異地定點站崗方式，提醒你再拼一點、再加油一點、再往前追一名回來。然而真實的狀況是，我在鳴槍後已拼盡全力，油門也踩到底了！

當好不容易撐到賽事最後一公里，搭遊覽車提前抵達終點的選手們，將會向正在比賽的選手方向跑來，關心戰況與隊友情況，所以這最後一哩路，隊友會沿路對你說：「加油！快到了，再加速衝一下！」而實際狀況是根本看不到終點，在隊友鼓勵下用盡全力加速後，速度卻沒拉快多少。

終於熬進終點線時，你可能發現前三名已經頒獎結束。「全國公路接力錦標賽」主辦單位非常有效率，每區間前三名選手進來後，裁判馬上將不同高度頒獎台放在終點線旁路邊，直接上台完成頒獎儀式。

當我跑進終點不久，後面所有選手也很快完成，此時裁判馬上召集下一棒次選手，快速點名完成後，立即鳴槍出發。

從第一名選手完跑後，裁判會在終點線附近設立移動式告示牌，迅速填上本區段各代表選手成績，也立即加總各隊累積總時間，也就是各隊目前總排名。所有選手不僅會上前關心自己所屬隊伍的排名，也會計算前後排名差距時間。此情此景很像古代官府張貼通緝犯人頭像，眾人蜂擁而至圍觀，現場也不斷議論紛紛。

選手們起跑前就會被賦予任務，例如老師或隊友會跟你說「跟上一名才差一分多鐘而已，有機會追回來，加油！」但實際狀況很可能是，不僅沒有追回來，還倒輸一名。如果這情況發生，選手肯定對自己相當自責與沮喪，熟識的隊友也許會上前來安慰，但老師的臉色肯定不會太好看。

最後，我跑的棒次以第九名作收，也是倒數第五名。

第一天賽程結束，老師群會依當天大家的比賽狀況，開會調整排定第二天棒次。第二天我被排在7.9公里棒次，並以第五名作收，總算是繳出不太難看的成績。

身為隊長，除了力拼自己的成績外，也要不斷幫隊友加油。有次在終點線旁等待年輕隊友跑進來，我們從第六名完跑開始，就不斷期待下一位是穿著「北縣」背心的選手出現，結果一直等到第十一名選手進來後，遠望寬廣筆直的道路上，仍看不到任何一名選手。此時我身旁這位年輕選手的教練，不斷低頭嘆氣說：「這是計算總時間的比賽，縱使跑到後面名次，還是要拼一下！他一定是放掉了，意志力實在太差了！」我對眼前這幕印象非常深刻，因為我內心不斷在想，當我還沒進終點線前，老師們是不是也說出同樣的話？

這一年我們團體名列第幾名，我已忘得一乾二淨，可以確定的是沒有繳出優異的成績單。

一年後，「全國公路接力錦標賽」於彰化縣舉行。從留存下來的訓練日誌可見，第一天我被排到9.3公里棒次，竟然在日誌上抱怨空氣太差又出狀況，最終跑到第十一名，後面應該只剩兩三名選手。而讓我驚歎的是，起跑時間竟是下午兩點整。

公路接力賽每天分為上午、下午場次，每場沒有設定幾點結束，上午場最後一棒、最後一名選手跑進終點就是結束時間，通常約十一點半結束。中午是自由休息時間，下午場則是從一點開始，換句話說，被排到下午第一場的選手，大約中午十二點二十分就會準備熱身。

第二天比賽日期是十一月十七日，雖然十一月份不如七月酷熱，但位於彰化地區，加上超高強度比賽，任何微不足道的條件都可能產生巨大影響。不過我始終認為身為台灣選手要認份，不應過度排斥台灣炎熱的訓練環境與賽事，除非你已晉升為國家代表隊，那一定要透過高原訓練、移地訓練等方式，以提升訓練品質與恢復、提高競賽成績。

第二天我被排到9.7公里棒次，也「很幸運」被排到下午一點整起跑，最終跑出34分03秒成績，名列第六位進終點。現在看著訓練日誌我充滿疑惑，那年老師是不是覺得馬拉松選手比較耐熱、比較耐操？

彰化這場比賽我唯一印象深刻的是，某一天我完跑後與張榮輝大哥一起前往觀看男子組最長、也是競爭最激烈區間棒次。這組有馬拉松、一萬公尺全國紀錄保持人許績勝老師，以及當年即將站穩國內長跑霸主地位的吳文騫老師連袂出擊。所謂初生之犢不畏虎，最終由代表基隆市的吳老師脫穎而出，奪下冠軍；代表金門縣的許老師名列第二。

許老師當時即將退役，這次為了金門縣榮耀，特地從日本返國參賽，而這場也是我最後一次看許老師在國內比賽的英姿。在群雄爭霸之下，連一萬公尺曾跑三十二分多的苗栗縣吳有家、桃園縣楊紅煥，也都跑在五、六名之後，稱這組為「死亡之組」一點也不為過。

⊕

第三年，一九九九年「全國公路接力錦標賽」在離島澎湖舉行。這年台北縣參賽選手組成方式改為公開選拔，因此在整體實力上，相較過往提升不少。

這一年台北縣隊員有張寶財、王長信、張榮輝、翁竹毅、黃崇華、鄭子健、張嘉勳、張嘉哲等男子選手。以上排序大約依照年紀由長至幼排列。

台北縣陣容最大的亮點是以公路接力賽高強度而言，若能以兄弟關係同時擠進代表隊名單，已屬非常難能可貴，更何況是父子搭擋局面，在歷屆各隊可說是絕無僅有的事蹟。張寶財與張嘉勳、張嘉哲同為父子與兄弟關係，更是廣為各隊所流傳與欽羨。

賽前一天傍晚，我有事前往老師房間，打開房門驚覺老師們正在忙著打麻將，不久後，林榮祿老師對大家宣布第一天賽程棒次，開幕後由翁竹毅打頭陣，擔任第一棒角色。我順勢脫口而出說：「哇！第一棒，擔任第一棒很重要喔！」此時楊志元老師突然對我說：「那不然給你跑！」驚嚇瞬間，讓我不敢再多講話。這時劉富福老師緊接著說：「雖然崇華實力不怎麼樣，但老將還是比較穩。」這句話一直到現在，我都還無法解讀是褒還是貶。

最後，林榮祿老師在勉勵大家時，說了一句很經典的話：「我們陣中雖然沒有明星選手，但我們陣容比較整齊！」若跟往年陣容相較，今年大家對自己、對整個團隊成績，確實多了不少期待。

賽前八小時，原本應該是所有選手補充精力睡眠之時，卻突然天搖地動一番，我們房間內幾位熟睡的年經人都被驚醒了，但不到幾秒時間停止震動，此時鄭子健高喊：「沒事了，繼續睡！」年輕人終究是年輕人，殊不知台灣本島已經發生大事。

隔一天在離島澎湖，我們沒有接收到太多訊息，只有人議論紛紛說昨晚的地震台灣本島好像蠻嚴重的。

簡單而隆重的開幕式結束後，我站上起跑線代表台北縣跑第一棒。起跑前，我發現有不少知名好手一較高下，名氣最大最響亮的就屬代表台北市的官原順。

起跑後，沒有選手敢單獨狂飆，形成一個約七人左右的領先集團，可能大家都知道官原順的實力與名氣，也在他的氣勢與壓陣之下，沒有人敢出面挑戰或挑釁。一直到最後兩公里左右，老將官原順才獨領風騷，加速揚長而去，一如預期奪下冠軍頭銜。而我跑第四名進終點，也創下個人在全國公路接力賽的最佳名次。

賽後與官原順交會時，他說：「剛剛如果你們有人敢開出去，我就會掉了！你們就是沒有人敢開出去！」但我心裡知道這只是冠軍選手語錄，實際上並沒有那麼簡單，更不可能如此單純。

這場比賽後，我再也沒有看過官原順出賽，也許這場成為這位老將的退役賽。

第一天賽程結束，團體總成績方面，第一名台中縣、第二名高雄縣、第三名台北縣。第一天無疑對台北縣隊注入一劑極大強心針，雖然我們無法暫居首位，但至少已擠進前三名競爭行列。大家彼此互相鼓勵、期勉再接再厲，誓言守住第三名位置，也力拼挑戰更上一層樓。

第二天賽程，我們全隊壓力之大不難想像，因為大家都以「第三名」為基本標準，檢視每棒次選手的成績名次。

在第一棒起跑前，隨即傳來令人難過的消息，台中縣隊因得到消息指出，台中地區災情非常嚴重（但到底有多嚴重，在離島無法獲得完整資訊），於是台中縣全隊決議放棄第二天賽程，提前返回台灣本島勘災與救災。其餘縣市選手則決定繼續完成賽程。

第二天我被安排在上午賽程，成績名次已忘記，但在全隊齊心協力之下，到下午賽程我們終於在總成績躍居領先位置。看到裁判在總成績版上計算出目前的成績名次後，全隊雀躍不已，記得最後一棒輪到張寶財，全隊七嘴八舌不斷給予提醒與建議，尤其是他兩位選手兒子，此時大家可能也忘記，他才是真正一名經驗豐富的老將。

我們計算出第二、三名與我們的差距，也取得這兩隊最後一棒選手的實力，連老師群都加入不斷提醒，賽中要特別留意哪幾位選手，而我們還有多少籌碼可以運用。不難想像張寶財出發後，將沿路不斷受到關注、提醒、勉勵、加油，其壓力之大唯有身歷其境、親身經歷才能感受。

最後幾公里時，張寶財嘴邊已有口沫，但他沒有時間擦拭，仍專心不斷奮鬥，眼神也幾乎呈現呆滯情況，老將的精神力與拼勁實在令人動容。最後，張寶財選手成功為全隊闖門成功，順利守住冠軍的榮耀。

在台灣發生自二戰後傷亡損失最大災難的此時此刻，期望體育能為台灣注入一劑強心針，為台灣揮別傷痛陰霾，為人民帶來無窮希望。

如果問我印象最深刻的一場賽事，也許我難以單指出。

如果問我印象最深刻的系列賽事，答案應該不難猜出。

謹以民國八十八年九月二十二日大成體育報報導，對台灣眾家長跑好手以及九二一大地震受災者 致敬。

第一天賽程			
	第一名	第二名	第三名
第一區	台北市官原順	台中縣楊銘福	桃園縣王瑋誼
第二區	彰化縣許玉芳	台北縣高育蓁	台北市唐蕾
第三區	台中縣蔣介文	桃園縣楊紅煥	台北市高全寬
第四區	桃園縣王千銓	台中縣廖永欽	苗栗縣吳有家
第五區	桃園縣許義忠	嘉義市徐國佑	高雄縣黃鴻飛
第六區	台北縣洪佳穗	彰化縣蔡玉萱	雲林縣廖佩苓
第七區	基隆市吳文騫	高雄縣蔡清洲	彰化縣林志欣
第八區	台北縣江秋婷	澎湖縣莊欣慈	雲林縣張珮毓
第九區	嘉義市馬偉政	高雄縣黃奕達	台北縣翁竹毅
第十區	台北縣張嘉勳	苗栗縣曾義財	台北市高全寬
第十一區	台中縣蔣介文	基隆市梁芳彬	台北縣張嘉哲
第十二區	台北縣許玉芳	澎湖縣吳曉秋	雲林縣陳淑華

→全國公路接力賽，昨在澎湖鳴槍起跑。

↓台北市選手官原順率先奔回終點贏得第一面個人金牌。記者陳尊隆／澎湖傳真

澎湖路跑成績榜 增加個人獎

記者 陳尊隆／報導

八十八年全國暨台灣省第三十五屆公路接力賽首日成績出爐，主辦的澎湖縣田徑委員會為了激發個人潛能，獎勵辦法有別於往年各屆，增加了個人獎，賽程分為四段二十四區，每區錄取個人前三名，頒給金、銀、銅牌，每段總成績第一名頒發團體獎盃一座，全程賽完總成績再發給前六名團體總錦標。

昨日成績如下：男子組第一區(1)台北市官原順(2)台中縣楊銘福(3)桃園縣王瑋誼，第三區(1)台中縣蔣介文(2)桃園縣楊紅煥(3)台北市高全寬，第四區(1)桃園縣王于銓(2)台中縣廖永欽(3)苗栗縣吳有家，第五區(1)桃園縣許義忠(2)嘉義市徐國佑(3)高雄縣黃鵬飛，第七區(1)基隆市吳文賓(2)高雄縣蔡清洲(3)彰化縣林志欽，第九區(1)嘉義市馬偉政(2)高雄縣黃奕達(3)台北縣翁竹毅，第十區(1)台北縣張嘉勳(2)苗栗縣曾義財(3)台北市高全寬，第十一區(1)台中縣蔣介文(2)基隆市梁芳彬(3)台北縣張嘉哲，團體總成績(1)台中縣(2)高雄縣(3)台北縣。

女子組個人第二區(1)彰化縣許玉芳(2)台北縣高育蓁(3)台北市唐蕾，第六區(1)台北縣洪佳穗(2)彰化縣蔡玉萱(3)雲林縣廖佩芩，第八區(1)台北縣江秋婷(2)澎湖縣莊欣慈(3)雲林縣張珮葳，第十二區(1)台北縣許玉芳(2)澎湖縣吳曉秋(3)雲林縣陳淑華，團體累計總成績(1)台北縣(2)雲林縣(3)彰化縣。

大成體育報針對全國公路接力錦標賽之報導，畫面中央上衣有「台北市」字樣者為官原順，右後方「北縣」字樣者為黃崇華

5

台灣選手的世界夢

人生，就是要不斷發生「第一次」，才會處處充滿驚奇！

在台灣的賽場上，我雖然常常無緣冠軍，但只要有任何機會，絕對力求爭取「出國比賽」，不僅是為了開眼界、增添經驗值，更可能是影響跑步生涯一輩子的養份。

事件紀錄

鍾煥娣｜10000 公尺 PB・30:13
　　　｜馬拉松 PB・2:25:36
陶海棠｜海峽兩岸長跑活動・長跑訓練觀念傳授
盧瑞忠｜海峽兩岸長跑活動・一通電話成行
黃崇華｜新疆晨練・3:37/km
陳仲仁｜新疆晨練・？
吳有家｜陽明山超級馬拉松越野挑戰賽 65 公里・5:41:56, 1th
黃崇華｜陽明山超級馬拉松越野挑戰賽 65 公里・5:43:47, 2th
郭宗智｜陽明山超級馬拉松越野挑戰賽 65 公里・6:02:50, 3th
郭豐州｜2000 年荷蘭 IAU 世界盃一百公里錦標賽・領隊
郭宗智｜2000 年荷蘭 IAU 世界盃一百公里錦標賽・8:04:36
黃崇華｜2000 年荷蘭 IAU 世界盃一百公里錦標賽・8:10:03
吳有家｜2000 年荷蘭 IAU 世界盃一百公里錦標賽・DNF

大陸長跑名將登台
海峽兩岸長跑活動台灣站

在身體過度疲勞情況下，若繼續訓練只是徒增反效果而已！

一九九七年七月，舉辦於陽明山的一場路跑賽，賽道從小油坑遊憩區出發，跑往竹子山戰備道往返。竹子山戰備道屬於軍事管制區，平時因管制一般民眾無法自由進出，只在這場路跑賽當天短暫開放，因此，每年七月固定舉辦的「陽明山國家公園路跑賽」總是吸引不少喜好路跑的民眾參加。

這一年最特別的是，比賽總排前六名將可代表台灣參加「海峽兩岸長跑活動」資格。然而，縱使比賽當天我在鳴槍後使出洪荒之力，仍然沒辦法跑進錄取名單之內。沒想到由於該活動必須先繞行台灣本島一圈再前往大陸地區，總共長達十二天，不少選手因此忍痛放棄參賽資格，而我就在前面幾位選手放棄資格的情況下，得以遞補入選台灣代表隊。

「海峽兩岸長跑」為兩岸菁英長跑選手的交流活動，大陸與台灣各派出十多位長跑菁英選手。大陸選手不少已是退役的長跑教練，台灣選手的選拔則是由中華民國路跑協會主辦規劃。

我們在行前說明會中收到兩隊所有出席選手名單，大陸選手戰績與資歷最顯赫的是來自雲南的女子長跑名將鍾煥娣，擁有個人一萬公尺最佳30分13秒佳績，此成績當時僅次於跑進三十分大關、被譽為「東方神鹿」的馬家軍名將王軍霞。鍾煥娣馬拉松最佳紀錄為2小時25分36秒，此成績無論在那個年代或二十多年後的今日，仍是相當優異的女子長跑成績。

當時大陸人士要來台灣相當不易，據說幾經波折後，大陸代表隊才終於底定，也如期抵達台灣。

活動前一天，大陸所有選手及活動相關人員被安排住進台北晶華酒店，台灣選手可自由選擇是否入住台北天成大飯店，而我選擇住自己家。活動第一天，兩隊相互認識交流，我在與來自山東省中距離好手段秀全聊天時，詢問他剛來到台灣是否適應，他突然眼睛炯炯有神對我說：「昨天住宿的酒店，是我這輩子住過最高檔的飯店！」

活動行程安排我們先在台灣巡迴「演出」，於台北、台中、高雄、花蓮共四站各參加一場路跑活動，以交流的形式和台灣民眾與選手互動，除了花蓮站與台北站結合路跑賽之外，其餘不做競賽排名。

首站是花蓮，我們來到花蓮美崙田徑場，活動前一天我們幾位台灣選手跟段秀全教練於田徑場熱身交談時，他突然說：「來！你們只要加速個一百公尺，我幫你們看姿勢。」我們相當好奇他究竟有多少功力與慧眼？只見選手加速時，他以半蹲姿勢全神貫注那名選手，接著他就侃侃而談這名選手所有動作上的缺失與調整方案。

段秀全曾代表大陸參加過奧運，個人一千五百公尺曾跑出三分四十秒左右佳績，當年他雖已是退役選手，身材仍保持得相當纖瘦輕盈（見照片集P.12）。

花蓮站雖然是一場路跑賽，但我們代表團不刻意競賽，可以輕鬆慢跑，也因此我跟好友陳仲仁更加好奇這些大陸長跑名將究竟有多厲害、多恐怖？我們一致認為，只要身材沒有嚴重發福，他們的基礎實力一定相當驚人。以鍾煥娣為例，如果她十公里曾跑到三十分，現在輕鬆跑三十三或三十四分應該相當容易，此成績將比台灣女子一萬公尺全國紀錄三十四分初更快。

鳴槍後不久，大家還很客氣地跑在一起聊天，大約不到兩公里時已熱身開來，鍾煥娣突然嘰哩呱啦講了幾句話便開始飆速狂奔，加速能力確實展現過人實力，不到幾秒就跑離我和仲仁的視線範圍。其實她只要用以前一萬公尺速度跑一公里就相當驚人，一公里能跑三分整速度，無論當男子、女子選手都相當厲害。

我特別看出鍾煥娣在加速時的雙腿非常有彈性及力量，尤其是收腳敏捷性相當優異，個子雖不高，但加速時重心保持得很穩定，幾乎是水平線移動。跑步加速時若重心上下大幅擺動，那代表是用蠻力加速與推蹬，也缺少穩定性與協調性。

這場活動結束後，仲仁私下提及打趣地說：「沒想到看起來像阿婆一樣，身手功夫還是相當矯健。」我們猜想，可能她當選手時期太過操勞，以致退役後不到幾年時間看起來已相當疲憊蒼老。

趁這次難得機會，我私下與鍾煥娣聊一些長跑訓練觀念，還好奇問她曾經與王軍霞同場對決過嗎？她雲淡風輕地表示，曾經對決過兩、三場比賽但沒有贏，不久後就選擇退休了！此時我隱約可感受到身為一名戰將的挫敗與遺憾。行程最後，我們在墾丁景點合照，我請她簽名留念的這張照片仍保存至今（見照片集P.10）。

第三場台中站，我們來到台中亞哥花園，這天相當炎熱，跑完十公里後，大家都汗如雨下。此時來自內蒙古的陶海棠教練露出相當難以置信的表情驚呼：「台灣怎麼那熱啊！我在我們那邊跑完三十公里，也不會流到這麼多汗！」我對這句話和這幕印象非常深刻。

陶海棠教練在內蒙古有個頗具規模的長跑訓練營，我跟仲仁一致認為，基於職務關係與長期帶領長跑選手之故，陶教練在長跑訓練的觀念方面可能更有經驗，甚至具有獨到見解。

某一夜，我們幾位到陶教練的房間聊天，她相當有自信地說：「平日早晚每次訓練，速度無論如何都不能低於馬拉松配速，如果連馬拉松配速都跑不到，那麼如何談上訓練效果？如果真的連馬拉松配速都跑不到，代表身體過度疲勞，在身體過度疲勞情況下，不如好好休息終止訓練，若繼續訓練只是徒增反效果而已！」

這段話我深深銘記在心，回台後，正值準備嘉義區運馬拉松期間，我嚴格要求自己無論任何時候，每公里都不能慢於四分鐘，直接省略慢跑、低強度節奏跑等較慢的速率。

在準備馬拉松訓練期間，我每週都達到一百六十至二百公里的訓練量，剛開始幾週身體確實無法負荷，但數週後慢慢適應，最終在該年嘉義區運馬拉松跑出2小時41分個人最佳成績，四週後在台北國道馬拉松，再創2小時40分個人紀錄。

但真正關鍵不在於跑出多好的成績，而是在四週內兩場馬拉松成績誤差僅在一分鐘左右，以四十二公里距離速率來換算，約不到三百公尺的誤差範圍，足可證明這名馬拉松選手實力有多穩定。我想能跑出這樣的成績，多少跟此觀念改變了我的訓練型態與習慣有關。

前述陶海棠教練的訓練觀念與邏輯性雖正確，但融入實際訓練架構上，仍必須考量整體環境對等條件與特殊性。例如，內蒙古地區長年氣溫涼爽，在相同距離、強度訓練下，身體耗損度肯定比濕熱的台灣更低；在涼爽氣候下，身體的恢復能力也將提升不少，這對長跑選手的表現是謂關鍵。

另外，在恢復期或高強度訓練後，仍然必須透過慢跑來調節身體疲勞，此訓練方法涵蓋選手的心理層面，整體評估考量因素眾多，包括訓練區域、環境、賽事、週期、進度及選手特性等，都應納入調整。

陶教練的觀念對於訓練量已達理想狀態，但長期無法突破進步的選手而言，提供了平均訓練速度的重要指標。如同台灣業餘的進階長跑選手，跑到理想訓練量同時（例如每週八十或一百二十公里），也會做不少速度訓練，然而馬拉松目標成績的速率卻在每週整體訓練中，往往容易忽略或是占比太低。

經我數十年觀察，台灣的業餘長跑選手都知道馬拉松成績要進步，週跑量一定要達到理想標準，但忽略訓練量只是基礎指標，過多慢跑量反而流失訓練品質。初階跑者也許提高訓練量就能進步，但進階跑者若要不斷進步，不是一招就夠了。

近幾年來大家已漸漸改善此盲點，但過快的速度訓練往往增加受傷風險與疲勞。至於馬拉松選手該如何訓練速度？相對速度訓練、最佳速度訓練、支撐速度訓練、整體性速度訓練、耐力指數等，都必須涵蓋在訓練架構計畫。

台灣的最後一站是台北站，從至善公園出發約十公里的公開路跑賽，台灣團幾位現役選手都有下場拼搏。這幾天陳仲仁因重感冒身體不適，但在我的鼓吹之下也點頭同意出賽。最終我如願以償率先抵達終點險勝，這也是目前為止我唯一在公開賽贏陳仲仁的紀錄。賽後我興奮地找他合照記錄這歷史性的一刻，而他把手架在我脖子上，臉露出些微凶狠的表情，這張照片也保存至今（見照片集P.11）。

驚奇絲路之旅
海峽兩岸長跑活動大陸站

幾經波折、峰迴路轉，才夠精彩，才值得回味無窮。

海峽兩岸長跑活動抵達花蓮站時，我被通知一件驚天動地的大消息，因為我是役男身份，護照無法順利申請下來，必須有一位具公務員身份的人士擔保，簽下保證書或切結書才能核准順利取得護照出國。對方表示必須在短短幾天內提供，否則會來不及跟上出國時間。

心急如焚下，有人傳話想幫忙，請我先到他房間談談。打開房門後才知道是隨隊的盧瑞忠老師。盧老師詳細詢問狀況後，雖極力想幫忙也願意簽保證書，但礙於私校身份並不符合保證人資格，他想到一位在郵局工作，擔任局長的好朋友或許可以幫忙，便馬上致電給對方。

台灣人對於擔任保證人一事，不僅相當避諱，甚至是禁忌，加上對方不認識我，事情變得相當棘手。盧老師費了一番口舌還是無法得到對方的允諾，站在旁邊全程聆聽的我像是全身被捆綁壓到刑台上的犯人，如果沒有得到對方答應，待盧老師掛上電話時，等同於劊子手揮下大刀瞬間。對話最後就像要一翻兩瞪眼，盧老師突然略顯激動的說：「好朋友就一句嘛，你到底幫還是不幫！」二十三年來這句話、這一幕，我永遠難以忘懷，無論最終結果如何，也在此也特別向盧瑞忠老師表達感激之意。

盧老師講完這句話不到幾秒，輕輕掛上電話，對現場投以關切眼神的大家說：「他終於答應了！」

⊕

台灣站所有行程結束後，兩隊人馬匆匆趕往大陸，準備一趟「絲路之旅」。我們先到了北方烏魯木齊，行經吐魯番、陝西寶雞、在敦煌衝上鳴沙山月牙泉、參觀莫高窟千佛洞；赴甘肅參觀嘉峪關長城，再經蘭州市，到西安市參觀秦始皇兵馬俑；最後飛抵北京，於北京結束這趟驚奇之旅。

飛機起飛，這是我人生第一次出國。首站是遙遠的烏魯木齊市，必須經由北京轉機才能抵達，坦白說，當時還真的沒聽過這座城市。

在飛機上空服員遞上餐盒，我食用完畢後覺得不好意思讓空服員來收，年輕不懂事的我就自己把空餐盒送到機艙尾交給空服員，空服員很親切地問我：「還有需要嗎？」我回答：「還有嗎？」於是我又拿到新的餐盒回到位置上。一吃完我又做了重複的動作，也跟空服員重複先前對話，最後我一共吃了七個飛機餐盒！好在當時年輕身體代謝快，又有大份量運動消耗當作後盾，沒有後顧之憂地吃。

在吃完第七個餐盒時，飛機已準備降落烏魯木齊市，我也終於善罷甘休。

大陸地區行程安排得相當緊湊，每天必須不斷移動，所以我們每到一個城市，最多只會停留一天時間，而當地市長、所有官員都會盛大歡迎熱情招待。

我們比預定時間晚了三個多小時抵達烏魯木齊，抵達機場後馬上被載走，大家原以為會到飯店好好休息，沒想到我們下車的地方是一間排場盛大的高級餐廳。進去後我超級傻眼，大約有二十多桌山珍海味豐富佳餚，每桌十多道菜已一次上滿。當下時間已晚上十一點左右，正當猶豫著要不要吃時，大陸團員傳話表示市長、所有代表官員已等待我們多時，想盛情款待我們。為了不失禮，於是我只好繼續拼命吃，並決定明天一定要早起跑步，不然肯定胖死！

在台灣站選室友時，因為我和陳仲仁大哥已相識，所以都住同一間房間。在花蓮站，我們倆出去練跑無論怎麼轉，最終都在同一條道路上，遇到台灣團吳有家、杜茂開兩位全馬跑進二小時三十分內的高手，我還打趣跟仲仁說：「馬拉松選手選擇的路徑，果然都略同。」因為在海峽兩岸長跑活動結束後不到兩個月，我們倆都要參加台灣嘉義區運馬拉松項目，所以每天在活動前都先跑二十公里左右，接著再參加大會十公里公開活動。

晨間練跑後，烏魯木齊活動盛大舉行，對當時的我而言是一場極大的震撼教育。鳴槍出發後，前面有算不清的警車鳴笛開道，長達十公里不重複的路線，沿路兩側民眾爆滿圍觀，人多到擠成三、四排以上，爭相目睹我們的風采。烏魯木齊市的管制封鎖不只是路跑道路的動線，連對向車道也一併管制車輛人員進出，讓我們能在寬廣的雙向八線車道上自由自在奔跑。

當時備受禮遇與高規格對待，但大家只能依規定以四分多的速度跑在一起，坦白說，自己都覺得很不好意思，很想開拔雙腳，盡情發揮一下。

活動結束後我才聽說，當天烏魯木齊市所有學校都停止上課，全部被安排來為我們加油，我想這在其它國家是不太可能發生的情況。

我們在大陸境內只要上遊覽車行進移動，全程都有警車鳴笛開道。有回我跟仲仁坐在第一排，仲仁手拿攝影機錄影紀錄，司機顧著跟我們聊天，因而注意力不集中，前方警車因故緊急剎車，他老兄反應不及，以滑行之速直接撞上警車。現場氣氛非常尷尬，大家都下車查看，所幸全數平安無事，僅稍微受到驚嚇，司機一直跟警員解釋剎車異常，但我跟仲仁很清楚他根本就沒有剎車。

烏魯木齊活動結束後，我們回到下塌飯店準備離開，一下車就有不少群眾，應該也可以笑稱是粉絲或追星族，蜂擁而至爭相要我們的簽名與合照，人潮多到還需要武警現場喝令，要求大家乖乖排隊等待。

記得一位年輕女生趁我簽名時不斷打點我，並說：「原來這就是台灣人啊！」我心裡打趣地想「台灣人也跟大家一樣，不然是長得人模猴樣嗎？」不過，在二十多年前，一個距離台灣相對遠的北方內陸，對台灣人充滿好奇也不意外。

我們不斷被熱烈追求簽名，此時著實感受到巨星的風采，差點忘記自己是誰。台灣團選手吳美惠看不下去，跑來跟我們說不要再簽了，要趕往下一個行程，於是我們只好匆忙中斷逃進飯店。

我和仲仁準備進房門時，發現有幾位當地人竟衝到房門口，其中一位還向我要地址。回到台灣的某天，我真的接到這位朋友的信，甚至相互通信了幾次，後來因為專心於訓練，沒閒情逸致寫信，幾次沒回後，對方也就不再來信了。

⊕

第二站來到吐魯番，這是個很特別的地方。因為我個人不敢吃羊肉，到達當天午餐第一道上的是羊肉、第二道也跟羊有關，我遲遲不敢動筷子，一直到超過十道菜後，好不容易來了一盤炒飯，但他們說這是用羊油炒的。最後一道菜終於是像饅頭的食物，他們卻說上面淋了羊油！當下我心想「已經吃了這麼多餐好料，餓一餐也不會怎麼樣。」等到大約兩點多離開餐廳繼續參訪活動。

不料活動結束後，竟又被載回同一家餐廳，此時才下午四點多。所有台灣團員都快瘋掉，也有不少人臆測這家可能是吐魯番唯一的高級餐廳。

原本我們還抱以希望，期待這餐跟中午菜色不太一樣，結果出了三道菜後，我就不顧情面獨自偷偷跑出去了。事實上我也想趁機走走，好好瞭解當地真正的民俗風情與文化。

我先到一家很不起眼的雜貨店買麵包，不久後仲仁也出來找我，我看到路邊沒有水的大排溝上，躺著一個穿破西裝的人，仔細一看，他臉上還有蒼蠅在飛，旁邊有不少人但就是沒人理他，我問仲仁那個人是活還是死了？仲仁靠近看了一會兒也難以分辨。

回到遊覽車上時，台灣團員們聽到我有麵包，猶如難民般衝到我面前爭食。說實在，縱使美味佳餚當前，但餐餐大魚大肉也會受不了，對於長跑運動員更是如此。

某天下午，我們拉車許久來到一處有蒙古包的大草地，據說是當地的維吾爾族人。下車後，團員排隊輪流接受表揚，他們在每個人的脖子上掛一條絲巾，並雙手奉上一杯白酒，而受禮之人都要當場把白酒喝完（見照片集P.12）。我因為不想喝酒就不斷躲避並往後退，可是大家都圍在旁觀看，我自然沒有逃跑的機會，沒想到最後輪到我時，他們竟奉上一「碗」白酒，我也只好硬著頭皮一口喝完。後來打聽因為小酒杯已經用完，所以換碗裝才夠誠意！

這也是我人生的另一個第一次，一碗酒下肚後感覺茫茫然，望著車窗外，心情卻是欣喜愉快的。

停留吐魯番這天，幾位台灣團員再度來到陶海棠教練的房間討論訓練，此時陶教練很嚴肅地伸出手掌五指說：「如果手掌每指代表一項運動指標，無論是速度、耐力、肌力、協調或是意志力，必須把拇指這項指標提升，整體水平才能提升。」陶教練的意思是，以訓練法則而論，必須針對弱項加強訓練，才能收到顯著的訓練效果。

我想所有運動員、長跑選手和教練也許都知道這觀念，只是沒有形容得如此透徹。現在我的訓練觀念是，初階長跑選手的訓練應朝向更全方位的課表；對於中階長跑選手，應該培養本身優勢與強項；對於高階長跑選手，應該針對本身最弱指標加強訓練。運動員的長期訓練在不同階段與成績表現上，為求達到最佳的訓練效率，需要考量個別的輕重緩急做出評估。

接著，陶教練說明賽事選擇與大週期如何安排。陶教練不斷強調，賽事密集度過高，會對選手造成不同程度的損耗、受傷風險，也更容易發生狀況難以掌握的變因。此時一位台灣團員立即附和：「我在台灣也是慎選賽事！」當場我跟仲仁差點爆笑出來，回到房間還繼續笑，其實我們沒有資格也不是真的笑他，只是覺得很有趣，因為這位選手幾乎沒有放過台灣的任何一場賽事，無論每週賽事或早晚場，我們出場的賽事一定會看到他。

現在我的觀念與經驗是，如果問我一場馬拉松賽事需要多久的時間恢復？我會說：「這是很複雜的課題。」因為考量因素眾多，並非單一因素或一個答案，例如夏季與冬季的馬拉松會影響比賽時間、體能耗損度、恢復環境等；另外，賽事型態、路況起伏、配速列表、風阻影響、氣溫變化、競爭度、當天狀況等，也都會影響疲勞復原的時間，更別說恢復方式與環境、睡眠品質、營養補充等複雜因素，都會影響到疲勞復原時間。

假設撇除上述所有因素，我建議可以直接檢視最後五公里的速率，如果掉的幅度越大代表身體越力竭、疲勞程度越嚴重，所以復原的時間也會越久，我看過最嚴重的例子是超過半年以上才復原。另外，「疲勞指數測量方法」（註）也是相當準確且客觀的指標。

舉自己最寶貴的經驗為例，我在嘉義區運馬拉松的後半程比前半程快一分鐘，在四週後的下一場馬拉松，跑出比上一場還快一分鐘成績，兩場雙雙創下個人最佳成績，這也是典型成功案例。

陶教練現場還幫我們每位選手摸肌肉、看潛力。摸到一位腓腸肌較發達的選手時，陶教練語出驚人說：「你這個已經極限，不會再進步了！」這位選手當場臉色鐵青，他已是馬拉松跑進二小時三十分內的好手，不過在日後二十餘年的競賽中，也確實沒有再創造更好的成績。

輪到我時，陶教練摸完後大聲驚呼：「你這個根本還沒有開發過嘛！」此時我只能不發一語，無語問蒼天。

註：疲勞指數測量方法

先在平躺或坐下靜止中測量一分鐘安靜心率，之後馬上站立一分鐘不動，測量一分鐘心率。以最後站立一分鐘後所測量心率減去安靜心率，以標準值十下為基準，如果超過十下則身體顯示處於疲勞狀況；低於十下則代表身體狀況不錯。此方式是透過最低強度（站立不動）來檢視心率的拉升幅度，拉升越高代表身體越疲勞。

在新疆期間，除了羊肉外，幾乎沒有其它肉類或海鮮食物，直到我們搭乘火車來到我的夢幻小天堂—寶雞。為什麼會說是我的夢幻小天堂呢？因為這裡終於有羊肉以外的肉品，尤其是我唯一敢吃的雞肉，所以一抵達看到地名時滿心期待，最後也證實名不虛傳。

民以食為天、運動員以食為本。隔天早上晨跑，我不僅元氣飽滿，更是士氣大振猶如神助！起跑後速率立即推升到非常理想的水準，也不斷告訴自己不能低於馬拉松配速，也就是每公里三分四十七秒左右。

大約十公里折返後，我以節為單位，每節加一段速度，仲仁一如往常緊跟著我，但內心可能抱怨連連。又不知過了幾節，被我瞄到他似乎沒有跟很緊，此時我發現機不可失，立馬火力全開，心想不趁此時更待何時？猛烈砲轟攻擊幾秒後，他竟然掉了一小步，瞬間我更加亢奮不已，體內腎上腺素激增，猶如空襲警報大作，完全失控爆衝並終於把他擺脫成功了！我內心振奮不已，只差沒有振臂歡呼。

跑回飯店樓下，回頭並沒有發現他的影蹤，以我們雙方速度與剩餘距離而言，他根本不可能差距這麼遠，而我第一時間就知道他其實是故意晚回來。通常高手不小心輸給不應該輸或不想輸的對手後，會用此動作暗喻對方，當天自己出了很大的狀況才會輸，不是那種激戰後飲恨的結局。

幾分鐘之後，仲仁終於慢跑回來。就在我們準備走回飯店時，我的亢奮早已消退，剩下一絲餘力的我幾乎是跳起來被他攙扶著，因為雙腳骨刺發作，腳跟骨質增生刺激到末梢神經，那種感覺就像拿一支長針刺進腳跟一般的痛苦。而仲仁用半信半疑的台語口吻對我說：「有影無？剛看你還跑那麼快！」

相信這次訓練沒有造成我們倆之間的心節，但隔天早上一出發後，仲仁就以報復性的速度狂飆，連讓我熱身的時間也沒有，何況是緊跟的機會，我跟不到三公里就宣告放棄。他當然也沒有想讓我跟的意圖，後來我抱著虛弱的身體回到起點等他，但大約等了近一個小時仲仁才願意回來，他看到我時表情春風滿面，今天他以堅強的實力來報復我昨天行徑。

⊕

此行中，所有遇見的大陸團員都對台灣團相當友善，其中以教練職務而言，來自內蒙古的陶海棠教練是我們請益交流的重要指標；以選手成績而言，當然以來自雲南的鍾煥娣為首，但其實大陸團員中，還有不少競走、中距離、長距離等項目好手。

活動途中，我們遇到一位來自北京約二十歲的男子選手，身材相當纖瘦修長，一看就是長跑選手的料，我跟仲仁很好奇他的實力，也不迴避當面問他，他說一萬公尺大約三十至三十一分。「那不錯啊！」雖然我們當場如此回應，但回到房間不斷竊竊私語，仲仁甚至說：「以他的成績能入選大陸代表隊，搞不好是家裡有錢贊助進來的！」畢竟此成績在大陸團還遜色於不少女子選手。不過這只是玩笑話，至少他的成績讓我們倆感覺比較親切、沒有距離感。

我們與北京男子攀談訓練狀況與經驗，當聊到步頻訓練時，他說隊上訓練時會特地選在夏天中午到碳渣跑道上，以赤腳跑步來訓練步頻，換句話說，就是利用神經反射動作，來訓練與提升換步的敏捷性。

另外，活動期間我遇到一位非常親切的大姐，我看到她穿著一雙日本製馬拉松鞋，便隨口說：「哇！這雙鞋很棒，一定很好跑！」她馬上問我鞋子穿幾號，沒想到兩天後，她把這雙鞋子洗得非常乾淨，堅持要送給我。

回到台灣後我才知道，她是來自山東青島的王秀婷，個人五千公尺最佳15分23秒、一萬公尺31分27秒、馬拉松2小時28分，曾經在世錦賽一萬公尺奪得銅牌、世界女子路跑十五公里金牌、亞運一萬公尺金牌，也是戰績顯赫、實力堅強的女子長跑名將。

最後一站來到北京，某天早上我獨自去戶外跑步，來到一所大學操場，我看見一群解放軍正在進行跑步訓練。那時年經相當好鬥喜勝，心想「到底是你們解放軍比較強，還是我長跑專項比較厲害？」不久之後，我喜孜孜地離開那所大學，不再打擾他們訓練了。在北京的最後一夜，我們接受盛大的設宴餞行，大家酒過三巡之後，山東省段秀全跑來找我跟仲仁，他從口袋拿出整排黃紅色膠囊說：「來小夥子，這個是好東西，送給你們！」當場我跟仲仁眼睛為之一亮，連忙道謝後，也趕緊收好這項寶物，深怕被台灣團其他人發現瓜分掉。

雖然我回台灣後有不定期服用這黃紅色膠囊，但沒有感覺顯著效果，仲仁的感覺也如此，甚至還不少放到壞掉，終究無法得知其成分功效，但我和仲仁一致想法是，可能要長期服用才會有顯著效果。任何營養補充劑唯有在大量訓練時，才能有具體顯著效果。

最後一夜的夜宴結束，大家滿臉通紅離場，我跟仲仁則堅持走路回飯店。他些微不勝酒力，路程中我扶他在路邊坐下來休息一下，我想前幾天在寶雞練跑的心結也因此打開。

隔天終於要回台灣，難免依依不捨，然而心情卻是愉快的。因為當下我已知道，這趟大陸之旅、菁英選手長跑交流，無論在長跑訓練的觀念、運動員精神、人民交流和誠摯的友誼上，將是我人生最寶貴的經驗，也是最難忘的回憶之一。

孫子兵法與前進世界盃
陽明山超級馬拉松越野挑戰賽

孫子兵法：第六套敗戰計，第三十六計走爲上。

孫子兵法第三十六計的意義是，在敵我力量兵力懸殊情況下採取有計畫性主動撤退，暫時避開敵人鋒頭，日後再尋找機會，以退為進、以弱勝強。

大學生活來到尾聲，有人立志考取碩士、有人目標教育學程，游泳、網球專項選手已開始教學，得以發揮所長賺取零用金，也有男生要準備當兵。倒是長跑運動是「你拿錢請他練，他也不會答應」的運動項目。於是，面對兵役成為我不得不的唯一選項，也意味著我的長跑選手身份即將在大學畢業後劃下一個驚歎號！

對於未來，即將大學畢業的我有很多不確定性，唯一可以肯定的是「我相信，我會繼續不斷地跑下去！」

某天，看到一場「陽明山超級馬拉松越野挑戰賽」賽事簡章，再仔細看一下，距離是六十五公里，心想「馬拉松 42.195 公里都跑得要死不活，六十五公里還是越野，倒底要怎麼跑啊！」不過，其中一條規則「總排前三名選手，將取得代表我國參加荷蘭 IAU 世界盃一百公里錦標賽資格」，令人眼睛為之一亮。

當下我的眼裡只有「世界盃、國家代表隊、總排前三名」，完全忽略最關鍵的「一百公里距離」。心想在選手生涯來到尾聲之際，總要放手一搏這場國家隊選拔賽吧！

⊕

陽明山超級馬拉松越野挑戰賽的起終點位於士林東吳大學校區，路線從東吳大學出發，經至善路↓聖人瀑布↓風櫃嘴↓擎天崗↓冷水坑↓七星公園↓七星主峰↓小油坑↓巴拉卡公路↓大屯二子坪↓大屯主峰↓陽明書屋↓七星公園↓冷水坑↓擎天崗↓風櫃嘴↓聖人瀑布，再回到東吳大學終點，幾乎是把整座陽明山範圍一次跑完。相信大家看完路線後，應該眼睛瞬間為之一「暗」。

這場賽事由中華民國路跑協會主辦，賽道由東吳大學郭豐州老師所設計，這條路線沒有人真正挑戰過，在二十年前沒有 GPS 衛星定位的年代，沒有一位登山好手、越野跑選手，或是馬拉松名將能公開證明完成這條路線所需時間。

賽前，傳說郭老師有親自走完這條路線，花費了一整天，從清晨走到天黑，但這只是跑者間傳出來的小道消息，更加證明這條路線沒那麼容易。

這場賽事簡章規則相當有趣，大會分別在風櫃嘴、擎天崗、七星主峰、大屯二子坪、大屯主峰、陽明書屋等來回共六處八個點設置檢查站，選手必須在檢查站接受工作人員登記，並在選手號碼布上貼上專屬貼紙，如此進終點才算是合格完賽。大會因此節省了不少賽道工作人員與指標布條成本，但也提高了迷路與跑錯路的風險。

只要經過上述所有檢查站，等同完成這條路線，如果走其中任何小路，並不一定比較快抵達，也更加考驗選手臨場的判斷與路線的熟悉度。以最單純的東吳大學至風櫃嘴路線為例，可選擇的路線高達六條以上，主要路線就超過三條。大部分選手都在選擇路面較緩和但距離較長的柏油路，或是路況較陡峭崎嶇但距離較短的山徑中，不斷猶豫與抉擇。

賽前我得到消息，台灣越野跑界數十年霸主吳有家將出賽，馬拉松曾跑出2小時27分成績的他，絕對是本場賽事最熱門、呼聲最高的奪冠人選。另外，我高中追隨的教練，也是台灣首位獲派參加波士頓馬拉松、國家代表名將郭宗智老師（全馬2小時25分），以及馬拉松傳奇名將何信言（全馬2小時22分），都將連袂出擊。

郭宗智與何信言兩人的專項是馬拉松及路跑賽，越野賽並不是最擅長的項目，但也讓這場賽事戰況添增不少變數及精彩。

此外，台灣一百公里全國紀錄保持人劉治昀也加入本場戰局，劉治昀雖然在十四年後的二〇一四宜蘭冬山河超級馬拉松，以7小時29分50秒創下門檻相當高的百公里紀錄，但在西元兩千年的長跑實力與越野跑技術已不容小覷。

印象中，二〇〇三年以二百四十四公里，創下台灣二十四小時全國紀錄的超馬名將陳俊彥，也加入競爭角逐代表權行列。其餘台灣眾家越野跑、馬拉松好手紛紛傾巢而出，誓言搶下國家隊三席榮耀名次。

孫子曰：

經之以五事，校之以計，而索其情：一曰道，二曰天，三曰地，四曰將，五曰法。

就地理位置而言，我算是半個地主選手，畢竟文化大學位於陽明山大範圍內，距離賽道路線相當近。除了路線熟悉度必須掌握住，在訓練方面調整增加週跑量、一次性跑量、越野跑量、單次訓練時間、總爬升高度、爬升曲線變化等之外，我還能有什麼特殊訓練手段，讓我有機會擠進前三名？提升自我競爭力與機會，這是賽前我不斷思考的課題。

在關鍵訓練期，我突然靈機一動，想到「以強度取代耐力、以超高強度提升競爭力」，透過更高於賽事速率訓練來有效降低賽中強度，進而產生耐力與提升競爭力。至於越野段上下坡技術技巧，因為當時已有十一年越野跑、越野跑競速

註：捷兔俱樂部

捷兔（HASH）源自英國，是以跑山聞名的國際性跑步團體。

經驗，這方面我倒是不擔心。

我的訓練策略就是挑一天上午，必須是晴朗好天氣，不能太涼爽舒適的陰天，從文大騎車到擎天崗，一次性跑中段全程路線。從擎天崗、冷水坑、七星公園、七星主峰、小油坑、巴拉卡公路、大屯二子坪、大屯主峰、陽明書屋、七星公園、冷水坑，最後再回到擎天崗。

當時我並不知道這條路線的距離有多長，只能肯定有涵蓋本場賽道六成以上比賽時間。越野賽不單只是看距離，總爬升、爬升曲線、路況、天候等因素都將影響比賽時間。

訓練當天，我以全程衝刺的心態進行，這是起跑前告訴自己的決心，藉此將強度拉至最高。當時每週參加知名越野團體捷兔（HASH，註），每次去我都以誓言奪下第一的心態，與台灣及外國越野跑好手共同加入這場遊戲型競爭。因此，對於越野跑競速並不陌生，這些經驗也反應在本次的訓練態度與成效上。

起跑後心想：「就當作有三個 HASH，先衝完第一個吧！當衝完最後一個回到終點時，我發現我花二小時四十分左右就能跑完這條高困難度路線。以自己多年的經驗，對比剩餘距離、難度、路況、天候狀況、耐力指數等綜合因素，我相信有機會在六小時內完成選拔賽所有路線。但這只是自己的評估與盤算，根本不敢公開說明，也算是自己珍貴的情資與數據。

賽如爭、爭如戰。

在一次不公開的訓練中，我與郭宗智老師談到這場賽事，我不經意向郭老師說：「我預估有機會在六小時內完成！」但郭老師馬上認為不太可能。郭老師不斷強調中段要登上七星主峰與大屯主峰兩座大山，不能用一般路跑時間相提並論。當下我也不敢再多說，深怕說了大話實際卻落差太遠，而貽笑大方。當然，我也不敢透露我的秘密資訊給郭老師參考。

⊕

二〇〇〇年六月二十四日清晨六點整，陽明山超級馬拉松越野挑戰賽在東吳大學鳴槍開賽，六十五公里超馬越野組總共有一百八十二人出賽，十公里路跑組總計有一千二百五十餘人參與，超過千人活動將東吳大學大道擠得水瀉不通，場面相當壯觀浩大。

我們六十五公里組出發後，大家跑法顯得相當保守，不久後，還是出現六人為首的領先集團。馬拉松跑法配速一向相當保守的我也只能暗自跟隨，尤其在我不擅長的道路段，藉此偷偷觀察大家對於路線的熟悉度與選擇。

來到約十公里處的風櫃嘴登山口，大家順利通過第一個檢查站進入山徑，當下也不知道哪來的自信，又或者潛意識想在越野段展現優勢，也許此時我的數據發揮效果，我並不恐懼眼前遙遠的路程，我的高強度訓練給了我信心，不懼怕兩座山峰的威嚇，決定擺脫領先集團的安逸與糾纏，在山林間獨自加速奔馳而去。

孫子曰：

昔之善戰者，先爲不可勝，以待敵之可勝。不可勝在己，可勝在敵。故善戰者，能爲不可勝，不能使敵之可勝。

脫團後，陸續經過擎天崗、冷水坑、七星公園等地，來到最陡峭的七星主峰前，我卻不斷回頭張望，因為我知道國內跑山最強的吳有家一定會想趁機追上來。果不其然，在我即將攻頂的最後直線道看到他出現了！眼看著我有機會在他追到我之前逃脫，便使勁拼命往主峰方向掙扎，唯一目標就是不讓他有機會追到我。想保持領先不僅是路線熟悉度的問題，也關乎到心理層面因素與雙方變化。

後來，我如願以償地搶先幾步登頂，但眼前沒幾坪大的腹地，卻沒看到大會檢查站負責人員。

正在猶豫與恐慌之際，吳有家也登頂成功追上來了！他知道此處有一個檢查站一定要登記，但是我們眼前除了幾位登山民眾外，找不到任何大會相關人員，幾位登山民眾也不斷望著我們，好奇這兩位登頂後怎會如此極度恐慌與焦慮。

當下吳有家對我說：「崇華，怎麼辦？」我眉頭深鎖雙眼凝視著他，馬上說出我這輩子選手生涯中最關鍵的一句話：「吳大哥沒關係，你證明我、我證明你，我們走！」

確實如此，在七星主峰除了爬上去外，也沒有任何交通工具可以違規上去，我們都是實實在在跑上去的，不可能等大會人員抵達登記後才離開，到時不知會有多少選手追上來，況且我們還不知道要等多久，在現場等待的耐心大約只有一秒鐘。我試想一定是大會錯估第一名選手抵達的時間，或者錯估檢查人員登頂需要的時間，無論如何「走為上策」。

吳有家馬上同意我的提議，也許他知道如果不贊成，我也會趁機先溜走。我想，把問題丟給大會，不是自己去承受處理問題的風險，畢竟我們選手也是非常賣命去爭取每一秒，每一席次的機會。

我們果決明快地採取此策略，當我們一起下山跑往小油坑方向時，我告訴自己：「下坡是我擅長的專項，嘗試再擺脫吳有家的糾纏。」稍後我再度做到了！

抵達小油坑時，我已脫離吳有家的視線範圍，但接著的巴拉卡公路段他可能會再度追上來。所幸即將抵達下一個檢查站大屯二子坪前，還沒看到他恐怖的身影。接著跑在蝴蝶走廊尾端，兩位外觀看似大學女生被我超越後，突然驚聲尖叫。原來女大生是大會安排駐守在二子坪的工作人員，她們看到我胸前有號碼布才發現我是大會選手，而她們卻還沒抵達就位，於是我邊跑邊叫她們幫我在號碼布上貼檢查貼紙，但她們追不到我，我也捨不得放慢速度，因為後有追兵，而且追得相當凶悍。我當下只好不斷大喊：「快點、快點！」

好不容易離開二子坪，面臨第二座大山大屯主峰的嚴峻挑戰，場景其實跟七星主峰一模一樣，在我登頂的那一刻，再度看到恐怖又凶悍的主要競爭者。這次，我們雙眼沒有凝視太久，因為大會檢查站人員已經在頂峰處等我，這邊車輛可以行駛抵達，我不再恐慌，又得以再度擺脫成功。

接著，我陸續經過陽明書屋、七星公園、冷水坑，即將返抵擎天崗時，體能流失得非常快，加上後有追兵的壓力，實在令我肩有千斤，望著萬里無雲的烈陽，只有跑速勉強還在掌控範圍內。

不知是否因為前段戰況糾纏或是真的預估準確，經過擎天崗後，我感覺吳有家又要追了上來，我不斷回頭張望，大約不到一分鐘就會回頭一次，果然又三度看到他的身影。

第一時間他似乎沒發現我，於是我想盡辦法加足馬力，不斷嘗試掩護躲起來，但擎天崗那段相當空曠，可視距離也遠，躲幾次之後還是被他看到了。當下我知道這次真的躲不掉，又失去下坡這塊護身符，將成為他的囊中獵物，果不其然，不久後他真的再度獵捕成功！

被追上當下相當挫折崩潰，腦海也浮現是否放棄與他之間的追逐，以求完賽不棄賽為最高原則，防守第二名的重要位置，用生命捍衛前三名的榮耀席次。雖然我內心掙扎了一下，最後終於忍不住說出：「吳大哥，讓你先跑好了！」沒想到他竟然回答：「沒關係，我跟著你跑就好，路線你比較熟！」

不愧是沙場老將經驗豐富，他清楚只要跟住我，不僅大幅降低跑錯路的風險，只要最後道路段稍微加速，一定可以輕易把我甩開拋遠，畢竟他一萬公尺最佳有三十一分實力，當下我束手無策，也宣告誘敵戰術失敗。

大約過了五分鐘，他突然問我一句：「崇華，大概還有多遠？」

戰況似乎有生變的跡象，我心裡盤算大約剩十三公里左右，但腦海浮現的竟然是「我要想辦法擊潰他的堅強意志！」於是我很快的說出本場比賽我最關鍵的第二句話：「這還非常遠噢，至少還有二十多公里吧！」

他當場驚訝不已馬上追問一次：「還二十多公里？」我頭也不敢抬的低聲說：「應該吧！」此時戰雲密佈、瞬間風雲變色，不到十秒時間，我的敵人瞬間消失不見！我再怎麼回頭也看不到他，當下我簡直興奮到極點，腎上腺素激增爆表，我再度奪回單獨領先的位置，我也為自己的詭計成功感到無比激賞。

孫子兵法：

凡戰者，以正合，以奇勝。故善出奇者，無窮如天地，不竭如江海。

在酷熱的天氣下進行長時間高強度的折磨，我們的思考能力與反應受到不少損傷。其實我們正在回程的路上，剩餘多少距離應該可以粗估，因為這段就是我們前段跑過的路線。

世事難料，就在我享受煮熟鴨子的美味時，吳有家三度追了上來，這次不用再多說，徹底崩潰的一定是我，堅強意志被擊潰的也是我。

坦白說，直到現在我仍難以想像這位名將在這段時間是如何心理建設，如何克服逆境熬過來的。也許他只是想，不管路程再遠、體能狀況再差，只要緊咬我就可以了，無論如何我的實力狀況不會比較好，大不了一起慢、一起走，甚至一起爆掉，後面的選手想追上來也不容易。

競賽中，有時要有吃定對手的決心，尤其是不曾輸過的選手，這也是激發自我潛能的手段之一，與對手之間彼此的強弱項則是吃定對手戰術執行的策略。但說來容易，當下心跳逼近每分鐘二百下的強度，歷經數小時的煎熬與淬鍊，想談強化心理素質，可不像現在寫文章談得如此愜意與冷靜。

我和吳有家終於出現在風櫃嘴登山口，也是本場賽會最後一個檢查站，更代表賽事來到白熱化階段。在越野競賽中，如何評估一位選手的狀況可從他停留在補給站的時間判斷，包括觀察選手的動作迅速或緩慢遲鈍，甚至逗留停頓。

我們目前暫居前兩名，榮耀心使然之下，無論生理、心理也都因此達到最佳狀態，儘管身體早已疲憊不堪，心理早就傷痕累累，也能維持專注於賽場的動力，直到雙腳跨進終點線那一瞬間。

我們倆相當迅速，不拖泥帶水地經過檢查站，並往終點方向前進。

兩人一起來到至善路的道路段後，吳有家果然決定不再與我並肩而行，慢慢拉開我們之間的距離，綜合所有因素，我知道不可能有機會再追上去，但是我並沒有完全放棄追逐，目的只是希望透過不斷目視著他，來激發我跑進終點的力量。唯有如此才能讓自己勉強撐住，最終目標除了完賽，也是避免後面選手追上來的不二法門。

我深信，一旦我放棄以他為目光焦點，可能馬上變成走路移動，甚至停在路邊休息。所幸，吳有家的背影一直在我雙眼的汗珠中，模糊地不斷左右漂移。

經過至善路三段時，我發現他利用民眾路邊洗車的水管不斷往身體噴水降溫，雖然他花的時間很短暫，但當下我的直覺反應是「他這麼做如果我不跟著做，肯定會很吃虧」，於是我如法炮製。後來我有點後悔了，我不斷邊跑邊想是不是不應該這麼做，以賺取多一點時間，藉此拉近與他的距離，畢竟處於劣勢的我是必須冒一點風險，為勝利尋求任何可能與機會。

跑經故宮博物院前方，猶如一望無際的蒙古草原，我知道終點不遠了。然而舉步維艱，再怎麼嘗試邁開步伐，速度也沒有提升多少，尤其在吳有家的身影已離我遠去之際。

5小時43分47秒，是大會成績證明註記的時間，總名次第二名，郭宗智老師以6小時02分50秒獲得季軍，吳有家以5小時41分56秒奪得冠軍。隔日報紙體育版斗大標題：「馬拉松賽六十五公里、老將後來居上勇奪冠軍」、「橫越陽明山、吳有家稱霸」。

馬拉松賽全程65公里 老將後來居上勇奪冠軍

橫越陽明山 吳有家稱霸

（林嘉欣／臺北訊）「健康運動、運動臺北」—陽明山超級馬拉松越野賽暨十公里路跑賽，一千四百餘人頂烈陽競速，長跑老將吳有家後來居上以五小時四十一分五十六秒奪得超級馬拉松越野賽冠軍，入選世界盃百公里長跑賽國手；十公里路跑賽吳文騫稱王、許玉芳封后。

此項比賽昨日清晨六時在東吳大學鳴槍開跑，全程六十五公里超級馬拉松越野賽有一百八十二人角逐，十公里路跑賽則有一千二百五十餘人競速，壯觀的場面將東吳大學入校大道擠得水泄不通。

全程六十五公里的陽明山超級馬拉松越野賽經聖人瀑布、風櫃口、擎天崗、小油坑、大屯山主峰、陽明書院折返，全程一路上坡至海拔六百多公尺，途中上坡階梯達廿餘公里，對選手可說是嚴苛的考驗，縱使美景當前已無心欣賞。

開跑之後，超馬組即形成六人的領先集團，至十公里的風櫃口，文化大學長跑好手黃崇華率先衝出而單飛，雖然老將吳有家在擎天崗、七星山主峰兩度追及，然而黃崇華腳程特快，再度擺脫了吳有家的糾纏。

返程回至風櫃口時，老將吳有家再度追及黃崇華，經過聖人瀑布之後，吳有家開足馬力後來居上率先抵達終點，以五小時四十一分五十六秒奪得冠軍，黃崇華則以五小時四十三分四十八秒獲得亞軍，郭宗志以六小時〇二分五十秒獲得季軍，前三名選手將代表我國角逐八月在荷蘭舉行的世界盃一百公里長跑賽。十公里路跑賽各組前三名選手分別是：

男子組—冠軍吳文騫卅九分四十五秒、亞軍林志欣卅四分十六秒、季軍蔣清吉卅四分十九秒。

女子組—冠軍許玉芳卅九分四十五秒、亞軍陳淑華四十分〇九秒、季軍熊岳萍四十二分四十四秒。

陽明山超級馬拉松越野賽暨十公里路跑賽，一千四百餘位跑者昨日清晨自東吳大學鳴槍開跑，迎頂著高陽邁向陽明山，場面相當壯觀。（林嘉欣／臺北攝）

賽後頒獎時刻，由台灣可口可樂副總裁上台親頒，頒獎台上卻不見吳有家的身影。終點線後，所有記者與當時我的贊助商必爾斯藍基行銷部經理 Bruce Lee，都來聽我敘述精彩戰況，而頒獎前夕我才赫然發現，吳有家因體力嚴重透支導致熱衰竭症狀，正在躺椅上由醫護人員施打生理食鹽水。我原本想上前致意與關切，但現場已有他的太太與醫護人員協助照料，看著他在躺椅上以吸管慢慢攝取液體飲料補充體力，這一幕終身難忘，這才是老將意志力、運動員的精神。

有不少選手無法於關門時間內完賽，相當沮喪扼腕，賽後數日更傳出有選手因此住院一週，最終共有九十一位選手完賽，這不是一場容易的比賽，它名副其實是一場挑戰賽！

在此，特別感謝中華民國路跑協會與郭豐州老師，在已知不符成本的情況下克服重重困難，舉辦這場經典的超級馬拉松越野選拔賽。

相差一分五十一秒，不是我飲恨的時間，而是我對吳有家前輩最大的欽佩與至高的崇拜，也是我選手生涯莫大的榮幸與榮耀。

Run through the sky — 穿過穹蒼

「靡有旅力，以念穹蒼」

這是成績證明書中的一段話。

陽明山超級馬拉松越野挑戰賽

成績證明

Run through the sky—穿過穹蒼

『靡有旅力，以念穹蒼』

姓　　名：　黃崇華
組　　別：　個人挑戰組
項　　目：　65公里
時　　間：　5小時43分47秒
總 名 次：　2
分組名次：　2

中華民國路跑協會
理事長 林[illegible]山
2000.06.24

陽明山超級馬拉松越野挑戰賽成績證明

右腳上的烙印
荷蘭 IAU 世界盃一百公里錦標賽

在非戰爭的年代，國力與國力的競爭是透過運動競技實現的。

「陽明山超級馬拉松越野挑戰賽」六十五公里總排前三名的成績，讓我正式選上「荷蘭IAU世界盃一百公里錦標賽」國家代表隊，選拔賽隔日，我又參加了一場路跑賽。這場比賽於觀音山國家公園管理處起跑，接著往八里落日崖方向陡下坡，再原路折返陡上坡回到終點，總距離約十公里，但路線要先跑下坡再跑上坡，算是難度相當高的一場山路路跑賽。

起跑前，我的所有比賽裝備都已備齊，眼看郭宗智老師也到場推廣馬拉松鞋，但沒有要下場比賽的態勢，自己不禁猶豫是否要下場比賽？心想「我的體能狀況還不錯，足以應付這場賽事路線，既然你覺得可以比賽，你就跑給大家看，光是心裡想、嘴巴說，又能證明什麼？」內心的小劇場上演不到一分鐘，就決定下場比賽，用實力成績來證明一切。

昨天的六十五公里賽，我在上午十一點四十三分才跑進終點，等於十八個小時前才剛跑完一場超馬，身體仍處於嚴重疲勞狀況，但是年輕人終究是年輕人，設想既不周全也太衝動了。

起跑後，前段我稍微保守，也預留回程體力應付上坡，不過到終點線前三百公尺微上坡，硬是靠速度底子超越好手張榮輝，奪下總排第二名成績。

我對自己的表現很滿意，雖然連續兩天都屈居亞軍，但至少身體力行去完成一件事，更對兩個月後的世界盃一百公里，不敢說充滿信心，至少值得期待。

賽後郭老師也來詢問我的狀況，他對於我能隔日再戰感到驚訝不已，一再勉勵我世界盃要好好加油！

有時教練的角色不一定是提供訓練課表，而是以第三人角色給予全方位的賽事抉擇與保護機制。對一名運動員而言，受傷風險與過度疲勞可能斷送競技選手的運動生命，這是運動員在全盛時期潛藏的最大危機。

僅剩下不到十週時間，這十週內必須先完成恢復階段，進而達到訓練強度、訓練目標，以及最後調整等三大階段。但是一百公里要如何練？坦白說當時的自己不知道，也沒人可以告訴我。

二十年前台灣超級馬拉松還處於推廣階段，曾參加過五十公里距離以上的超馬選手可說是寥寥無幾；曾參加過一百公里，甚至完成一百公里的超馬選手更是屈指可數。台灣最早舉行的正式超馬比賽，是一九九八年「台北國道馬拉松賽」增設的超馬一百公里組，這一場的國內組由林義傑以 8 小時 08 分 16 秒奪下冠軍。

值得一提的是，來自日本的選手原敏郎以驚人成績 6 小時 51 分 04 秒奪下冠軍，換算成馬拉松完賽時間約二小時五十三分，他以此速率來完成一百公里超長距離，其實力令人相當欽佩與敬畏。

在訓練期間，吳有家選手因居住於新竹關西地區，我們沒有機會一起訓練，大部分時間我都是自己練，訓練時也漸漸將重心從距離、速度、強度等指標，慢慢調整為運動時間與多元化訓練元素。偶爾也會與郭宗智老師一起約跑，因為我們面臨的賽事距離、週期皆相同，在訓練的架構與型態方面，可說是最佳的訓練夥伴。

記得某天，郭老師約我到他淡水老家訓練，我們從沙崙海水浴場附近出發，跑往北新莊、三芝方向，經過十八王公廟前郭老師突然說：「阿華，我們跑到基隆再坐車回來好不好？」我也很率直立刻回答：「當然好！郭老師，今天出來我已不打算回家！」我對自己的這句話印象非常深刻，充分展現出訓練的決心，以及為國家代表隊出征的榮耀。

最後我們因為零錢不足、搭車沒有可更換的衣服，而取消跑到基隆，不過，我在回程時不斷加足馬力提高強度，全心全力積極備戰。

出發前一週，我們領到全套代表隊裝備，外套背上印有「Chinese Taipei」字樣，這不僅是一份至高榮耀，也是一件值得留念的戰服。

我們一行五人由郭豐州老師擔任領隊，其它四人是吳有家選手、郭宗智選手、郭老師太太、黃崇華選手，沒有浩浩蕩蕩的授旗儀式，低調前往荷蘭阿姆斯特丹。

在機場時，郭老師詢問吳有家準備得如何？起初吳有家還不太想講，這下子可讓郭老師更加好奇，從詢問變成追問還是遲遲沒有得到答案，最後郭老師終於按耐不住耐心與情緒，略顯激動的說：「到底是練多少啦？」我知道郭老師與吳有家大哥是同輩，我是晚輩，所以我只能跟緊在後頭一聲也不敢吭。

吳有家終於輕聲說出：「三百公里而已啦！」

郭老師直覺反應追問：「一週三百公里？」

吳有家回答：「對！」

郭老師想了幾秒後，繼續問「這樣子練了多久？」

「一個半月左右！」吳回。

吳有家如此的訓練量與週期數，讓身經百戰的郭老師都露出驚訝與難以置信的表情，足見吳有家選手多麼重視本場賽事，幾乎放下一切全心全力特訓備戰。

郭老師聽完後忍不住虧一下吳有家：「練這麼多，應該可以比的不錯噢！」

「比了才知道啦！」吳有家坦蕩直言。

在那個年代，長跑選手無論是國手等級或業餘選手，對於曝光訓練資訊顯得非常保守與低調，也許當時網路與社群軟體不發達，而老一代的業餘選手或是科班出身的菁英選手，都以最終比賽成績來證明訓練成果，而不以訓練過程來彰顯自己的付出與辛勞。

數十年來我所見的經驗是，通常一直說沒練或練很少的選手，肯定練得最多也練最兇，不斷說自己練很好、準備充足的選手，最終比賽成績則不如預期的居多。賽前公開說自己狀況不佳或感冒的選手，超過七成都擁有不錯的表現，我想這可能是減低心理壓力，避免成為眾人目光，讓自己得以好好發揮實力的途徑與方法。國內俱有奪冠實力的選手，幾乎一個比一個低調，也一個比一個埋頭苦練。

第一次來到歐洲，興奮之情溢於言表，我們在阿姆斯特丹市區閒逛時，赫然發現傳說中的紅燈區櫥窗女郎，雖然眾所皆知歐洲人比起亞洲人體型高大，但是眼前這幕櫥窗場景還是讓我們幾位瞠目結舌，我們知道「世界之大，自己是如此渺小」而此時我們終於感受到人類之大，自己是如此「嬌小」，尤其對於幾位馬拉松選手而言（見照片集P.13）。

經過幾趟火車轉車後，我們終於抵達一座純樸小鎮，也是我們比賽的地點。抵達後我聽說當地每個週日，除了教堂外其餘店家幾乎都不營業，相較於勤奮的亞洲人，可說是悠閒與愜意不少。

大會規畫的賽道路線是以一圈十公里的距離繞行十圈，來完成總長一百公里的距離。在報到後得知路線當下，我們三位選手都相當錯愕，郭老師也表示，他們土地面積那麼廣大，要規畫一條五十公里往返路線，甚至是一大圈一百公里路線應該不難，不解為何以繞小圈方式進行？

而我在台灣訓練時，已不斷調適自己的心境，要以沿路觀光歐洲風情的方式來度過既遙遠又漫長的路程，透過心境的轉換來減緩身體的煎熬。

後來，我才知道原來主辦單位為了方便當地熱情的民眾、關心選手的家屬以及代表隊職員等能沿路不斷為選手加油，也便於補給站設置，甚至交通管制顧及選手的安全考量，才決定規畫繞圈式賽道，可說是精心策畫用心良苦。

當下我的心境再度快速轉換，告訴自己繞圈式賽道有助於配速與補給。單線折返或無折返路線，通常在七十至八十公里區間，內心猶如沙漠般孤獨無助，在體力不濟或發生小狀況時，很容易自我放棄。所以超馬選手最大的挑戰，不是體能狀況，更不是對手強弱，而是自我內心的毅力與決心。

繞圈式賽道最大的挑戰則是，每圈進出終點時不能多想，也萬萬不能遲疑，只要稍有猶豫就容易棄賽，賽前我特別提醒自己這點。

賽前一天的開幕儀式，街道下著毛毛細雨，似乎上帝已預告著明天將是一場艱辛的賽事，我們依序排隊等候進場，當時我搶下國家隊 Chinese Taipei 的牌子，不斷說：「這個我來舉就好！」（見照片集 P.13）。開幕會場也是賽道的起終點位置，位於一座開放式的巨蛋體育場，擠滿來自世界各國選手，好不熱鬧。讓我最驚訝是，巨蛋體育館內掛上台灣青天白地滿地紅的國旗，與各國國旗對等並列，而不是中華奧會五環旗，在異國親眼見到此畫面，當下的感動很難用文字詮釋，也是身為選手的無限榮耀。

總之，這是最精彩的人生，最獨特燦爛的永恆。

世界盃開幕會的場內少了些肅殺氣氛，更多的是嘉年華會式的歡樂。我們趁機與各國選手交流，印象最深刻的是與墨西哥代表隊三位選手合照、交換禮物，對方贈予我們印有墨西哥國旗的迷你帽子，相當具有特色，是做國民外交的最佳典範。然而我們都沒有特別準備小禮物，只帶著充沛的體力前往，不過下次就會有經驗了，但前提是還有下次機會！

⊕

西元二〇〇〇年九月九日下午一點整，世界盃比賽準備正式鳴槍出發。我們早在上午十一點就抵達會場，出發前一小時我突然感到微餓，獨自跑去超市買一碗泡麵吃，這件事我一直沒有告訴任何人，只為不想造成領隊困擾。運動員在異國比賽需要團隊協助各項照料與飲食營養協助，不是一件看似輕鬆的工作與任務。

起跑前最後一刻，心情難免緊張與期待，下意識的反覆綁緊鞋帶，這是種舒緩焦慮情緒的方法。除此，我也不斷塗抹大量的凡士林，跑馬拉松如果沒有適當塗抹，賽後將猶如鞭刑般痛苦，我實在很難想像一百公里如果沒有抹凡士林會掉了幾層皮。直到起跑前一分鐘，郭老師還提醒我手臂邊有一大坨凡士林沒有抹開，可見我有多麼恐懼這件事。

一百公里有多長？我自己的想像是，一台汽車以時速一百公里前進，必須開足一小時才能抵達，又相當於從高速公路台北重慶交流道，直到苗栗縣頭屋交流道距離。不過距離只是一部分，與各國好手抗衡速度，更加考驗的是自己的堅毅與能耐，這才是最重要的關鍵。

對這種距離完全沒有經驗，實在很難擬定配速與戰術，又或者先力求完賽，再講求成績吧！所以賽前我給自己訂了兩大方向與原則：第一，前半段不能超越吳有家、郭宗智兩位選手，但保持眼睛可視距離範圍，無論最終結果如何，此戰術算是最保守且安全的做法。第二，前幾圈以不出力方式前進，如果控制不住速度一直想加速，那就不斷冥想七十至九十公里區間體力衰竭掙扎的慘景，希望能確實達到遏止的效果。事實上，當時除了這兩點我也沒有其他辦法與策略了！

鳴槍，來自世界各地超馬選手爭先恐後衝出巨蛋體育場，場面雖然熱鬧非凡，但選手的速度一點也不親民，完全不像一百公里超馬，說是馬拉松賽事一點也不過分。

當我跑出體育場到街道上，看見沿路滿滿加油人潮，更加振奮與亢奮不已。成群加油民眾整齊圍在兩側街道，每位民眾手握一杯水，手臂伸直幫選手補給，看了真的非常感動。但是當下不知道是哪一條神經不對，突然覺得民眾太過熱情，不取水喝好像很不好意思，於是我一杯接著一杯，喝完立即再取，大約一公里多我就喝了十多次，喝飽也喝撐了，才終於下定決心專注於賽道上。

大約在六公里處，我看見各參賽國國旗整齊懸掛在街道空中，終於明瞭大會為什麼要設計繞圈式賽道，也深刻體驗世界盃賽事的光環。此時，我再度發現中華民國國旗豎立飄揚於旗海之中，我想無論是任何人在場，應該都相當難忘記眼前場景。

第一圈跑完後，我們跑進體育館再跑出來，大會在體育館內設置晶片感應區。二十年前國外已利用晶片系統作為選手總成績、總排名、分段時間依據，非常專業與準確。

我第一圈十公里完成時間為42分52秒，看到這時間有點嚇到，心想已經不出力卻可以跑出此成績，確實比我預期稍快一些，同時提醒自己再放鬆一點。此時吳有家、郭宗智兩位選手仍在我視線範圍內，但是吳有家在第二圈過後就不斷加快速度，也逐步擺脫我的視線範圍。

第二圈二十公里結束，我跑出1小時26分03秒成績，第三圈三十公里2小時10分35秒，第二、三圈我與郭老師跑在一起，所以這兩圈成績一秒不差。但是第四圈的時間為2小時55分，這成績還是比我預期快上許多，當下內心不斷盤算，這麼輕鬆情況下還能跑出此速率，如果是馬拉松肯定很有機會創下最佳紀錄。想歸想，後面還有六十公里要跑，某種程度來說，比賽還沒有正式開始，此時我落後郭老師兩秒，但都算跑在一起的範圍。

賽事看似進行的相當順利，我在第六圈跑進體育館時，領隊郭豐州老師對我說：「吳有家因身體不適，已經忍痛退賽了。」請我繼續好好加油！

當下的心情五味雜陳，但由於此時已明顯感受體能正急速下滑流失，實在無暇多想，僅能更專注於賽道和體能變化。此段郭宗智已慢慢離我遠去，幸好還有這名老將在場奮鬥，繼續為國光爭光。

雖然第六圈速度還控制在每公里五分整左右，但途中開始感受身體力不從心。此時轉頭望了一下街道旁籃球場，很嚴肅地告訴自己：「就當作今天不小心運動太多，清晨出門跟朋友跑步三十公里，結束後遇到爬山朋友，跟朋友繼續爬山三小時，下山後沒有公車可搭乘，於是騎單車回家又花了一小時，最後經過河濱公園時，忍不住進去籃球場鬥牛激戰一小時半，如此不間斷總運動時間就達成八小時。總之就是不小心運動一整天的概念，死不了的！」隨後不久，我再度向自己內心喊話：「就當作上班族一樣，一天工作八小時，咻一下就過去了。」

第六圈跑完，前進最關鍵的第七圈，大約在七十三公里左右，我的右小腿突然瞬間抽蓄起來，已經到腳踝無法伸直的地步，我知道這關係到能否完賽，但想到隊友吳有家已經棄賽，郭宗智在前面狀況不明，再想到街道上那面國旗，此時我很清楚，我必須在個人選手生涯與國家代表隊選手完賽中，做出一個重大抉擇。

自己從小不會刻意將國旗繡在身上，在運動競技場合中也是，但這並不代表我不珍惜這塊土地。我知道從小孕育我，包括教育、家人、朋友、生活、安全、興趣，甚至是空氣、食物等，我的 一切都是這個國家所賜予，數十年來如一日。

於是，當下我果斷決定，縱使失去競技運動員能力，縱使日後無法再跑步，也要拼命完成這場世界盃。雖然我無法登上頒獎台，但是最重要時刻，那面國旗不在胸前，也存藏在心中。

我拖著僵直的小腿不斷移動，沒有停下來的念頭。在這五小時賽事過程中，我僅靠大會補給站與加油民眾補充的礦泉水與運動飲料，其它補給品如能量棒、能量膠、鹽片等都沒有機會補充到。為了把握每一分一秒，每個補給站也絲毫不敢停頓。現在回想起來，當時身體的反應也是正常而已，這段區間交出本場比賽最慢的成績：55分37秒。

賽事從下午一點直到晚上八點多，從天亮、黃昏到黑夜狀態。我完成第九圈後，也等於達成九十公里的距離。當我再度跑進巨蛋體育館時，看見領隊郭豐州老師站在終點線旁，我主動用食指比出「一」的手勢，還自然地稍微抖動三下，除了強調這是最後一圈，也更加肯定與勉勵自己，終於能撐到最後一個階段。此時，心無雜念也更加小心翼翼，深知沒有踏進終點線前，任何意外狀況，都可能將一切努力付諸流水。

當最後兩公里，也就是九十八公里時，我終於很確定自己可以順利完賽。不久，巨蛋體育館模糊的影子隱隱約約出現在我眼前，且不斷慢慢接近中。

當我踏進體育館，距離終點僅剩十公尺，心中的大石也準備放下時，大會終點裁判竟示意我必須跑在右外側，意思是還有一圈，不能跑進左邊的終點線！

此時說不震驚是絕對騙人的，雖然我被這指令驚嚇，但遲疑時間不到兩秒，正確來說，那根本就是人體的反射動作，這時我也顧不了那麼多，頑固又堅持跑進左邊的終點線上。

我非常確定已經完成一百公里壯舉，上一圈的手勢我記得很清楚，思路也非常清晰，一圈十公里的距離至少四十分鐘，我不可能錯算任何一圈。我心知肚明如果再跑出去一定跑不回來，可能停在路邊哀嚎，甚至直接被送到醫院急救！

瞬間我才意識到，腳上的大會晶片最終會還我一個真相與公道。若我真的少跑一圈，可能也無法再跑出去，不是晶片過了終點發生的感應系統技術問題，而是身體及雙腿已經癱軟，而且心裡的大石已經無法再度提起。

總之，在大會成績還沒正式出爐之前，我像雙手雙腳被銬上枷鎖的犯人，躲在牆角等待宣判。等待期間，我也不斷向領隊解釋說明。時間大約過了一個多小時，大會法庭也正式宣布「無罪當庭釋放」。

從下午一點起跑，到晚上九點十分跑進終點，我終於拿到熱騰騰的完賽證書，以及每圈分段時間表。從九點十分開始，我一直依偎在牆角等待及休息，直到凌晨十二點半左右，代表隊一行人說時間很晚了，大家才慢慢離開會場，我從牆角起身時還差點重心不穩跌倒。而停留在牆角的三小時光陰，二十年來成為難以忘懷的永恆。

賽事第二天是大會的頒獎典禮，我們以觀摩的心態全隊出席。在會場外圍看到一名黑人選手跛著雙腳緩慢移動，這時郭宗智老師打趣說：「原來連這麼厲害的選手也會跛腳！」

頒獎時，原本以為我們只有陪襯的角色，沒想過郭領隊神采奕奕跑來對大家說：「郭宗智榮獲大會長青組第七名，要上台接受頒獎。」郭宗智選手最終以8小時04分36秒、四十七歲之齡創下傲人的成績與成就。

在國內選拔賽時，郭宗智老師因不擅長越野路段而屈居總排第三名，但是在重要的世界舞台上，他發揮老將的價值與經驗，於頒獎台上與世界各國好手並列受獎，為台灣帶回一座榮耀之盃，再度為台灣長跑歷史上寫下輝煌新頁，不僅贏得台灣長跑界永遠的尊敬，更是值得國人喝采的台灣英雄。

賽後，郭宗智老師與我不斷探討，選拔賽與訓練量皆達到最巔峰的名將吳有家，為何在中段五十公里會忍痛棄賽？最後從吳有家口中終於找到答案，原來我們出國前兩週，他參加苗栗縣運動會田徑賽，下場拼戰激烈的五千公尺、一萬公尺，因此在世界盃途中，身體併發抗拒與爆發性疲勞。

此事也讓我記取教訓，超馬選手甚至是馬拉松選手在巔峰期訓練期間，訓練量與訓練強度必須調配與取捨，兩者若調配得宜，可獲得完整訓練成果，若調配失衡，恐將付出慘痛代價。

當下決定棄賽，永遠比堅持完賽，需要更大的勇氣與折磨。

世界盃結束後，回到台灣的數十年間，每當我以慢於馬拉松配速跑約十公里，右腳常常不自覺抽蓄僵直，這期間無論台大、榮總、中山、新光、長庚、萬芳等各大醫院，求助運動傷害科、骨科等名醫，從放射性X光到精密的MRI磁振造影檢查，甚至是侵入性神經檢查，皆無法找出病因與確實根治。從超音波治療、水療、小針刀治療，再到各式各樣民俗療法無不嘗試，但也無疾而終。

胸前別著一二二號碼布，總排名七十七名，8小時10分06秒完成一百公里的距離。對別人而言，也許只是一種成績與數字；對我而言，它卻像刺青成為我的圖騰，像DNA存在於我的榮耀細胞。

註：IAU 國際超級馬拉松總會 International Association of Ultrarunners

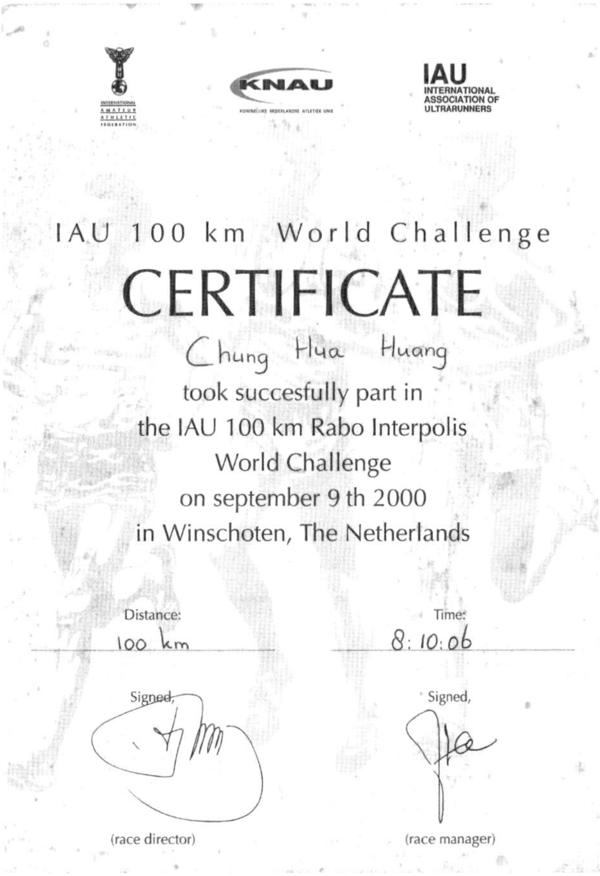

KNAU

IAU INTERNATIONAL ASSOCIATION OF ULTRARUNNERS

IAU 100 km World Challenge

CERTIFICATE

Chung Hua Huang

took succesfully part in
the IAU 100 km Rabo Interpolis
World Challenge
on september 9 th 2000
in Winschoten, The Netherlands

Distance: 100 km

Time: 8:10:06

Signed, (race director)

Signed, (race manager)

2000 荷蘭 IAU 世界盃一百公里錦標賽成績證明

RABO-INTERPOLIS-RUN

Interpolis

AQUILO

WORLD CHALLENGE 100 KM SOLO
9 SEPTEMBER 2000
WINSCHOTEN - THE NETHERLANDS
LIST OF RESULTS ± 22:10 HR.

TR	RN	Name	Nat	10 km	20 km	30 km	40 km	50 km	60 km	70 km	80 km	90 km	100 km
49	175	Berces, Edit	HUN	0:44:21	1:29:03	2:14:06	2:59:09	3:43:30	4:26:40	5:10:48	5:55:04	6:40:07	7:25:18
50	39	Alvarez, Ramon	ESP	0:41:53	1:24:00	2:06:21	2:50:18	3:35:13	4:20:36	5:07:08	5:53:53	6:39:52	7:25:35
51	85	Epskamp, Wim	NED	0:42:06	1:25:16	2:08:30	2:51:29	3:34:49	4:19:18	5:05:35	5:52:53	6:40:24	7:27:48
52	100	Crawford, Russell	RSA	0:38:52	1:17:13	1:56:00	2:37:28	3:20:47	4:09:35	5:02:49	5:54:01	6:44:08	7:32:07
53	3	Wheatley, Michael	AUS	0:40:40	1:21:59	2:03:54	2:45:31	3:29:20	4:16:03	5:05:16	5:56:29	6:46:28	7:32:29
54	41	Murillo, Manuel	ESP	0:41:55	1:24:17	2:08:04	2:51:10	3:33:09	4:18:42	5:08:57	5:57:07	6:46:59	7:32:58
55	194	Kolpakova, Elvira	RUS	0:40:49	1:22:49	2:05:11	2:48:33	3:33:53	4:20:26	5:06:29	5:53:46	6:43:01	7:35:00
56	116	Hrmo, Lubomir	SVK	0:42:37	1:25:21	2:07:51	2:51:07	3:34:28	4:19:45	5:06:40	5:56:31	6:46:27	7:36:26
57	174	Wagner, Constanze	GER	0:45:06	1:29:54	2:14:43	2:59:22	3:45:00	4:31:49	5:18:25	6:05:12	6:52:29	7:39:32
58	372	Carlson, Michael	USA	0:43:51	1:27:57	2:11:55	2:55:53	3:40:04	4:24:18	5:10:36	5:57:34	6:49:38	7:39:47
59	82	Perez Acevedo, Luis	MEX	0:38:16	1:16:19	1:55:57	2:38:32	3:23:41	4:10:54	4:59:51	5:50:07	6:42:49	7:40:10
60	273	Graesser, Peter	GER	0:45:11	1:29:58	2:14:48	2:59:28	3:45:03	4:31:48	5:18:53	6:07:41	6:54:27	7:42:04
61	16	Rimashevsky, Alexandre	BLR	0:40:52	1:21:38	2:02:30	2:43:46	3:27:44	4:16:57	5:09:23	5:59:58	6:52:17	7:44:13
62	519	Vuillemenot, Roland	FRA	0:40:34	1:20:49	2:02:43	2:44:41	3:30:24	4:18:20	5:09:12	5:59:56	6:52:52	7:45:37
63	163	Maggiolini, Magali	FRA	0:46:22	1:30:44	2:16:00	3:01:38	3:47:00	4:32:34	5:18:38	6:06:58	6:55:53	7:46:02
64	103	Thomas, Colin	RSA	0:38:55	1:19:00	1:58:43	2:38:34	3:18:39	3:59:14	4:43:26	5:41:00	6:44:24	7:53:06
65	193	Karaseva, Nadezha	RUS	0:44:22	1:29:04	2:14:07	3:00:58	3:48:39	4:37:36	5:28:53	6:17:33	7:04:09	7:54:32
66	550	Ritchie, Donald A	GBR	0:42:55	1:25:53	2:09:12	2:54:13	3:40:21	4:27:00	5:15:11	6:05:37	6:58:24	7:54:42
[illegible]	78	Amador Estrade, Juan L	MEX	0:37:01	1:14:16	1:52:24	2:33:38	3:23:36	4:11:10	5:07:14	6:02:21	6:56:55	7:55:27
[illegible]	[illegible]	G[illegible] Frantisek	SVK	0:43:44	1:29:24	2:15:13	3:01:26	3:46:51	4:34:33	5:24:18	6:16:24	7:08:49	8:03:38
69	123	Kuo, Tzong Chih	TPE	0:43:00	1:26:03	2:10:35	2:55:50	3:40:22	4:26:39	5:17:12	6:12:33	7:07:45	8:04:36
70	27	Sherman, Mark	CAN	0:41:17	1:22:50	2:04:30	2:48:58	3:43:23	4:30:21	5:18:14	6:08:32	7:03:12	8:04:38
71	169	Botzon, Ricarda	GER	0:46:23	1:32:59	2:18:36	3:04:45	3:52:17	4:41:02	5:30:16	6:19:31	7:11:04	8:05:18
72	99	Clark, Edgar	RSA	0:37:36	1:15:49	1:55:07	2:33:49	3:18:55	4:06:35	5:05:25	6:00:42	7:00:18	8:05:22
73	120	Mazibuko, Mangena	SWZ	0:38:23	1:18:00	1:58:47	2:41:36	3:25:57	4:15:45	5:10:42	6:08:27	7:05:59	8:07:12
74	26	Philips, Herb	CAN	0:43:20	1:29:06	2:15:04	3:00:49	3:48:32	4:36:48	5:28:26	6:20:02	7:13:12	8:07:31
75	40	Martinez, Miguel	ESP	0:41:55	1:24:14	2:06:22	2:50:19	3:35:23	4:25:33	5:20:14	6:15:52	7:10:12	8:07:51
76	203	Bollig, Deb	USA	0:46:20	1:33:12	2:19:44	3:07:37	3:54:56	4:42:26	5:31:25	6:21:32	7:13:39	8:08:00
77	122	Huang, Chung Hua	TPE	0:42:52	1:26:03	2:10:35	2:55:52	3:44:40	4:34:20	5:26:03	6:21:40	7:15:25	8:10:03
78	188	Lario, Alzira Portela	POR	0:44:22	1:29:04	2:14:12	3:01:49	3:51:32	4:42:01	5:30:27	6:21:52	7:16:15	8:10:22
79	261	Brunner, Ludwig	ITA	0:43:35	1:29:03	2:12:21	2:57:30	3:44:55	4:33:33	5:26:29	6:20:47	7:16:34	8:11:22
80	475	Bazzana, Lucio	ITA	0:46:30	1:33:19	2:19:51	3:07:47	3:53:54	4:42:55	5:34:34	6:26:17	7:19:40	8:11:22
81	130	Godale, Mark	USA	0:38:16	1:16:01	1:54:49	2:35:54	3:24:36	4:39:51	5:30:24	6:22:49	7:15:58	8:12:48
82	180	Sekiya, Akiko	JPN	0:42:39	1:25:45	2:09:45	2:54:52	3:42:02	4:32:08	5:24:29	6:16:37	7:11:10	8:15:12
83	17	Sakovitch, Ivan	BLR	0:41:55	1:23:59	2:06:21	2:49:41	3:36:13	4:30:12	5:27:43	6:25:33	7:25:16	8:17:19
84	173	Schaefer, Tanja	GER	0:46:23	1:32:58	2:18:37	3:04:45	3:52:17	4:41:10	5:32:45	6:29:44	7:24:19	8:19:06
85	92	Lien, Jorgen Andre	NOR	0:42:49	1:25:43	2:09:47	2:55:35	3:44:54	4:36:40	5:33:43	6:28:17	7:23:06	8:19:08
86	79	Gomez Rosas, Camilo	MEX	0:38:19	1:20:12	2:05:44	2:54:16	3:44:37	4:36:40	5:29:19	6:22:45	7:19:00	8:19:15
87	190	Montgomery, Marietjie	RSA	0:46:28	1:34:21	2:22:37	3:11:17	4:00:43	4:51:05	5:42:38	6:33:42	7:28:57	8:22:34
88	207	Park, Luanne	USA	0:46:21	1:33:12	2:19:43	3:07:38	3:55:34	4:48:51	5:41:05	6:35:18	7:29:41	8:24:56
89	7	Dierckx, Emiel	BEL	0:46:09	1:32:49	2:19:19	3:06:17	3:54:28	4:49:03	5:42:14	6:36:00	7:32:30	8:25:37
90	178	Costetti, Maria Luisa	ITA	0:46:23	1:31:28	2:18:52	3:07:20	3:58:19	4:49:09	5:42:15	6:36:00	7:32:30	8:25:37
91	158	Brionne, Murielle	FRA	0:47:18	1:33:35	2:20:11	3:07:00	3:53:17	4:39:55	5:28:15	6:20:58	7:18:30	8:27:32
92	252	Krause, Stephan	GER	0:46:11	1:32:56	2:19:20	3:06:15	3:54:02	4:46:15	5:41:01	6:34:21	7:31:32	8:28:23
93	513	Tiggelkamp, Ferdinand	GER	0:46:20	1:33:04	2:22:10	3:11:05	4:02:12	4:53:00	5:46:10	6:39:21	7:35:46	8:30:02
94	170	Drescher, Anke	GER	0:46:21	1:34:08	2:22:30	3:11:45	4:02:22	4:54:02	5:46:43	6:40:41	7:36:23	8:31:07
95	704	Kawaliauskiene, Austra	LIT	0:46:46	1:33:24	2:20:38	3:10:12	4:01:25	4:57:14	5:51:24	6:46:28	7:39:45	8:33:43
96	352	Hendriks, Tom	NED	0:48:36	1:38:18	2:27:07	3:16:26	4:05:31	4:55:24	5:47:46	6:46:08	7:44:31	8:40:20

©BAKS PRODUCTIONS, APELDOORN 2000. Software developed by J.P.M. Baks, tel.: 055-3662949. *Blad: 2*

黃崇華選手排名世界第七十七名

6

跑者、夢想家與現實的拉鋸戰

進入社會後，你把從小的興趣、夢想藏進心底？還是把它掛在心上，等待哪一天讓它實現呢？

我從長跑選手退役後曾任職金融業十年，仍不斷在最愛的跑步界切換新身分。選手、教練、跑團團長、賽事主辦⋯，扮演過各種角色後，留下的，仍是心底對「跑步」最純粹的熱愛與熱愛與感動。

事件紀錄

江晏慶｜2013 The North Face 100K
國際越野挑戰賽台灣站・7:58:38
張哲豪｜108 年全國運動會馬拉松・2:37:03
傅淑萍｜2016 香川丸龜國際半程馬拉松大賽・1:15:41
2020 渣打台北公益馬拉松・2:43:40
Ruth Croft｜2013TNF 荷蘭古道山徑越野賽 15K 組・1:17:37
魏振展｜2003 台北國道馬拉松・1:10:05
郭宗智｜1983 年波士頓馬拉松・2:31:06
陳福財｜2012 內湖碧山山徑越野跑挑戰賽 14K 組・1:56:26
黃崇華｜2012 內湖碧山山徑越野跑挑戰賽 14K 組・2:06:02
Bas Brüll｜2012 內湖碧山山徑越野跑挑戰賽 14K 組・2:13:05
大腳丫龍隊隊｜2013 MIZUNO 馬拉松接力賽社會組・1th
三重箭歇團 A 隊｜2014-2015 MIZUNO 馬拉松接力賽社會組・1th

那些年，
我們一起在狂風暴雨中執導災難電影

比賽任何情況都會發生，測試最深也是最危險地方，才是最佳辦法！

數十年前，一位世界級中長距離名將在一萬名觀眾面前創下一英里（註）世界紀錄。賽後，他說了一句經典名言：「我寧可看見一萬人下來跑一英里，也不想一萬人看我跑一英里。」

參與同一場比賽，換了位置、換了角度，一切想法風貌就截然不同。

出賽「二〇一二年草嶺古道山徑越野挑戰賽」時，我已是個退役選手，以市民越野跑者身份參賽。比賽中，跑到折返點暫居總排名第七位，從折返點桃源谷步道第二涼亭至啞口這段下坡路程中，我從第七名追到第二名，而前面是馬拉松、登高賽名將陳福財選手，我判斷不太可能追上去，除非他跑錯路線。

此時，我身後一名大會工作人員，以飛奔的速度不斷逼近我，並以非常緊張激動的口吻，對著對講機說：「第二名崇華來了，第二名崇華即將通過

註：一英里

長度單位一英里等於1.609344公里，使用於英國、美國、前英國殖民地和大英國協國家。

啞口！」我回頭一看，原來是江晏慶。

在啞口至大里天公廟這段，我體力已大幅耗竭，力圖守住第二名位置。進終點迎接我的是執行長古明政，以及熟悉的面孔陳仲仁。

這場是我首次對「古塵流冒險運動公司」承辦賽事的印象，也是最後一次以選手身份參與。

古塵流冒險運動公司發起人是古明政，團隊主要成員為陳仲仁、劉治昀，由仲仁突發奇想，取其諧音為「古塵流」後續再加入年輕好手江晏慶。

無論早期或現況，運動公司團隊成員皆由具越野賽國手資歷的人所組成，不僅罕見，也非常不易。因此，古塵流團隊所辦的賽事，尤其在台灣越野賽仍相當稀少的年代，受到不少矚目與支持。

二〇一三年四月八日，我在中國信託上班時，突然接到仲仁一通緊急電話提到五天後有一場國際越野賽，路線將進入烏來哈盆古道。因為連日豪大雨不斷，因此無論是品牌方、承辦方，甚至是所有參賽選手都很擔心哈盆古道這段賽道是否有崩塌，或是溯溪段溪水暴漲，必須臨時調整路線。

現在沒有人知道山裡的情況，仲仁客氣地說在台北他沒有認識足以信任的人可以進去勘察、採證、評估、回報，問我能否幫這個忙。對我而言，仲仁難得開口，我肯定會幫忙，而且我也沒有他說的如此優秀，只因我們是好朋友，於是我們倆便一起入山去勘察、評估與記錄（見照片集 P.14）。

勘察當天的氣候惡劣、豪雨不斷，我們冒著大風大雨從烏來挺進，抵達溯溪段時，溪水大約深至膝蓋高度，但仲仁卻跳到旁邊最深的位置，僅露出一顆頭對我說：「這邊才是最深的位置，幫我拍一張照片！」當場我一頭霧水，因為比賽路線在旁邊，選手應該不會走到那邊。仲仁說：「比賽任何情況都會發生，你不知道選手會做出什麼不可思議動作，測試最深也是最危險地方，才是最佳辦法！」此時仲仁幫我上了寶貴的一課。

我們大約從九點進入山徑，一直淋雨到下午四點多才出山徑，淋了七小時豪大雨，雖不至於失溫，但也感到非常疲憊與饑餓。離開登山口後，仲仁把車臨停在路邊，後車廂打開有生米、泡麵、罐頭等食品，他說這些東西都是隨身攜帶的救命物資，問我想吃哪一種，他來煮。

最後，仲仁將六包不同口味的泡麵全部煮在同一鍋內，在大雨滂沱的傍晚，這道泡麵大餐對我來說簡直是人間美味。

這場賽事承辦單位是名衍行銷，名衍將越野段委任給古塵流團隊執行，可見行銷公司對古塵流團隊的專業如此信任與依賴。

幾年後，仲仁向執行長古明政提議，邀請我加入古塵流團隊承辦賽事，他相信我加入後，對團隊肯定有正面幫助。

成為團隊一員，我不斷思考如何才能辦出經典賽事？路跑賽已有很多單位都在辦，但越野賽從路線勘察、賽道設計、賽道佈置、賽道工作人員、賽道後勤補給、賽道機動人員等，與車輛可行駛的路跑賽規畫相比是天壤之別，且相較於一般路跑賽，國內具有越野賽承辦經驗與能力的單位，可說是少之又少。

⊕

在「越野賽」、「北市近郊三十分鐘車程」、「富有人文歷史經典路線」三種元素加乘之下，「荷蘭古道山徑越野賽」誕生了。

這場賽事由古塵流冒險運動公司與運動媒體 don1don 合辦，在 don1don 創辦人 Ryan 引薦之下，由星裕國際總代理品牌 The North Face 冠名贊助。

首次做路線勘察的五人小組在士林區至善路靠近聖人瀑布集合，一行人在細雨紛飛天氣下，花了六個多小時才勘查到正式賽道的三公里路線，這天仲仁還因感冒提前下山返車休息。

因應路線，我們規畫賽道上共設置五座補給站，除了第五座車輛可抵達之外，其餘四座皆在山徑上，最近一座距離道路約四百公尺，最長的一座距離三公里多。我們必須從第五座補給站，將一千多名選手所需補給品礦泉水、運動飲料等，以人工背運方式，沿途上坡攀爬，送到第四座補給站；比賽結束後，再請所有志工協助將空瓶或垃圾全部背運下山。

有趣的是，賽前某天假日清晨，我、Ruth、Ruth 友人、張哲豪、江晏慶等人先在北投山腳下，跑往大屯山夢幻湖、主峰、南峰、西峰等，往返訓練約三十公里。隨後，所有男子立即趕往平等里，每人背負二萬八千至四萬三千毫升液體，從第二補給站背往第三補給站，途中我和晏慶等人還互尬競爭，當天也完成了兩座補給站背負任務。

想辦好一場經典越野賽，所付出的時間、人力、成本，實在難以想像，面臨的難題如區域場地申請困難、賽道工作人員繁多、補給不易運送、選手參賽名額有限……等族繁不及備載。如果缺少了選手的熱情以及一股衝勁與傻勁，辦越野賽實在不符合經濟效益原則，而當時我單純喜歡與一群越野好手們共事，共同完成一場極具挑戰的任務。

幸運的是，賽事開放報名後相當受選手們歡迎，悍將精英組與勇腳挑戰組兩個距離組別，總計有一千二百多名選手報名，這個結果對籌備的團隊是一種激勵，也是一種壓力。

賽前四天，一場風暴預告將強勢來襲，熱帶性低氣壓形成颱風，預估侵台時間在比賽日前後。我一直祈禱能有那麼一絲機會可以閃過，心想：「不會這麼剛好吧！我第一場承辦的比賽」，但命運總是如此捉弄人，就是這麼剛好要來考驗著我們團隊！

站在主辦單位角度，如果颱風侵襲台灣時間剛好落在比賽當天，可直接宣布賽事延期，並不難處理，但是若介於可辦與延期之間才是最大的考驗與折磨。

颱風路線如氣象局預估在比賽前一天侵襲台灣中北部，行政主管機關也宣佈大台北地區當天停班停課。

因擔心山徑賽道佈置被颱風毀損破壞，所以在賽前一週，我都不敢提前上山佈置。直到比賽前一天下午，所有籌辦人員聚集在會場附近，也就是士林區外雙溪楓林橋對面的小雜貨店屋簷下討論，此時外頭狂風暴雨不斷。

團隊中，有人負責不斷更新颱風預測路徑與影響時間範圍，有人查看明天台灣哪些路跑賽事已宣布取消、北部地區哪些路跑還未宣布，而我們深知，越野賽活動必須將標準再提高許多。到了下午三點多，仲仁還接到品牌總代理王副總與馬總關切電話，站在品牌方立場，不容許賽事有任何意外狀況發生，哪怕只是冠名贊助單位。

我們一行約八人不斷進行評估與討論，嚴峻考驗著決策團隊。最後，決策團隊做出「延時不延期」的決定。於是當場大家立即分頭行動，Ryan 大哥負責發佈新聞稿，與各團體窗口及選手個別回覆通知。古執行長與晏慶負責會場佈置，其餘仲仁、治昀以及我的組員蔣大哥、建錩立即上山佈置。

下午四點多，我們才整裝完成山徑賽道佈置所需裝備，包含指引牌數百面、布條數千條、麵粉數布袋、粉筆數盒等裝備，山徑賽道不重複總距離約二十公里，裝備數量需求之大，猶如戰爭逃難場景。我們不僅全部要背上山，還要加速綁定且快速移動，在做出「延時不延期」決策的兩小時後就要天黑了，我們的準備工作在風雨交加中進行著，彷彿是戰爭現場的氛圍。

這場賽事的一千二百位參賽者安危，全部交在我們五人身上，而我們僅剩數小時可運用，所幸大家都充滿冒險犯難的精神。天黑後，我們各自戴著頭燈繼續奮戰，直到晚上九點左右決定先暫時告一段落，我們已完成六成賽道佈置，剩餘四成，明晨繼續上山處理。

大夥終於稍微鬆了一口氣，我自以為聰明地提議將所有裝備藏在此處，明晨上來再繼續佈置，心想颱風天也不可能會有人上來，這樣可省去背負勞累之苦。於是我們從高頂山古道，往坪頂古圳方向開始下山，所有人都帶著頭燈，只有仲仁手插口袋，一副像極在西門町逛街的模樣，也唯獨他不用頭燈，可以摸黑走山徑下山，大家都非常佩服與讚嘆。

當我們來到坪頂古圳步道，沿著山腰水圳而行，這段緩平路段讓大家輕鬆不少。想到距離停車處平等里清風亭登山口只剩十五分鐘左右路程，緊張的心情也鬆懈許多。

正當大家各自聊天時，突然有人發出怪聲，隨之失去音訊，因為現場完全昏暗無光，第一時間我也無法得知到底發生什麼事，僅能用頭上一束光線不斷四處來回搜尋。大約十秒過後，治昀才突然大喊一聲：「啊！糟糕，仲仁掉下去了！」

原來人工水泥水圳每隔一小段路，就有一個大斷層空隙，仲仁在心情放鬆的情況下不小心掉落三層樓高山崖。

此時大家才驚覺事情大條了！在狂風暴雨晚上十點的山徑發生意外，這簡直是一場災難電影，對我而言可不是觀眾的緊張心情，而是親臨電影場景現場的震撼與擔憂。

我首先喝令建錩馬上站在原地不要亂動，必須先預防第二位再摔落，同時我們不斷呼叫仲仁，確認他是否仍有意識、能否與我們對話。

眼前怵目驚心的場景，讓年近半百的蔣大哥緊張起來，他不斷說：「我們趕緊呼叫搜救隊！」我心想，如果通知搜救隊，再等他們抵達我們的山徑位置、完成任務，至少要三至五小時以上，但比賽剩不到十小時就要鳴槍出發。

正當我們猶豫誰要下去救仲仁上來時，身為他多年好友的我也不敢自告奮勇，原因無他，我沒把握下去後自己能否再上得來？

此時，治昀終於挺身而出說：「我下去救他上來！」正當治昀準備下去時，仲仁出聲了：「我先找個地方躲起來，避免你下來時落石擊中我。」一聽到這句話我心裡充滿慰藉，因為這表示仲仁的狀況思緒非常清晰，意識也非常清楚，至少不是昏迷或語無倫次。而此時，因為他沒有頭燈在身上，我們僅能用聲音溝通，完全看不到他的身影。

當所有人期待救世主治昀下去時，他小心翼翼下去不到兩步就滑落摔下山谷。我心想完蛋了！兩位主將都摔落山谷，我也幾乎束手無策。這時，仲仁馬上念治昀：「都已經叫你小心一點，怎麼還會摔下來！」此時治昀真是「啞巴吃黃蓮，有苦難言」不過也足見他們倆交情之深。

蔣大哥再度溫情喊話：「這一定要叫搜救隊來處理，不能再遲疑了！」其實我快被蔣大哥說服，但冷靜下來思考所有決策可能的後果與代價之後，我跟蔣大哥說：「我們給他們二十分鐘，如果真的上不來，我一定會叫搜救隊來處理。」同時，我也想好各種可能方案與情況，包括兩位都無法爬上來、一位上得來，另一位受傷嚴重上不來、我單獨跑出去求救⋯等。當然，如果兩位能一起爬上來，將是最完美的結局。

兩位越野名將果然不是蓋的！大約不到十分鐘時間，仲仁終於先爬上來，隨後治昀也順利攀登成功。

仲仁上來時，我馬上檢查他的傷勢，所幸頭部和上肢沒有大礙，但是當我看到下肢怵目驚心的畫面，至今回想仍令人毛骨悚然。他的左腿脛骨位置腫得像一顆高爾夫球大小，我馬上指著脛骨說：「哇！腫成這樣！」沒想到仲仁把頭轉向一邊說：「唉，沒看就沒事了。」這時蔣大哥再度溫情喊話：「這不行，這一定要去醫院看醫生！」

仲仁當下雖說得瀟灑，但其實多年後，他回想起摔下去的瞬間，感覺像是被多人同時圍毆的痛苦。

無論如何，我們還是要趕緊離開這地方。一行人再度緩慢移動至登山口，大約二十分鐘過後，終於抵達登山口，終於看到一絲希望，也多了一份期待。當我們來到車邊，換我突然大聲尖叫：「啊，糟糕，完蛋了！」我非常自責難過地說：「車鑰匙放在背包，而背包藏在山頂上。」瞬間，大夥變得異常安靜，各個不發一語。

我們只好打電話向在會場的古執行長求救，也約定在平等里派出所碰面。在派出所對面涼亭等待期間，我們一群人在狂風暴雨中，沒有任何衣物可以更換，像極了戰敗難民，「老弱殘兵」幾乎是我們的寫照。

半小時過去了，古執行長終於開著廂型車上來，晏慶坐在副駕駛座，我們一群人從後車門躲進車廂相互依偎。車子往山下方向駛去時，古執行長唸了一句：「到底是怎麼開車的？開到一台車都不見了！」後座再度一片沈寂，沒有人敢說出車鑰匙是小事，其實剛剛有人摔落山谷，才撿回一條命而已。

當我們抵達會場聖人瀑布時，外頭風雨依舊飄搖，我們各自分配任務。我必須先回蘆洲拿備份鑰匙，再回到山上開車，最後大家約定在 don1don 內湖公司開會。當我們所有人抵達內湖，已經超過午夜十二點，所有人到場第一件事就是勸說傷勢嚴重的仲仁去醫院治療。Ryan 執行長勸他至少打個破傷風或消炎針，但仲仁卻說：「去醫院急診處理要花很多時間，萬一被要求住院更麻煩，以後再說吧！」

其實我知道，仲仁遲遲不願去醫院，主要是心繫這場賽事，所以這場比賽還沒正式宣告結束前他不想離開。

多年後，與仲仁回憶起這場賽事時，他曾說，考量這是我人生第一場承辦的賽事，在最大可能的範圍內，他會盡量促成與支持賽事舉行，這個最大可能指的就是：所有參賽選手的安危。

我們團隊絕對把選手的安危看得比自己更重要。舉辦一場越野賽，不僅要對所有贊助品牌（包含主辦、協辦、承辦單位）負責，更要對所有工作人員、志工、選手，尤其是選手家屬，以最高安全規格負責。

外頭暴風雨似乎沒有轉小的跡象，會議室的我們也正展開了一場嚴肅暴風雨，過程中討論非常激烈意見分歧，大家遲遲無法凝聚共識達成決議。眼看已經凌晨一點多，距離開賽僅剩七小時，後續該有的程序還是必須進行，除非我們已決定公告延期舉行。

原本我計畫在賽前一天完成賽道佈置，比賽當天留在會場，安排所有工作人員分派任務。在這場賽事，我們總共招募近七十多位工作人員、志工，所有招募對象與窗口全部由我負責，包含新北市光榮國中田徑隊、PTT 路跑社、三重箭歐團等。然而一場颱風打亂了原本的規畫，因為賽道還未佈置完成，明天清晨我必須獨自一人上山繼續佈置，至於會場工作人員指派任務，我只好臨時委請治昀協助負責。

我在會議室白板上，畫出兩條比賽路線圖，路線圖早已熟記在腦海中，所以可以輕易畫出來。所有距離路線總共分成幾個區域，每區的組長是由誰擔任、各需要多少工作人員，其中幾位必須具備一定運動能力、幾位可以不需運動能力，每區域最低工作人員下限是幾位等，都要非常清楚明瞭，並且都得事先想好備案。因為招募七十位工作人員，當天實際抵達人數一定會減少，雖然我會以增額招募應變，但計畫永遠追不上變化。

從會場車輛出發抵達山徑口所需時間、區域組長帶領所有工作人員所需就位時間、區域組長完成部署後回報等，連誰負責前導車、車輛來源誰負責等等，各個大小環節與細節，一個都不能放過，也不能疏忽，否則一個螺絲釘就可能毀掉一場比賽。

我交代完後，趕緊載蔣大哥、建錩返家短暫休息，此時已凌晨兩點四十分，才將蔣大哥載回他三重住所後，我跟他說：「我凌晨五點整來接你，你一定要準時下來！」忙碌一整天歷劫歸來，即便只短暫回家休息兩小時也是一種幸福與奢侈，沒有絲毫抱怨的機會。

我回到家剩不到兩小時，簡單盥洗後，躺在床上腦海想的是接下來所有的任務流程與特別注意事項，必須先想起來放，才不會臨場慌亂。

賽後老婆回想起曾說：「那天上床睡覺前已經很晚，看你還沒有回來，早上起床時你人又不見了，獨留一個沒吃的便當在冰箱，辦比賽真的要辦成這樣嗎？」

天還沒亮，我又出門了！我繼續在山上佈置賽道，隨後不久 Ryan 打電話給我，他代表團隊問我山上風雨大不大？我回「還可以，不至於大到無法繼續工作」但掛完電話不到三秒，又是一陣傾盆大雨，自嘲自己真是「掃到颱風尾」。

事後我才得知，原來當時團隊在內湖會議室再度意見分歧。昨晚原本堅持要辦的決策者，看到外頭風雨絲毫沒有減緩跡象，突然退縮考慮臨時取消；原本建議取消延期的決策者，反而認為在這節骨眼上，不能再退縮只能拼了！於是大家決議，以我在山上的現場狀況與意見為主。

此時距離比賽鳴槍，僅剩不到三小時。

⊕

即便風雨飄搖，比賽當天仍有超過八百位選手出賽，我相信不少選手選擇信任整個團隊決策與危機處理能力，而我也在山徑上算好時間，在第一名選手抵達前，完成所有賽道佈置任務。

當選手陸續通過賽道，我也緩慢下山順便巡視賽道，看到每位選手在賽道上盡情發揮與挑戰，突然感到所有辛勞，總算得到一點回報與價值。當我滿懷欣慰走回終點之前，工作人員竟對我說：「第一名外籍男子選手通過終點線後，馬上將工作人員遞上的完賽獎牌用力摔在地板上！」

聽到瞬間我相當錯愕，因為目前所有區域組長回報，路線佈置都非常完整清楚，我沒有得到任何選手跑錯訊息。回到會場深入瞭解後才知道，原來這名外籍男子選手，賽前有去試跑這條路線，比賽當天他知道某處山徑叉路要左轉，但現場工作人員指引往右，此處是捨棄竹嵩山，直接往五指山草原區的方向，也是仲仁與我賽前一天決定臨時調整的路線。

究其原因，我在最初設計「荷蘭古道山徑越野賽」路線時，中後段必須經過兩處大溪水，無論是兩處都經過、只經過其中任何一處，或兩處都不經過，在路線探勘規畫時我都已經想好方案與備案，在賽前一天臨時變動都可以應變與調整。

這場比賽悍將精英組十五公里，原本路線設計將通過擎天崗竹嵩山，如果不上去，也有路可以切往北五指山草原區回程方向。賽前一天風雨交織，我向仲仁報告有此備案路線，仲仁直接提議不要上去，他認為颱風天後山徑路線能精簡就盡量簡化，我也聽從他的提議調整。

路線部署並沒有錯，工作人員也冒著風雨堅守崗位。這名選手通過終點後，以為是大會工作人員指引錯誤導致他跑錯路線，成績名次可能遭到取消。但其實他並沒有跑錯，成績名次也列入排名，並順利上台接受頒獎。

雖然我無法得知他事後對此誤解與衝動舉動，是否感到不妥或歉意？但我對於現場頒發完賽獎牌的人員，以及所有大會工作人員與志工，感到非常抱歉與遺憾。尤其在暴風雨清晨，大家不辭任何辛勞，身肩重任為近千名選手服務，從第一名選手抵達前，直到最後一名選手通過後，如此漫長的時光，我對此事也一直耿耿於懷。

我的好友、來自紐西蘭的 Ruth Croft，最終以 1 小時 17 分 37 秒順利奪下女子組桂冠，雖然以 Ruth 的實力並不算意外，但在稍早事件之後，總算為大家帶來一份喜悅。

賽事進行到下午，天氣也逐漸放晴，陽光照射於會場上，似乎也代表本場賽事最終苦盡甘來。此時，躲在一處吃便當的我卻得到最新通報，一名年邁男子選手不慎摔倒，似乎有骨折跡象，已送往內湖三軍總醫院治療中。

仲仁在第一時間陪同就醫治療，而根據仲仁轉述，這名選手在醫院表示，因為當下想超越前面選手才不慎滑落摔倒，摔倒與大會無關，完全是自己評估錯誤與疏忽造成，也肯定大會為賽事的努力，更加感謝大會第一時間派人陪同就醫。本場賽事唯一的重大受傷意外，能遇到明事理的選手，真是大會的福氣。

如果沒有選手的熱情與拼勁，我相信我們無法完成一場越野賽。

人生第一場路跑賽記憶有限，人生第一場承辦越野賽卻終生難忘。

那一年，
我們一起在酷熱高溫下演出驚悚電影

辦一場比賽，沒有成功就是徹底失敗。

不祥的徵兆、不祥的預感，有時準確到令人頭皮發麻，讓人不得不小心提防！

某天，我接到一家國際運動眼鏡品牌委任賽事承辦的邀約合作，雙方首次洽談時，品牌副總 Laura 提議：「我們報名不僅要送 T-shirt，還要加碼贈送夜行眼鏡！」站在賽事的 CP 值角度來看，贈品越多越豐富，肯定能吸引更多民眾報名參加，但會議中我也提出，以運動訓練或賽事風險的角度而言，CP 值越高，參加的民眾運動風險也相對提高，可能因此吸引到從來沒有規律訓練，甚至沒有運動習慣的民眾，在賽事現場氛圍與競爭之下，運動風險恐將難以掌控。

眼鏡品牌為了行銷宣傳，最終仍決定贈送一副價值不菲的眼鏡，也成功吸引三千多位民眾報名參賽。

這場活動案洽談成功後，轉交給古塵流冒險運動公司專案執行，但因為賽事在北部，我仍負責路線規畫、賽事申請、賽道佈置、賽道工作人員、賽道補給，還包括賽前宣傳等任務。

一場夜間大型路跑賽可選擇的台北市區路線並不算多，最後我選擇內湖美堤河濱公園，這條路線嚴格來說不算具有特別創意，但至少比活動繁多的大佳河濱公園來得有新鮮感，也能滿足三千多人活動所需的停車數量、會場腹地空間、路線容納量、交通便利性等基本條件。

這天，我與江晏慶約定在下班後前往勘察路線，因為活動在傍晚至晚上時段進行，必須在同時段勘察路線，才能精準取得賽道相關資訊，包含賽道動線、選手流量、選手分流、賽道光線等。

晚上六點半碰面後，我提議一起跑步勘查，反正兩人都要跑步運動，一舉兩得，晏慶也歡欣鼓舞贊成。因為我剛下班，所有皮包、手機等重要物品僅能塞進機車置物箱，當時我對台北市治安蠻有信心的。

我們從內湖基十六疏散門出發，沿著河濱公園跑到彩虹橋附近往返，總距離大約十二公里，一邊跑步一邊討論賽事，大約花費一小時時間。當我回到機車打開置物箱時，卻發現我的皮包、手機等重要物品，全部被偷走了！當場我傻眼愣住，最後僅能前往大直派出所報案，從等待到完成報案程序花了數小時，直到晚上十一點多才結束，也為這場賽事承辦添增不祥的預兆。台北市境內的路跑活動籌備期，場地申請這關總是最大的挑戰。在台北市河濱公園舉辦路跑活動，必須向台北市政府水利工程處申請，經詢問窗口後，才知道總費用高得嚇人！

會場是以使用總面積計算，但在賽道方面以距離為單位計算。以這場賽道路線設計而言，十二公里組單程為六公里往返，在計算費用時不能以六公里計算，必須以賽事距離十二公里單位計價。休閒組六公里跑往圓山方向，單程三公里原路折返，也是以六公里單位計價。賽道合計十八公里連同會場使用面積，總計高達三十四萬場地申請費（民國 106 年起，北市水利處已調降費用計算標準）。這筆費用支出，對於將所有預算都投入贈品的主辦品牌方而言，造成極大的壓力與負擔。

水利工程處窗口表示，若活動屬於公益性質，或由台北市公立機關或學校擔任協辦單位，則總費用可以申請減半計價（民國 106 年起，北市水利處已取消此項優惠方案）。為了幫主辦單位省下這筆為數不低的費用支出，我想盡辦法，也動用個人所有人脈關係，到處請托各界人士幫忙，包含台北市潘老師、傅老師等教職老師，其中傅老師還特地當面請示校長協助的可能性，但因學校與這場賽事無直接關聯，最終無法如願。

接著我透過親戚建議，特地當面請教台北市吳議長解套的辦法，四處奔波，完全不像一位退役運動員，比較像涉世未深的社會新鮮人。

最後，因為北市大水上運動系有派學生擔任賽事志工、工作人員等任務，在魏教練協助之下，系所擔任這場賽事的協辦單位，在符合協辦原則下，順利為費用難題解套。

承辦一場比賽的身心俱疲程度，絕不亞於擔任選手角色，通常賽前一天僅有三小時左右睡眠時間。賽事前一天，承辦方必須處理廠商進駐、就位、清點、測試等不少瑣碎事項，所幸路跑賽比越野賽輕鬆許多，各駐點車輛也都有通道抵達，省去不少人工搬運時間。

賽事中我負責賽道部分，所有賽道相關，包括補給站設置、指示牌、公里牌、工作人員部署等，都由我負責處理。好不容易在傍晚忙到告一段落，回到會場繼續收尾工作時，赫然發現，我放在會場一副價值數千元的運動太陽眼鏡遺失了！

賽事還沒開場，我的損失早已難以估計。

⊕

活動當天，現場湧入三千多名選手，場面盛大，熱鬧非凡。我們在終點處編制一台救護車待命，也安排兩台 AED 救護機車巡迴，在起跑前，兩位救護駕駛問我該如何配合賽事巡迴？我指示其中一台跟著前導車前進，另一台跟著殿後車出發，將兩台安排在選手隊伍兩端，賽事進行到中段時，兩台相互交會後，得以繼續駛離至兩端。我的想法是，無論賽道任何地點發生狀況，其中一台得以最近的距離快速抵達執行任務。

賽事在傍晚六點整鳴槍出發，十二公里組大約進行至四十分鐘，第一名選手已率先抵達終點。再過二十分鐘左右，賽道組長回報，有一名選手疑似熱衰竭，體力不支倒地，已通知 AED 救護機車巡迴人員，正緊急趕往救護處理中。

在選手開跑前，我將兩台巡迴人員電話佈達給賽道所有補給站組長與路口站崗人員，讓意外狀況發生的第一時間，各組長得以直接通知巡迴人員，不用回報我這邊後再轉達一次，在分秒必爭的關鍵時刻，能省下多少時間，就是救援黃金時間。

這名選手被 AED 救護機車載回會場後，身體狀況仍相當不理想，於是馬上轉搭乘會場待命救護車，立即送往內湖三軍總醫院急救。隨後不到五分鐘時間，賽道再傳出一名選手也疑似熱衰竭，正送往三軍總醫院急救中。

在兩名選手送往急救的緊急狀況下，另一頭的會場也發生重大緊急事件。選手衣物寄放區因編制工作人員與現場處理窗口數量不足，以致選手大排長龍等待寄放，負責寄物區的組長為了讓選手能準時開跑，情急之下將選手寄物包未經排序整齊排列，直接丟往後方寄放區，導致選手包包堆積如山，完賽後爆發一發不可收拾的慘況。

該組長其實具有六千名選手賽事寄物經驗，但因為處理窗口數量不足，加上忽略馬拉松有四至七小時整理時間，而這場十二公里路跑僅有四十分鐘整理時間，甚至在短短十二分鐘內，將湧入數千名選手等待領取，根本來不及應變處理，這是賽後我自己思考問題發生的關鍵原因。

選手們遲遲無法領到自己的寄物包，現場抱怨聲不斷，雖然我負責賽道部分，但也立即想辦法，從六公里賽事組緊急調派數十名工作人員支援，但堆積如山未排序的包裹，猶如大海撈針般難尋，縱使近二十多名工作人員支援，甚至連執行長自己也跳進去搜尋，也無法立即解決問題。現場更有部分選手不耐久候，擅自闖進寄放區找尋自己的包裹，讓場面更加混亂難控。最後拖到晚上十點多，全部選手才陸續領完所有寄物包。

賽後數日，不少選手陸續反應包包裡的昂貴手錶、數位相機、數千元台幣、美金等貴重物品遺失，因為無從證明選手是否真有遺失，也無法查得可疑人物，後續對選手個別溝通協調與賠償更是一項艱鉅任務，真是學到一場慘痛的教訓！

終點處，當兩名選手被救護車送往醫院時，我立即請現場醫護人員提供救護車駕駛或車上隨行人員手機，並致電詢問選手胸前號碼布的號碼，再請負責計時晶片的廠商立即調出該名選手所留的緊急聯絡人資料，並馬上打電話給家屬，說明選手目前發生狀況及送往哪間醫院，並表示我將立刻出發趕往，也問家屬是否能立即前往，最後再留下我的電話讓家屬隨時聯繫。

事發當下，我清楚發生任何意外狀況時，每個環節、細節都會被放大檢視。選手在何處發生意外？大會人員何時接到緊急通知？多久後選手獲得緊急救護處理？多久後送往醫院？事發多久家屬接到通知？大會賽前緊急醫療部署與應變機制是否有疏失等等，我滿腦子想得都是這些棘手問題。

雖然我身為副執行長，但很多事情都是聽從古執行長指令，此時此刻我判斷沒有太多時間詢問執行長該如何處理，甚至沒有時間向他報告，我就直接趕往內湖三軍總醫院。

當我抵達醫院時，我在急救室門口全程目睹選手被六名醫護人員急救過程，有人不斷噴水降溫、有人不斷幫他按摩、有人不斷試圖跟他對話讓他保持清醒，旁邊三座大型電風扇不斷吹拂，醫師也不斷詢問醫護人員選手的體溫變化及血壓脈搏等指數，當下我只能祈禱最壞的狀況不要發生。

不久，急診室主任出來詢問事發經過，從賽事距離、起跑時間、起跑溫度、起跑風勢、水站設置數量、水站補給量、事發第一時間如何處理、送至醫院所花時間等資訊我都詳細說明，最後我補上一句：「目前各水站組長回報，剩餘水量仍相當足夠，除非選手本身沒有喝水，不然補給品數量仍相當充裕。」

隨後，院長也來關心狀況，接著一位選手家屬也趕來，家屬剛抵達時可能心急如焚，擔心自己家人的安危，露出相當凶悍的表情，隨後由急診室主任主動出面，向該名家屬說明狀況，這名家屬才怒氣稍減，我才有機會再度還原現場過程。

我是急診室現場唯一代表大會的窗口，雖然沒有類似經驗，也沒有受過完整急救應變處理訓練，但我清楚要趁第一時間，將所有能應變處理的部分盡量做好。

急救過程持續一個多小時，最後兩位選手體溫都降至四十度以下後，才轉往加護病房休養。院方、兩位選手家屬都同時要求我再留下完整聯絡方式。雖然我想前往病房探視後再離開，但礙於院方管制，只能隔天再來探望慰問。

當我回到會場，已經是午夜十二點多，我向古執行長報告此事，以及整起事件發過程，執行長才相當驚訝竟然發生這麼嚴重的事情。

賽後第三天，品牌副總 Laura 邀我再度前往醫院慰問選手和家屬。言談之間我們才得知，其中一位住木柵較年邁的選手，以前有固定的跑步習慣，最近幾年運動量明顯減少，看到報名就送價值不菲的眼鏡，於是沒有衡量自己近期體能情況下，就貿然報名參賽。另一位選手是二十多歲年輕人，當初也是看上報名 CP 值很高，於是夥同幾位朋友特地從台中北上參加，這是他人生第一場路跑賽。

當我和副總準備離開病房時，年輕選手的父親不斷感謝我們，父親說：「我知道辦大型活動很不容易，我們辦過就知道，感謝主辦單位相關醫護措施做的非常完整，也立即應變處置，將傷害將至最低。」聽完這段話後，我內心百感交集。

⊕

辦一場比賽，總會面臨大大小小問題，以及重重關卡挑戰。

例如有一場在台中望高寮的越野賽，因為賽道發生一些意外狀況，導致大部分選手皆跑錯路線。賽後當天下午，我隨即宣布退出古塵流團隊，當時仲仁是賽道負責人，身為他底下團員，我以退出團隊作為力挺與負責。

另一場在南投集集綠色隧道馬拉松賽，總共六千多名選手報名參加，開賽前兩小時竟發生礦泉水飲料廠商臨時通知，因故無法將所有飲料送達，古執行長電話聽到後，僅淡淡說出：「完了！」隨後才由仲仁硬著頭皮緊急處理，帶領所有年輕男性工作人員，清晨天黑時在集集鎮各大超市與民間飲料雜貨店挨家挨戶敲門，籌措所有選手補給飲料，讓選手得以有充足飲料補給。

賽後下午兩點，正值炎熱時段，每個補給站剩餘近百箱飲料，堆積如牆的飲料箱令人觸目驚心。古塵流團隊每位越野賽好手再度披掛上陣，在豔陽高照酷熱底下，再度搬運回大貨車上，完成這場不可能的任務。

這些年，還有許多場賽事主辦經驗，回顧起來總令人充滿酸、甜、苦、辣滋味，曲折離奇的過程也成為舉辦者的賽事哲學。

辦一場比賽，不是導演可以重來一遍；辦一場比賽，沒有成功就是徹底失敗。這是我多年後對於辦一場賽事最深刻的感受！

數年來，無論在社會隊跑班或是各跑團中，我發現很多跑者無法分辨熱中暑與熱衰竭差異，甚至誤以爲熱衰竭比較嚴重。依據衛生福利部國民健康署資料：

熱衰竭：主因是流汗過多，未適時補充水分或電解質而導致血液循環衰竭，常出現大量出汗、疲倦、全身無力、頭暈、頭痛、說話喘、血壓降低等症狀。患者的核心體溫會上升，但很少會達到四十度，嚴重可能會失去知覺，變成熱中暑。

熱中暑：大多是因爲熱衰竭未及時發現，分成兩種類型，分別爲傳統型中暑和勞動型中暑。傳統性中暑多指缺乏對於環境氣溫濕度改變的適應力，勞動型中暑的患者則多爲需在高溫高熱環境中工作的工作者，例如運動員。患者會出現意識不清且體溫超過四十度，最後造成中樞神經異常，若不盡速處理可能會引發休克、心臟衰竭、心跳停止、多重器官衰竭、橫紋肌溶解、瀰散性血管內凝血等致命的併發症，甚至死亡，熱中暑患者的死亡機率約百分之三十至八十。

根據三軍總醫院中暑預防中心主任朱柏齡醫師指出，當濕度乘以 0.1 加上室外溫度，總合超過四十熱指數，即可視爲發生中暑警戒標準。例如室外溫度三十二度，濕度爲八十百分比，熱指數就達到四十超標情況。

我個人的經驗是，夏季路跑賽在起跑前若沒有任何風勢吹拂，屬於悶熱天候，當天賽事發生選手身體不適、熱衰竭或熱中暑症狀的人數比例，就會明顯變多。

傳奇性跑團的興衰成敗—三重箭歇團

交出開立課表教練權力後，我才知道最大受益者，竟然是我自己！

高中時期，我追隨馬拉松名將郭宗智老師，每週三晚上在板橋體育場訓練。訓練從四十分鐘節奏跑（註）開始，在四十分鐘先完成十公里，接著執行四百公尺跑二十趟課表。每當執行課表時，多數是由郭老師與我領頭帶跑，四百公尺大約跑在七十二至七十八秒區間，有時郭老師會要求我延後出發再追回來。

操場上，許多俱樂部跑者如綠野長跑、捷豹慢跑等，都會一起共襄盛舉，三十多人一起跑四百公尺二十趟，現場所展現的氣勢與氛圍，不輸一場千人路跑活動。

此後數十年期間，我很少看到北部體育場同時有這麼多位跑者，如此規模與制度同步執行一定強度課表。因此投入社會工作後，我一直期待在下班時段能組織一支強力跑團，再現當年社會人士的最佳專業訓練平台。

為了打造市民跑者最佳訓練平台，我以定週、定時、定點方式運作，意指固定在每週三晚上七點於三重體育場團練（見照片集P.14），現場統一宣布課表，讓有意參加團練的跑者，得以快速加入我們的訓練行列。

三重箭歇團成立初期，從每週三團練不到十個人開始，能夠在這麼短時間內成軍，並快速崛起維持團練強度，主要是靠我在跑界二十多年人脈與資源整合。為了增加團練強度與彼此競爭，我特地邀請新北市光榮國中張振旗教練旗下的田徑中長跑選手，以及北市大講師魏振展教練率領鐵人隊選手共同參與訓練。

不僅如此，我接著邀請來自荷蘭的 Bas Brüll、俄羅斯 Sasha Tarasov、捷克 Petr Novotny、美國 Cory Renzella、Mary Colburn，和一位以色列女將，加上原本班底紐西蘭 Ruth Croft，以及三重地區在地長跑好手，在短短幾個月時間內，無論團練人數、規模、強度等，快速攀上市民跑者高水準訓練平台。

三重箭歇團團練步上軌道後，因其訓練強度異於一般跑團，知名度很快在跑步圈傳開來，也成功吸引學生時期曾是優秀田徑中長跑選手退役的社會人士回歸跑道，包括出自國家級教練潘瑞根老師的子弟兵張哲豪、北市重慶國中傅淑萍教練等人。這兩位都是科班選手出生，長期接受嚴苛田徑訓練。內心對長跑仍具有相當熱誠，只是遲遲沒有遇到適切的訓練平台與機會，因為一般歡樂跑團風格，對於自我要求與自律性甚高的兩位而言，可能不具吸引力與最佳訓練選擇。

三重箭歇團團練幾乎是一支田徑隊或長跑訓練中心，談笑風生運動型態與隨意輕鬆跑方式，在我們團練中幾乎不曾存在。張哲豪因耳聞團練強度與風格，某天來到三重水漾公園觀看我們團練後，回憶起以往田徑隊訓練場景，那天過後，

註：節奏跑

Tempo Run，又稱乳酸閾值跑，目的是練習在稍有強度下維持穩定配速，以掌握比賽的實際配速。

哲豪就成為我們團練固定成員。傅淑萍則是在身懷六甲時，某天在三重體育場散步巧遇我們團練，我看她身材保持得相當纖瘦，鼓勵她計畫產後復出，透過團練慢慢恢復往日身手。

不久後，哲豪與淑萍都成為三重箭歇團主力戰將，在長跑成績表現與成就上，甚至不亞於學生時期。張哲豪於一〇八年全國運動會以2小時37分03秒佳績奪下馬拉松銅牌。傅淑萍於一〇五年二月日本「香川丸龜國際半程馬拉松大賽」中，更以1小時15分41秒驚人成積，大幅躍升為台灣女子半程馬拉松歷年第三傑，一〇九年一月份更在國內路跑盛事「渣打台北公益馬拉松賽」中，以2小時43分40秒佳績，勇奪國內女子馬拉松冠軍，並躍升為台灣女子馬拉松歷代第四傑。兩人在科班畢業後強勢回歸跑道再創佳績，堪稱為台灣退役選手最佳典範之一。

在三重箭歇團成立之前，我在越野跑步團體捷兔（HASH）認識來自紐西蘭的 Ruth Croft。

Ruth 在紐西蘭榮獲青少年國家隊前三名，受推薦前往美國就讀大學，並參與學校田徑隊長跑訓練，但是在高強度速度訓練以及和隊友競爭激烈之下，導致嚴重受傷被迫中止訓練。

在美國每間學校的田徑隊，可能有高達數十位中長跑選手，但每個項目能夠代表學校出賽的可能只有二至三個名額，因此跟校內隊友必須先相互競爭，在田徑名校中競爭更是激烈，此情況同樣發生在台灣中等學校與大學田徑隊中。然而，在操場不斷做速度訓練，一直不是 Ruth 最喜歡的跑步項目，甚至受傷後更加厭倦在操場跑步。在天然環境中的越野跑，才是她最深深著迷的運動。

大學畢業後，Ruth 不斷在各國旅行，曾去過中國、香港等華人地區，最後來到台灣，相當喜歡台灣的山林與人文，原本以旅遊打工方式在台教英文暫居，某天突然想透過跑步更快認識台灣朋友，於是在友人介紹下參加捷兔越野跑活動。

我還記得第一次看到 Ruth 那天，捷兔跑步地點在深坑，最後一段路上，我從她擺臂的背影就發現她是位身手不凡、訓練有素的長跑選手。她的擺臂屬於美式方式，相當正直，幾乎是教科書中標準動作。在終點前，我嘗試追上並超越她，但她應該只是來跑健康交朋友而已。

跑步結束後，我主動上前與她聊天，並邀請她每週三來三重體育場，跟著大家一起訓練，她態度相當謙恭和藹。數月後，三重箭歇團首屆成立大會，Ruth 不僅是坐上嘉賓，更是團內的一份子。

後來我才知道，原來 Ruth 剛加入時內心還有些疑慮，除了全團她只認識我之外，在國外加入俱樂部是必須付費的。後來她知道三重箭歇團不收任何費用，也在我不斷邀請外籍選手共同訓練下，才真正放心參與團練。

不到半年時間，Ruth 逐漸恢復往日的長跑水準，她也首次報名參加台北馬拉松。賽前我告訴她，我預估有機會以2小時47分完賽，最後她以2小時46分39秒完賽，在眾多國際職業菁英選手中，獲得女子組總排第五名佳績。

然而馬拉松並不是 Ruth 的強項，越野跑才是。當時她的越野跑實力幾乎可與台灣男子頂尖選手抗衡，不久後，Ruth 也得到 The North Face Taiwan 總代理一份合約，成為該品牌旗下頂尖運動員，並獲得一筆簽約金與贊助訓練比賽裝備。

在此期間，當時的 Salomon Taiwan 總代理登山友曾透過我表達想網羅 Ruth 的強烈意願，我也曾私下帶她去認識聊聊，對方開出相當全面與優渥的條件，其中兩項包含 Ruth 在台灣的職業規畫、以及保證加入 Team Salomon 國際隊。這對 Ruth 而言相當具有吸引力，但礙於 The North Face 合約尚未走完，僅能暫時延宕。

幾年後，Garmin Taiwan 開始投入台灣 GPS 跑錶市場，當時 Garmin 的行銷經理林駿豪 Jason，特地來三重參加我們團練，並在團練結束後，向我介紹 Garmin 產品及洽談贊助合作。不到兩年時間，我與 Jason 某次談話中，雙方都有意願讓 Ruth 進入 Garmin Taiwan(台灣國際航電）總公司體制，並成為該品牌旗下正職運動員。

第一次我帶 Ruth 到 Garmin 公司洽談時，為了確保溝通與訊息傳遞正確，我非常謹慎與慎重，還特地帶一名翻譯過去。在正式會談之前，我與 Jason 雙方就合約大方向與內容早已多次溝通與準備，所以會談過程相當順利，Garmin 也提出相當有誠意的條件與合約，包含 Ruth 國外賽事所需經費補助，以及半日工作時數等條件，讓她有更充分的時間訓練與恢復，並繼續朝世界頂尖運動員夢想邁進。

但是，Ruth 畢竟不具台灣國籍，外籍人士要取得台灣工作證、長期居住在台灣，以及外交部稅務單位等相關問題，都必須逐一解決。所幸 Garmin 畢竟是一間國際大公司，人力資源與人脈相當豐富，也在 Jason 協助之下，得以順利進入並成為正式職員。

Ruth 進入公司後，很快獲得 Garmin 總經理極力賞識與讚賞，也成為同事間最受歡迎的朋友之一。

數年後，某一天 Ruth 突然問我，如果她離開台灣前往國外發展，我會贊成嗎？或是有其它建議？第一時間我就表達極力贊成，我相信她在台灣的階段性目標已經達成，若想晉升為世界級選手，勢必得前往歐美國家，在訓練環境與賽事高競技水準之下，才能與世界各地頂尖選手抗衡。後來，Ruth 計畫一年安排約八個月時間，在歐洲各國家不斷移地訓練與比賽，剩餘約四個月時間留在家鄉紐西蘭。

Ruth 曾私下跟我說，原本以為可以很快做出決定，但因為這些年來在台灣認識這麼多朋友，才讓她猶豫不決，遲遲無法勇敢做出決定。

猶如鄰家女孩的 Ruth 個性相當純樸內斂，縱使在台灣擁有大批粉絲朋友，仍只想低調離開台灣。也許事情來得太突然，也許她還沒準備好道別的勇氣。

Ruth離開台灣的時間，幾乎沒有人知道，她希望我幫她保守秘密，連她在團內摯友張哲豪，都只知道日期不知道班機時間。我幫哲豪問能否去機場送她一程，「他可以！」她很俏皮地回答。

很榮幸地Ruth願意讓我載她去機場。在出境大廳，雖然除了陳彥博的團隊之外沒有其他友人，但依依不捨的現場畫面不難想像。Ruth在一個空檔遞給我一封道別信，她請我等她離開後再拆開來慢慢看。

最後一刻，她主動向現場每位一一擁抱，也留下一張難得的大合照，就在依依不捨，眼眶泛紅強忍淚水中緩緩走入出境大門，不再回頭。Ruth的班機起飛後兩小時，她才在個人臉書粉絲頁發佈已離開台灣的訊息。

⊕

三重箭歐團草創初期走得相當艱辛，我們不斷遭遇三重在地跑團阻擾，甚至是挑釁動作。讓我印象最深刻是，週三在三重體育場團練前，另一跑團開始組織集結，待我們正式團練後，他們從第一道至第八道一字排開，以故意極慢跑快走方式，阻擋我們訓練超越，甚至檢舉我們第一跑道非競速道，不能進行快跑型態活動。那天為了避免雙方肢體碰撞，我臨時更改課表，改在草地區域繼續訓練，而我當下的想法是：「現場許多外籍人士、台灣在地國中生、高中田徑隊學生都在看，難道台灣跑團民眾僅能出此下策？」

另一次，同跑團其中一位年紀較大的長者，於我們團練時堅持在第一道慢跑，在距離終點前一百五十公尺彎道處，與我們當時團員 Petr Novotny 發生肢體碰撞，便指控 Petr 故意撞他，Petr 則指出長者對他吐口水。事情沒有當場平息下來，雙方還鬧到醫院驗傷準備提告，身為團長的我只能見機應變，最後讓雙方各退一步收場。

以上只是眾多事件的冰山一角，之後陸續發生年輕團員、個別外籍團員之間，處事不夠圓融調和，個別團員總會有自己的想法與考量。

當然，我的強勢作風也是造成對立的主因之一，這是我該深切檢討的地方。當時我的想法是：我創立三重箭歇團，在沒有對團員收取任何費用的情況下，團員應一切以長跑訓練為最高原則，我深信唯有高強度訓練，才能杜絕節外生枝事件。不諱言，當時的我年輕氣盛、作風強勢，也因此得罪不少團員，甚至引起個別團員慫恿部分團員集體退團，另組跑團的風波。

成名後的三重箭歇團，除了檯面上的衝突對立，團員與非團員之間私下衍生的問題也層出不窮。較離譜的是，曾有其它跑團團員參加我們團練，參加前他不具教練角色與身份，團練時也非常低調，鮮少與人交談互動，幾次團練過後，有團員跟我爆料，這位跑者在其它跑團打著曾參加三重箭歇團團練名義，自封為教練身份。

類似情節，我們內部一位男性團員原本也不具教練身份，因為常出席團練活動而取得團服背心，不久後，也透過其他團員爆料，這位男團員開始在土城開課，以不收費方式僅限招收女性學員，同時他也常在個人臉書放一張穿著三重箭歇團背心的照片，取鏡角度還故意將胸前團名露出一半。

另外，有其它跑團的男性參加幾次我們團練後，不斷騷擾私邀多位女性團員跑步，造成女團員紛紛私下跟我抱怨。也有女團員在團內有複雜的男女關係等，各種事件都是社會跑團容易發生，甚至是無法避免的問題，但這些事件我都無法忍受，並以強勢作風對抗處理。

在社會隊帶團肯定不是一件容易之事，曾有帶團經驗的團長或會長，感受應最為深切。從三十多年前，台灣市民長跑俱樂部、協會、跑團等，我看過太多意見不合、派系鬥爭、另組協會或跑團事件。如果現在用另一個角度回首過往，我深深認為，當初的團員朋友如果目前仍熱衷於跑步運動，曾經發生過的一切，似乎也不是那麼重要了！

每一次三重箭歇團團練的課表，我選擇在熱身結束後，現場才對大家宣布。

不提前公佈，是為了避免團員有預期的心理壓力。以教練的角度而言，選手就是準備好一切前來接受訓練，選手沒有選擇課表的機會與權力，尤其不少市民跑者無法再突破成績，主因是太常跑自己擅長的課表，或者課表模式太過制式化。

三重箭歇團陸續在各大路跑賽事嶄露頭角，團員們也早已習慣由我所開立的課表模式，我會依照賽事距離、賽事週期、夏季與冬季天候狀況等多元化原則開立課表。最大關鍵點是，由於正式團練僅有每週一次，其餘時間皆由團員私下互邀訓練，因此在課表執行上，較難以具有組織性與延續性。

團員經過數月團練後，整體實力與狀況都有所提升，但是在某年八月份的泰山路跑邀請賽，創始團員黃文華在賽後表示，最近實力狀況表現不太理想。當下我立即認為這是身為總教練應該負起的責任，我不顧文華等人的勸勉，執意馬上交出唯獨開立課表的教練權力。

團員間雖然不乏各界長跑好手，但是我認為擔任三重箭歇團課表開立教練，是一項非常嚴肅與神聖的大事，絕不能草率隨意或輕忽，甚至應該訂定更嚴苛的標準與條件。

於是，我首先徵招曾在紐西蘭青少年與美國大學田徑隊，擁有完整訓練與比賽資歷的 Ruth Croft。第二位是台北市立大學水上運動學系講師，同時也是世大運鐵人三項國家隊教練魏振展，他從國小開始接觸跑步，在國高中與大學田徑隊同時具有中長跑與鐵人三項專項，數十年來擁有紮實的訓練基礎與豐富的實戰競賽經驗。第三位則是出自國家級教練潘瑞根老師的子弟兵張哲豪。以上三位加我總共四位，輪流擔任三重箭歇團每週團練課表開立教練職務。

幾週後我赫然發現，每位教練開立的課表都有不同屬性與特色，甚至幾個月後，我只要看到課表內容，就知道是哪一位教練開立的課表。

交出開立課表教練權力後，我才知道最大受益者竟然是我自己！讓我得以學習各教練的訓練系統與觀念，當然這也是全團團員的最大福祉。

Ruth 的訓練系統概念源自她在紐西蘭的教練、以及美國大學田徑隊教練。一次在三重水漾公園團練中，她開立用個人五公里最佳成績的速率跑一公里，用十公里最佳成績速率跑三公里，用半馬最佳成績速率跑五公里，接著再降下來跑三公里、一公里。通常到最後一趟，才會開放用九成力完成。

Ruth 課表的最大特色是，每趟加速的速率皆有所依據，例如用個人五公里最佳成績速率跑一公里，而不是制式要求一公里能衝出多少速度，縱使在整套課表的最後一趟，也不會如傳統田徑隊訓練中，常發生必須全力衝刺的情況。

此課表最大的優點與特色是，訓練速率皆為比賽速率，利用總訓練量與編排不同距離的最佳成績速率，來提升訓練強度與訓練效果，如此更能精準掌握比賽配速與節奏。另外，此訓練模式讓選手更不容易發生受傷，非常適合市民跑者的課表型態。

台灣無論科班選手或市民跑者，很容易在訓練時因彼此過度競爭，而造成受傷或過度疲勞，甚至教練會認為如此才是展現拼勁與突破成績的最佳途徑。其實我個人在這方面也常常犯錯或受不了刺激，這部分我應該跟 Ruth 學習，她在訓練中表現得非常理性，甚至異常冷靜，團練中常出現台灣團員與外籍團員互尬飆速的情況，我從來沒有在 Ruth 身上看過，她從不為了跑贏某人而破壞原本設定的課表強度。

與 Ruth 一起跑步的過程中，我發現她的加速不是以肌肉力量去完成，而是以節奏性逐步提升速度，此跑法的缺點是爆發力較弱，提升速度所花費的時間距離較長，但優點是非常省力，距離越長或趟數越多，就可省下更多體力，也不會破壞原本的跑步節奏，更可避免受傷情況發生。

近幾年來，在田徑隊學生或社會隊長跑訓練中，為了達到此跑法技術目標，我會選擇讓選手退至起跑線後方五公尺，以慢跑方式起跑，通過起跑線時再開始加速計時，以跑步節奏啟動、以跑步節奏加速，大部分案例都收到不錯的效果。

魏振展教練就讀於台北市立大學博士班，同時擔任學校講師兼任校隊教練，卸下選手身份後，每年也固定參加幾場超級鐵人賽，堪稱為運動員與學生選手最佳表率。

一次輪到振展教練開立課表，那天訓練地點在三重體育場，振展教練開立六百公尺跑八趟，但是每趟跑到五百公尺時，先停下短休息十秒，再全力衝刺最後一百公尺。課表模式非常特別，讓選手的最後一段短休，在還未完全休息足夠甚至仍非常喘的情況下，馬上出發衝刺最後一百公尺。

此課表模式，我猜想應該是經由運動生理實驗所設計出的無氧與有氧比例區間訓練，透過短休息切換選手的有氧／無氧比重。六百公尺持續跑完的有氧比重，肯定比最後一百公尺短休後再加速的有氧比重大許多；反之，後者的訓練模式也大幅提升選手的無氧衝刺能力。而單趟六百公尺距離，是一般跑者較少訓練的項目，對於擁有較佳四百公尺速度的跑者而言，六百公尺可作為最佳速度耐力延續性訓練。

魏振展教練長期與世界運科團隊、國際教練團隊保持學術交流與探討，更長期不斷充實自我，也將最新的運動員訓練觀念與資訊，傳回台灣競技運動界，堪成為台灣競技運動教練最佳典範之一。

張哲豪教練出自國家級中長跑教練潘瑞根老師的門下，畢業於北市大陸上運動學系，可說是台灣田徑中長跑正統訓練系統。哲豪所開立的課表內容，跟我在楊梅高中田徑隊訓練模式很接近，最大的特色是不侷限於課表內容，而是對長跑競技運動的熱愛與精神，每場訓練皆全神貫注、每趟訓練皆全力以赴，很像是日本長跑選手精神。另外，哲豪也相當重視團隊訓練，尤其是長距離節奏跑時，他希望大家能輪流出來領跑，我想這跟潘老師的指導教育與影響有很大的關係。

相較於其他教練，我的訓練系統則雜亂許多。初期跟隨市民長跑俱樂部練跑；國中時期同時跟學校田徑隊訓練；高中進入長跑名校楊梅高中，高中後期跟隨馬拉松名將郭宗智老師訓練；畢業後有段時間前往光榮國中，接受田徑名教練劉富福老師指導；之後短暫跟隨中長跑名教練張淑惠老師訓練；而大學期間主要是在中國文化大學訓練。

在馬拉松的訓練課表上，我是以郭宗智老師系統為主。郭老師曾於一九八三年波士頓馬拉松賽中，以2小時31分06秒成績名列總排名一百一十名佳績，當時田徑名將紀政老師，引薦一位中國文化大學客座美國籍教練為郭老師開立課表，我在馬拉松課表安排方面，都是依循此模式進行訓練。而在長跑訓練觀念上，則以吸收台灣與大陸的長跑名將和資深教練，以及團內各教練，再加以整合與融會貫通，最後再從社會人士多年指導中不斷累積經驗。

從國中到大學十年期間，我常到北部各地尋找各路長跑好手、名將一起訓練。其中印象最深刻的兩場，是與中長跑名將官原順，在台北田徑場跑三百公尺十趟，以及到台北師範大學公館校區，與長跑好手張嘉勳，在午後磅礴大雨中完成二千公尺、一千公尺各一趟訓練，記得分別跑出6分01秒、2分46秒成績，這兩趟我們兩人也同時抵達終點。

畢業後，曾在路跑賽遇見台灣馬拉松全國紀錄保持人許績勝老師、前五千公尺全國紀錄保持人張金全老師，在桃園縣田徑場遇見王珍輝名將，板橋田徑場遇見周茂松前輩，三重體育場遇見何信言名將。縱使沒有一起跑步訓練，只要有機會聽到名將談論長跑訓練，對我而言都是非常珍貴的學習與收穫。

除了國內長跑界外，我也在大陸地區活動中吸取內蒙古教練、山東省教練，或在台灣聽取大陸女子長跑名將，一萬公尺跑進三十分大關的馬家軍王軍霞、雲南省鍾煥悌、內蒙古胡剛軍等人的分享會，為自己在長跑訓練的知識與觀念上，注入不同元素與思維。

遲來的獎盃—Bas Brüll VS. Rocketman

逼出極限的 Rocketman：永遠值得尊敬的對手 Bas Brüll。

大學畢業後服兵役入伍開始，算是我長跑生涯的一大轉捩點，正式中斷了連續十二年，每週訓練超過五天，每週訓練超過八次的選手生活。退伍後進入社會工作，仍非常熱愛長跑運動，幾乎每天下班都去跑步，每年也會選擇跑三場馬拉松，以及幾場最熱愛的越野賽。

相較於路跑賽，台灣一年的越野跑場次可說是相當稀少。二〇一二年三月，我參加一場舉辦於台北市信義區四獸山的越野賽，鳴槍出發後，有三位選手位居第一集團，除了我以外，還有一位三重箭歐團好友 Bas Brüll，換句話說，當時我們正處於相互競技的態勢。

比賽開跑約二十分鐘左右，我們攻過一座山頭，在下坡段我稍不留神，竟然跑錯了路線。獨自繞過山腰小徑，赫見前面登山口，有一大群選手正在排隊上山，當我往前靠近，才發現此登山口是稍早已經跑過的路線。

當下，我知道這場比賽已經毀了，但從這邊回去會場距離又太短，根本沒有運動到，於是我選擇原路折返，在山徑中獨自亂繞，很不幸地，竟然又繞回賽道中段路線。跑一段賽道後，我不斷詢問工作人員回會場最快的路徑，再快速切回會場的方向。

這場賽事的起終點位置不同，當我依照指標跑回時，剛好從一座廟旁切下來，此時前方就是終點拱門，旁邊沒有任何可以閃避的路徑，於是我很尷尬低頭通過終點處。通過時，我趕緊告訴工作人員跑錯路線沒有完賽，也快速領回包包打道回府。以選手個人的角度來看，未完成賽事時通常不會留在會場太久，寧可回家獨自療傷。

三小時後，我接到捷兔好友許欽松的通知：「Rocketman（作者的英文名字），稍早大會頒獎時公佈你是第一名，Bas Brüll 是第二名，因為你不在，所以我們幫你領獎了！」聽到我瞬間傻住，也才意會到我通過終點拱門前，應該先將腳踝晶片取下，避免造成大會混淆。我原以為大會賽道與終點兩處會有信物或晶片審核機制，將未完成全程路線的選手剔除在完賽與錄取頒獎名單之中，沒想到發生這種情況，於是我趕緊請欽松將第一名獎座與獎品交還給 Bas，並轉達我沒有完賽他才是真正的第一名。

事情暫時告一段落，我也忘記再去向 Bas 解釋當天實際狀況，其實正常流程不應該選手私下互換獎座，應請大會先剔除我的資格，再重新遞補頒獎。主要因為我不在會場無機會向大會說明，頒獎後也沒選手向大會提出更正。多年後回想起來，Bas 可能誤以為他明明跑在我前面，也是第一位進終點的選手，而我可能偷跑小路回終點，不敢上台正大光明接受頒獎，才請別人代領。雖我第一時間已請欽松更正，但我猜誤會應該從此引起，也種下日後難以掌控的引爆點。

⊕

兩個月後，我們又參加由同一個主辦單位辦在內湖西湖國小會場的越野賽。這場賽事總共有三種距離，我與 Bas 不約而同參加勇士挑戰組十四公里組別，身為同一個跑團隊員，雖不至於廝殺激烈，但是互別苗頭肯定是有的。

「Bas Brüll 很想贏我，Rocketman 也更想贏他！」當天我騎機車抵達西湖國小，學校周遭都被選手的車輛停滿，好不容易找到一個機車位，為了快速找到我的機車，我以倒車入庫方式將機車停好。在機車位擁擠時我常常這麼做，因此當下我記得非常清楚。

比賽起跑點位於西湖國小數百公尺遠的內湖路九十一巷三十九弄巷內，大會工作人員將選手帶至此處後，首先由最長距離悍將挑戰組十九公里出發，大約過了十五分鐘，才由勇士挑戰組十四公里出發。因為所有組別前段路線重疊，所以大會分批讓選手出發。

勇士挑戰組鳴槍出發後，我與 Bas 同處於主集團內，兩人實力相當接近，也彼此互不相讓，前段很難分出軒輊。

比賽來到劍南路一〇一巷，也就是燕溪古道登山口時，同時出現兩條叉路，我稍微頓一下確認是哪一條路線，因為眼前並沒有明顯指標。在越野賽中，除非是大會指引出錯，否則路線跑對跑錯都算進比賽時間，這部分我非常小心翼翼。

所有選手都跑左邊路線，我也不假思索跟著往上，此段上坡非常陡峭，我們不斷超越悍將挑戰組較慢的選手群，跑起來相當艱辛。大約爬升至中段高度，突然有不少選手停頓或折返慢慢往下，大家都說前面都沒指標。正當我猶豫到底要繼續往上爬，還是折返往下時，突然看見捷兔好友林培初大哥，他匆匆忙忙從上面衝下來，看見我時馬上說：「Rocketman，應該不是這一條路線，前面都沒有指標，所以我們都下來了！」

我馬上從林大哥號碼布發現他是悍將挑戰組，已提前我們出發知道前面路況，加上他是認識且值得信賴的人，不是一般路人或陌生人。有時在賽道上隨意相信一位陌生人，可能因此讓你毀掉一場比賽，這部分我很小心，甚至有經驗。

同時，我也瞬間想到可能是登山口叉路的右邊路線，於是我趕緊帶頭衝下山，現場幾乎所有選手都跟著衝下來，包含我的主要對手 Bas 在內。當我衝下山時，有偷瞄一下他的抉擇與動態，對手的一舉一動，都可能透露出不同訊息，必須隨時掌握行蹤。

我第一個衝回到登山口，也馬上衝往右邊那條路線，此時 Bas 尾隨在我的後方。在眾人混亂之際，我還是有注意到小細節。站在 Bas 的角度，我是他主要目標敵人，敵人往哪邊跑，目標往哪邊移動，千萬不能錯過，不然可能因此痛失一座冠軍，悔恨自己錯失擊敗敵人贏得勝利的機會。

很不幸的，我跑進右邊路線後，沒有發現大會任何指標，瞬間心頭涼了一大半。不過，主要敵人還在我附近，這次不再孤苦伶仃一人，但我必須坦白講，如果冠軍與贏 Bas 兩者只能選其一，當年我會選擇後者，甚至我只要能贏他就好，其餘我完全不在乎。

論實力、鬥志，Bas 是一位非常值得尊敬的對手，這才是真正關鍵之處。Bas 看見我沒有找到指標後，反應非常機警立即掉頭，在雙方處於競技狀態之下，他當然沒有打招呼就快速離開。因現場沒有其它條路徑，於是一群人又再度回到左邊那條上坡路線，也因為我是最後一個掉頭，爬坡段又處於落後狀態，爬了很久之後，已超過我們原先掉頭的位置很久，才發現大會的指引布條，我也終於在爬坡段結束時，從 Bas 身邊超越並小小聲說：「加油！」

我從他右邊超越，這片刻畫面讓我記憶非常清楚，甚至永生難忘。

不久後，我繼續再攻過一座山頭，接著下坡路段時我還處於領先位置，因此下坡不斷加速，絲毫不敢鬆懈怠慢。我只知道 Bas 還在後頭，至於前面是否有其他選手，我就不那麼在乎了。

下坡段經過很長的時間，眼看即將來到喧囂市區，手錶顯示當下競賽總時間已八十分鐘左右，我內心不斷盤算，是不是出山徑進入市區後，也即將抵達終點？若依組別距離、競賽總時間、總爬升高度、賽道路況、越野道路比例等，不是沒有這種可能性，至少我確定終點一定會在市區，所以當我看到市區就會立即聯想判斷。

我不會完全相信大會公告的距離，越野賽公告距離有些許誤差是很正常的狀況，誤差值不要太大就好，身為競技選手還是以實際賽道狀況為主。

此時，我剛好經過一位大會的工作人員，一看就知道是工讀的大學生，我的直覺與經驗告訴我，工讀生對大會賽道資訊掌握度，肯定沒有大會幹部或組長清楚，但我還是忍不住問了他。沒問沒事，一問他給的答案竟然是：「後面還有大約十公里！」我聽到瞬間差點抓狂，心想「我已經跑了八十分鐘，最好我只完成四公里而已，要不是我正在比賽，真想衝上去跟他好好理論一番！」

人長時間處於高壓、緊張、急迫與高強度心跳之下，似乎會出現極端化思考，以及不理智之動作行為。所幸，胸前那塊號碼布沒有讓我忘記選手的角色，以及眼前最重要的任務。

相隔不到五分鐘，我在一個T形叉路口再度遇到負責指揮的工作人員，再度開口詢問還有多遠？工作人員一臉疑惑，在我已經通過他後才開口回答：「不知道耶！」

當我來到內湖路三段街道，此時體力正快速下滑，五月份上午九點過後，市區非常炎熱，身邊更不斷穿梭著汽車、公車、機車、橫向行人等等。我不斷告訴自己這是一場路跑賽，並試著不斷拉高重心，以路跑賽該有的速度奔馳，雖然我不知道終點還有多遠。

跑了數公里後，我發現指標往左邊道路的上坡方向指引，以眼前的地形地貌來看，似乎要再度進入山徑，看到瞬間我差點暈倒，確認指標無誤後，馬上回頭看 Bas 是否有追上來。雖然沒看到人，但心情一直處於忐忑不安，甚至焦慮的狀態之中。

左轉進入道路上坡時，我先告訴自己，這應該只是一座小山頭，也許轉個彎就是下坡，可能馬上就可以看到終點。不久後，指標指引右轉進入山徑，回頭的動作對我來說，已經是一種神經反射，此時我已相當筋疲力盡，眼前永無止的山徑上坡，不斷層層切削我的鬥志與意志力。

當我感到非常虛脫時，我告訴自己：「再五分鐘就好，再撐五分鐘就會下坡，五分鐘用來看一場電影、一場球賽甚至約會，一下子就過去了！」我不斷以此安慰和鼓勵自己。

第一個五分鐘很漫長地過去，我再告訴自己再五分鐘就好，第三次我告訴自己再四分鐘就好、再三分鐘就好、再一分鐘就好、只要短短一分鐘！五次過去了，我依然還處於爬升路段，我已累到想趴在身邊石頭上，眼看 Bas 還沒追上來，我也達到極限境界，我突然像發瘋似地對自己說：「有種你就追上來，只要你敢追上來，我就死給你看！」這段內心對話的「你」當然指的是Bas，「死給你看」代表棄賽，意寓是我逼迫自己身體一定要撐到Bas追到我，唯有Bas追到我，我才能有放棄的機會與權力。

同時我也想好我的後路，如果Bas真的追到我，我會馬上趴在地上，可能一趴就是二十分鐘甚至更長，可能連下山都有困難，我甚至連跑到草叢中躲起來的念頭都出現了。但我還是不斷繼續撐下去！

終於攻完這座山頭，Bas仍然沒有追上來，某種程度來說，我還真希望他能放過我，只要他能追到我，對我就是一種解脫、一種救贖。「生不如死」這四個字猶如刺青在我的背上，等待他來為我抹滅消除。

原以為下坡段會輕鬆許多，事實不然，一腳踩下去我就摔倒。不是因為路況滑，也不是踩點的問題，而是體力、肌力早已消耗殆盡，我的大腿股四頭肌已經崩解，無法支撐每一步身體的重量，右腳摔、左腳摔如此不斷移動下降，不少登山民眾抱以異樣的眼光看我，但我已完全不在乎，因為胸前那塊號碼布還沒卸下。

一路跌跌撞撞來到下方，眼前已是市區民宅大樓，我位於約二十樓的高度，心想這次應該真的快到了！但仍只能以摔倒方式持續下降。此時，不斷回頭的我終於看見Bas出現了，我馬上告訴自己，下坡是我的專項，我必須保持優勢，不能輕易被他追上。

數秒後，我二度回頭卻看不到他，我心想「難道數秒之間他又被我甩開了嗎？」又覺得應該不太可能，我唯一可以確定的是他一定也很疲憊，只是不知道疲憊到何種程度而已。

終於，我跌出山徑後，布條指引繼續右轉，跑在一條非常狹小的水泥路，這是我最後有印象的畫面，也是最後一次回頭的片刻。

我順利通過終點拱門，通過時臉上沒有任何喜悅，沒有振臂高呼勝利，更沒有任何笑容。

⊕

完賽後，我只記得非常非常疲累，以緩慢的速度往前走一小段，再左轉躲在一處民宅陰暗角落休息。我不想讓任何人看見此時我狼狽不堪的模樣，獨自坐了約三十分鐘後，才緩慢起身往會場走去。

當我走到距離西湖國小大門約一百公尺外的大馬路時，突然感到一陣寒冷，此時是上午十點四十分左右，天氣非常晴朗甚至炎熱，我應該是體力透支，導致出現輕度失溫的症狀。

等待路口紅綠燈時，我心想可能無法趕過這次綠燈，又恰巧遇見一位朋友的國中兒子準備過馬路，他參加同場的最短距離組別，我詢問他能讓我扶著他一起過馬路嗎？他欣然答應，於是我像老人家一樣，勉強趕在紅燈前，通過這人生中最漫長的斑馬線，也終於鬆了一口氣。

過馬路後再走約十公尺，我覺得需要再休息一下，就隨便找個理由讓他先走。我停在學校圍牆邊繼續休息約十五分鐘才再緩慢移動，腦中想著「我一直停著不是辦法，我必須想辦法回到會場！因為包包都還在會場。」此時就像是攀登高山登頂之後，還必須想辦法下山一樣。

起身走了幾步，身後突然出現一位大哥，也是這場賽事的參賽選手，他看我蹣跚步履的模樣，趕過來關心我的狀況，也問我到底發生什麼事，我只能苦笑無言以對。此時他大聲驚呼：「你的號碼布呢？」我也才驚訝發現，我胸前的號碼布竟然不見了！他請我好好回想放在哪邊或掉在何處，但我真的想不起來。當時以為有號碼布才能計算成績，以及領回寄物包包。

這位大哥相當善心，他知道我已無法走動，主動說要幫我回去找，於是我又在原地繼續休息。幾分鐘後他回來表示沒有找到，我們也僅能選擇放棄，而我只想回到會場就好，於是他攙扶我再度緩慢移動。

費盡千辛萬苦，終於走到學校大門，我擔心他扶我進去畫面不太好看，我先感謝他的協助後，請他先進去，我慢慢走就可以了。一進學校迴廊，看見一名選手大力拍打桌面，並不斷對工作人員咆哮飆罵：「你們的路標指引太不清楚了！到底是怎麼弄的？害我不斷跑錯！」

此時我已自顧不暇，根本沒心情看熱鬧，繼續走回會場中，才想到我因為懶得排隊寄物，把包包寄放在學校操場中央郭宗智老師的運動用品攤位。我抵達時郭老師剛好不在，他的兒子看到我的模樣，馬上問我需不需要幫忙，我以為自己還可以處理，因此客氣婉謝。取回包包後，只想找件衣服更換，但當下我已無心力慢慢找尋，直覺動作將包包全部倒出來，如此才能快速找到。

套上一件薄外套，收拾好包包準備起身離開時，我一個重心不穩，將身旁一整排掛衣服的吊衣架，人仰馬翻整個弄倒，此舉再度驚動郭老師的兒子，我仍婉謝幫忙，趕緊落荒而逃。

此時此刻，我內心不斷天人交戰，我必須留在會場上台接受頒獎，才能證明我的光明磊落與清白，但是我更清楚的是，以我目前的身體狀況，根本不能留在此處。於是我選擇先行離開，以策安全。

當我步出大門來到停車區，竟然找不到我的機車！拖著瀕臨崩潰的身體不斷來回找尋、四處觀望，我甚至丟下包包到處尋找。當下我很冷靜思考，以內湖的治安而言，我相信機車應該不至於被偷走，我甚至忍不住問了一位路邊阿姨，說我找不到機車，應該不會被偷才對？阿姨也回：「對啊！這邊治安應該沒那麼差。」當下我很清楚機車就是停在這個區域，一個範圍不大的區域，而且還反向停放。

花了快二十分鐘時間，我才看見身邊有一台反向停放的機車，走近看了幾分鐘之久，總覺得這不像我的機車。最後發現機車手把上掛的蘆洲湧蓮寺平安符，才驚覺疑似是這一台。我嘗試以手上的鑰匙開鎖，機車竟然發動了，當場我感到相當不可思議。

然而，我不斷考慮著當下的身體狀況到底能不能騎車？也曾想過坐計程車回家，但一想到我上車後必定一秒昏睡。還是選擇騎車吹風才能保持清醒。當我騎一百公尺後，還因為擔心誤騎到別人機車，又停下來打開置物箱確認，雖然仍沒有看到我熟悉的物品，但我實在沒有其它辦法了。

騎車途中，我再度面臨天人交戰，不斷猶豫要去醫院或是直接回家？當下我無法決定，但有想到透過按壓手掌合谷穴方式，保持清醒也刺激精神。因為很怕自己停紅綠燈時不小心睡著，或是騎乘途中暈倒，於是我拼命按、用力搓，縱使已清晰可見指甲痕，還是不肯放過。

騎了十多分鐘後，我決定直接回家，擔心去醫院太麻煩，甚至被要求住院檢查。然而我已無法想清楚回家的路線，只能有路就騎，只求大方向不要錯誤，這時大約中午十二點多。我在市區到處亂竄亂騎，直到下午一點多才回到三重住處。

進家門時，老婆小孩各自在忙，沒人出來應門，我趕緊叫老婆出來一下，老婆一面回「我在忙，倒底什麼事！」一面走出來，看到我狼狽悽慘的模樣，馬上說：「發生什麼事，你怎麼變成這樣！」此時，我才真正發現，我的手腳傷痕累累，雙手也不斷顫抖。

過了幾天，我才查到大會公佈的勇士挑戰組十四公里總成績排名，男子組總排第一名1小時56分26秒，是來自樹林市民長跑名將陳福財。專項是登高賽與馬拉松的陳福財，曾以5分36秒創下台北新光摩天大樓登高大賽紀錄，並以11分56秒登上台北101大樓國際登高賽，奪下台灣選手最佳成績榮耀，可說是台灣登高賽最具傳奇的名將。

我是總排第二名，同時也是三十歲分齡組冠軍，時間2小時06分02秒，看到成績時，我很驚訝怎麼會輸陳福財這麼多？後來立即聯想到應該是燕溪古道登山口那段，跟著大家沒看到指標，進而下上反覆多跑，浪費了不少時間與體力。但無論如何，以陳福財與我當時的馬拉松水準，加上我們的爬坡能力與越野技術，花費近兩小時跑完的賽道，絕對不只大會公告的十四公里。

總排第三名是Bas Brüll，同時是三十歲分齡組亞軍，時間2小時13分05秒。Bas和我時間差距七分零三秒，換言之，我在進終點前最後約四分鐘的下坡段回頭看見的Bas，應該是當下產生的幻覺。

賽後幾週，我拼命回想號碼布到底遺漏在何方？但怎麼也想不起來，直到半年後的某一天，在我沒有刻意去回憶的情況下，突然想到號碼布在我進終點後蹲坐角落休息時已親自卸下。

當天頒獎時刻，我聽說Bas仍質疑我的完賽資格，甚至情緒有點暴怒，頒獎現場也搶走我的冠軍獎盃。但我始終相信，這只是一種求勝慾望的展現。

賽後幾天，Bas客氣私訊問我是否真的有跑完全程？如果我真的認為我是冠軍，他願意將獎盃歸還給我。當時我只回答：「我參加路跑比賽已經二十三年，如果這場比賽我有任何違反大會規定或舞弊行為，我願意終生退出賽場。」數週後，Bas在三重體育場團練中，雙手歸還這座遲來的獎盃。

在我當時的三重住所，早已沒有留存二十三年來所有大小的獎盃，這場賽事也沒有任何獎金，我只希望對我的競技表現、抵死不從的求勝欲望，以及摧殘損傷的身體，能有一個合理交代與些微補償。

馬拉松接力賽王者對戰——大腳丫龍隊VS.三重箭歇團A隊

善待你的敵人，是他讓你變得更強！

MIZUNO馬拉松接力賽社會隊冠軍獎金為新台幣三萬元整，每隊共有六男二女出賽，每人分得不到四千元獎金，如果扣掉報名費、住宿、交通等支出，每人僅剩兩千多元獎金。不過，勝者價值不一定是金錢能衡量，更不是金錢能換得。我們參賽是追求一份團隊榮耀，為團隊共同的信念與目標奮鬥，我們的動能來自於對長跑的熱情，我們的實力取決於每週紮實的訓練！

獲得二〇一四MIZUNO馬拉松接力賽社會隊冠軍後三天，我們一如往常訓練不斷，不僅是傳統，也是使命。這就是三重箭歇團。

二〇一三年，三重箭歇團成立後不久，某天我與團員黃文華晨跑時，文華說年底即將當爸爸了，希望在擔任父職之前，能有別於個人路跑與越野賽，一起組隊參加團體接力賽，團隊一起奮鬥，為將來留下美好回憶。

於是，我選擇兩個多月後在台中舉辦的傑人盃馬拉松接力賽，由黃文華、Ruth Croft、Bas Brüll、魏振展以及我等幾位組隊參賽。賽事中，原本我們居於第三名，最後一刻被國立林口體育學院中長跑為班底的愛迪達隊超越，以第四名成績做結。

傑人盃馬拉松接力賽之後，點燃我們對馬拉松接力賽的熱情與企圖心，於是我馬上選定當年最受矚目、也是最火紅的「MIZUNO馬拉松接力賽」。

為了準備在四個月後舉行的MIZUNO接力賽，三重箭歇團在為期十六週的團練中，不斷提升訓練強度與對抗性。有更明確的賽事目標，也是大家團結一致積極投入訓練的動力，可說是全力以赴。而報名當下我也意識到，我個人必須讓出A隊陣容，讓團內得以最佳陣容出賽挑戰。

在棒次安排上，為了提升競爭力與團員專注度，我將實力狀況最佳的Ruth提前安排在大會規定的女子第三棒。賽中我們也確實在前四棒得到相當不錯的競爭力與潛力激發，前四棒跑完，我們僅落後來自台中、台灣最大的長跑軍團「台灣大腳丫長跑協會」約一百公尺。然而，大腳丫龍隊在第五棒馬拉松名將蔣介文出發後，立即甩開我們的糾纏，最終三重箭歇團A隊以第二名作收。

社會組頒獎台上，司儀脫口而出：「第二名是三重箭歇團A隊，這次三重箭歇團來勢洶洶，是大黑馬，大腳丫面臨威脅了！」這一年大腳丫長跑協會不僅完成社會組連霸的豐功偉業，更豪取社會組冠軍、季軍、第四、六、七名，在前十名中攬獲五個席次，絕對是賽會的最大贏家。

「三重箭歇團不是三重唯一的代表，三重箭歇團也不會以全國第二名而自滿。」這是賽後分享文中，我對大家說的最後一句話。

⊕

三重箭歇團經過一整年每週不間斷的磨練後，團練的人數、規模、強度、陣容也更上一層樓。在這一年之中，不僅添增張哲豪、傅淑萍兩名大將，在團練時，台灣團員以哲豪、振展、晏慶為主體，強力對抗 Bas Brüll、Petr Novotny、Sasha Tarasov 國際軍團。在主課表速度訓練前的四十分鐘節奏跑，四百公尺操場已飆速到每圈八十二至八十六秒區間，讓團練嚴然形成一場小型競賽。

於是，我們把二〇一四年 MIZUNO 馬拉松接力賽視為年度最重要的目標賽事，提前調整訓練強度、課表內容，完全針對接力賽擬定訓練方針。這一年，可說是三重箭歇團陣容最完整的一年，關乎成敗的女子棒次有 Ruth Croft、傅淑萍兩名大將。雖然主要對手大腳丫的整體陣容更加整齊，但我們對比賽仍充滿期待，每位團員都抱著三重箭歇戰鬥魂！

看似一切做好萬全準備的奪冠之路，卻處處充滿著挑戰與阻礙。賽前兩個多月，Ruth 跟我說接力賽前一天剛好強碰她在馬來西亞京那魯巴聖山攀登馬拉松賽，聽到瞬間我感到相當心灰意冷，但我也知道 Ruth 的潛力具有國際等級身手，我絕不可能讓她冒著受傷風險，甚至放棄這場名列亞洲指標性國際越野賽事。

正當我在懊惱之際，Ruth 主動請我等她一下。大約過了一個多小時後，她說：「我可以當天趕回來台灣！」這段時間她應該去查了車程與班機時間，其實不用我多說，她了解這場接力賽對三重箭歇團的重要性。

賽前一個月，傅淑萍老師在一場公開的五千公尺測驗賽中，跑出 17 分 31 秒佳績，此成績可名列台灣歷年女子五千公尺前二十傑，讓我們對奪冠企圖心更加強烈。不料一週後，傅老師在一場訓練中不慎拉傷股二頭肌，不得不中斷訓練數週，直到賽前十天仍無法確定可正常出賽。雖然她公開留言「有著與團長共同的理想與目標，堅持用一生懸命的精神，一起加油！」但是在出賽與否之間，仍不斷猶豫難以抉擇。

傅老師曾私下跟我說：「心繫三重箭歇團成績，才是遲遲無法決定的原因，更擔心下場無法幫忙，甚至無法完成交棒任務，才是她選擇棄賽的主因。」這段話是我們約定在賽前五天晨跑，她作出最後決定的時刻。

雖然我們團陣中還擁有雷理莎等女子好手，但是在當初報名分隊時，我沒有料到此情況發生，也為了顧及B隊戰力需求，並沒有將A隊備取女子選手排入極具競爭力團員。以當時報名的名單而言，A隊備取女子選手的實力，五千公尺至少差傅老師七分鐘以上，這將直接宣告三重箭歐團A隊至少掉出社會組三名以外。

賽前十六小時，我遲遲仍未等到傅老師通知可出賽的好消息，於是我靈機一動，獨自進入房間打字，並要求家人、小孩在這段時間不要吵我，讓我專心。我以一張拳擊賽照片為主題，述說著三重箭歐團成立以來，所有遭遇與面臨各種挑戰的心路歷程。

我以「此時此刻，Ruth Croft 正在馬來西亞神山奮戰」為開頭，述說這場比賽她必須花費五小時多，比她在台北馬拉松所創下的2小時46分成績足足多了一倍以上時間，而今晚她將搭乘晚上十點四十分班機趕回台灣繼續再戰。文中也提到，傅淑萍老師因受傷已確定無法出賽，身為團長的我，實不忍心團員在社會組遭遇多位現役長跑國手與市民菁英跑者所組成的社會隊。而文中最後一段話：

「跑者，投入數百小時只為追求進步二十秒、十秒、一秒
權者，花了數倍精力只為達到最終甜美果實
這像一場經典拳擊擂臺賽，我們無法選擇對手量級
我們無法載好護具就在場上⋯⋯」

這段話後，我也公佈三重箭歐團今年四隊所有名單與棒次，唯獨A隊仍不見傅淑萍三個字。

本文在二〇一四年十月十八日下午，於三重箭歐團臉書粉絲頁發佈。發佈後約一小時，我收到傅老師通知，她說看到文章後很感動，請我安排她一個棒次吧！她現在要趕出門做賽前最後治療與準備，還問我有無綁帶可借她，她必須綁著下場比賽。此時對我而言，不僅只是個好消息，對全團而言更是振奮人心的激勵，這也是我這輩子第一次感受到「文字的力量」。

我將傅淑萍排在極為關鍵的第六棒，因為 Ruth 無論如何，身體肯定處於極度疲勞狀況，我將她排在第三棒，也讓她得以早點休息。

其他男子隊員依實力、狀況、特性，以及大會各組距離重要性安排。最後一棒也是最難抉擇的棒次人選，此棒代表著全隊使命，也是最受到矚目與目光焦點的棒次，我私心的想以台灣三重在地團員為優先人選，腦海中第一時間浮現的人選是魏振展。但是後來想想，振展在學校體制服務，或許不需如此高曝光率，於是我最後選擇未來可能在運動界發展的江晏慶，扛起決定最終名次重責大任的第八棒。

第七棒我選擇鬥志高昂的 Bas Brüll 擔任；在距離坡幅難度較高的第四棒，我安排全隊實力狀況最佳的張哲豪；距離最長的第五棒，則由老將鄭子健擔綱；在距離不算最長但代表全隊氣勢的第一棒，由實力與經驗兼具的魏振展擔任開路先鋒角色。雖然 Ruth 可能無法發揮超水準表現，但是有她的壓陣之下，我得以將李鴻銓放入第二棒位置，讓前三棒成為一個戰力小組，第四至六棒成為另一個戰力小組。我評估在前六棒結束後，名次應該已大致底定，最後兩棒依戰況而臨場發揮。全隊八棒次形成，擔任起社會組挑戰者角色。

另外，我也將自己排到C隊，並安置在第一棒位置，為的只是儘早跑完才得以全程觀戰，並最後耳提面命。

賽前最後六小時，也是凌晨十二點十分，Ruth微笑步出機場大門，臉上完全沒有露出疲憊的表情，但是我們都知道此時她肯定身心俱疲，只是刻意掩藏，不願表現出來而已。

我們約深夜一點才抵達金山附近旅館，三小時後就必須起床集合備戰。歷經各種風波後，所幸所有戰將終於集結到位，準備力拼放手一搏。

賽前最後半小時，我向一位友人透露，我預估我們可能以十秒之差險勝，但是我相信，當時如果公開向任何人說出，肯定會癡人說夢。

⊕

社會組鳴槍出發，賽前，眾家媒體對於衛冕軍團大腳丫龍隊與挑戰者三重箭歐團之戰，給予相當深入的報導與討論度，也為這場社會組王者之爭，添增不少煙硝味與戰火。

第一棒魏振展出發後，於下坡段不疾不徐居於第十二名左右位置，最終奇蹟似逆轉，以第一名之姿交棒，這成績確實超乎我的預期！原以為能以前三名交棒，就算是達成提升全隊競爭力機會，振展突破重圍殺出一條血路，不僅為全隊奪冠之路注入一股強心之針，更為後面棒次設下更高的標準與壓力。

率先取得接力帶的李鴻銓，遭遇曾跑出29分29秒、高居台灣男子一萬公尺歷代第二傑的何盡平。何盡平展現路跑雄厚實力，在交棒前最後一刻，為大腳丫龍隊首度搶回領先位置。

李鴻銓緊接著交給第三棒 Ruth Croft，在起跑前，Ruth 被媒體捕捉到可說是她在台灣多年來眼神最兇悍的一張照片（見照片集 P.16）。不過從賽後影片中可發現，Ruth 起跑後不僅沒有立即追上大腳丫龍隊第三棒簡培宇，甚至還有被拉開的跡象，而我們都知道她的狀況，她願意在國際賽後立即返台效力，我們已充滿無限感激。

當第三棒剩最後不到兩公里距離，Ruth 展現實力激發潛力，不僅追上並成功超越，且不斷拉開雙方差距，最終以四十秒差距成功交棒給第四棒張哲豪，為箭歇團再度奪回領先的位置。

賽後哲豪跟我說：「第一次看到 Ruth 跑到變臉，她真的很拼！」然而 Ruth

交棒後表情卻相當沮喪，眼神略顯呆滯，對我說的第一句卻是：「對不起，我跑不夠快。」一聽到瞬間我差點眼淚掉下來，她知道，她不僅要扛起奪回領先的期待，更對自己要求負起拉開雙方差距的責任，因為後面隊友面臨的對手，不僅更為強大，情勢也更為險峻。

充滿鬥志的第四棒張哲豪，從 Ruth 手中握住接力帶後，被她的拼勁感動也激發潛力，把四十秒領先差距提高至五十二秒的優勢籌碼。

第五棒鄭子健挾帶著領先優勢，出發後不斷拔腿狂奔，無奈再度遭遇大腳丫龍隊另一張陣中王牌名將，以1小時03分46秒成績高居台灣男子半程馬拉松首傑的蔣介文。來自台中梨山地區的蔣介文，可說是台中屬地大腳丫長跑協會長期贊助培訓的頂尖選手，他也不負眾望，雖未能一舉超越，但也將雙方差距一口氣拉近至二十五秒的可視範圍，一夫當關霸氣頂下前兩棒被拉開的差距。

兩隊戰火來到即將進入決勝期的女子第六棒，大腳丫龍隊派出馬拉松曾跑出2小時44分27秒，高居台灣女子歷年第五傑的陳淑華；三重箭歇團推出重回跑道，也是最凶悍的另一張王牌傅淑萍。

傅淑萍與陳淑華兩人同為三重商工女子田徑隊學姊學妹關係，在戰況激烈又緊繃的時刻，卻不見兩人交談寒暄，但彼此也站在相距不遠的位置。

在等待隊友交棒的時刻，我忍不住問淑萍一句話：「大腳ㄚ這棒派陳淑華出來，目前只領先二十秒左右，妳有把握嗎？」沒想到傅淑萍先低頭吐了一口氣，再抬頭用凶狠的眼神注視著陳淑華說：「從來沒有輸過她啦！」面對大腳ㄚ龍隊步步進逼，面臨勝敗存亡關鍵之際，我想傅淑萍絕對是三重箭歇團最具攻擊性的一張王牌。

傅淑萍接棒出發後，陳淑華也以二十五秒差距緊接著出發，我立即驅車前往約二公里處，也是回程將遇到強勁逆風與上坡的十八王公橋上，觀看兩位頂尖選手的對決。

不久，我被突如其來的聲音所震嚇，眼前這幕實在令我毛骨悚然，不敢置信。我看見淑萍以每一百公尺吶喊方式，激勵自己也逼出最大潛能。我相信只要在場親眼目睹此幕的所有人，肯定由衷欽佩傅老師的高昂鬥志，也被傅老師的拼勁所深深感動。而此時雙方差距仍維持不變，傅老師無法拉開差距，而陳老師也暫時無法追近，兩隊戰況陷入膠著，成為不分軒輊的一場冠軍之爭。

當下其實我很擔心傅老師因傷必須停下來，甚至無法交出接力帶的絕境。扣人心弦卻無能為力的心境頗為難受，但是我終究必須前往下一棒接力區，通知第七棒 Bas Brüll 最新戰況，請他做好迎擊的最後心理準備。

在倒數第二棒的接力區，我看見 Bas Brüll 漫無目的不斷來回走動，可以感受他焦慮不安的心情。

此時，社會組前導車出現瞬間，最令人充滿期待，也最讓人焦慮不安。「是傅淑萍、是傅淑萍！」我以非常小聲但略帶振奮的聲音說出，也看見緊跟在前導車後方，正是代表三重箭歐團的傅淑萍。

傅淑萍交棒後，自己獨自走了一段路，我與 Ruth 一起過去關心她的狀況，她才終於露出如釋重負的表情。我想三重箭歐團無論任何一隊團員，對於傅老師帶傷上陣，不負眾望完成使命，一定感到無比驕傲與榮耀。

在傅淑萍最放鬆的時刻，我提出她與 Ruth 合照一張紀念，她卻說：「唉，大腿綁著繃帶不好看啦！回會場再照囉！」

Bas 背上接力帶後，我手中碼錶顯示，不斷步步近逼的大腳丫龍隊僅在後方十一秒。他猶如被追殺的逃犯，我看見對方不斷將差距縮小，我甚至不敢再按手中緊握的碼錶，但可視雙方差距已接近到二十五公尺。

在 Bas 剩下最後一公里時，全車包含我、Ruth、哲豪等人，一起對他大聲喊：「加油！剩最後一公里了！」Bas 聽見了！只見他聽到聲音後，頭馬上右轉看我們一眼，立即往前加速衝刺。全車迫不及待前往第八棒，也是最後一棒接力區。

沒有讓我們等待太久，Bas 奮不顧身搶先將接力帶交出，此時我的碼錶顯示雙方差距來到二十九秒。換句話說，Bas 在最後一公里，硬是拉出一波十八秒差距！在高手對決的關鍵時刻，短短一公里內能再殺出如此速度，令人感到非常不可思議。

交棒後的 Bas 因體力不支倒地，也露出相當痛苦的表情（見照片集 P.15），賽後我跟他聊到這段時，他說他聽到我們喊加油同時，也聽到最後一公里提醒，於是他告訴自己只剩下最後三百公尺全力衝刺；三百公尺衝完後，他再告訴自己最後三百公尺，再度全力衝刺毫無保留。如此反覆三次後早已用盡全身餘力，仍再撐完最後一百公尺。

看見 Bas 倒地，我趕緊攙扶他到分隔島中央，此時他仍痛苦到無法言語，當下我相當不捨與欽佩，只能先替他裁除胸前號碼布別針，讓他得以稍微舒服一點。

在 Bas 抵達前，我先向第八棒江晏慶報告戰況：「我們暫居領先，但領先的差距僅有短短不到二十秒。」說到這邊，晏慶露出霸氣的眼神對我說：「不用再說了！我已決定出去就要全開了！」

江晏慶深知即將面臨大腳丫龍隊最後一棒蘇志濱，若論實力、狀況，我們絕對不敢說勝出，甚至可能居於劣勢，但若論鬥志與決心，我想我們絕對不願屈居第二。

江晏慶出發後，也代表眾所矚目的 MIZUNO 馬拉松接力賽社會組冠軍即將出爐。在終點大門外的斜坡上，我手中碼錶不斷顯示雙方差距，從二十五秒、二十二秒、二十一秒不斷縮減中，縱使在晏慶最有把握、最具信心的上坡段，我仍深怕他氣力放盡，而被迎頭趕上迎頭痛擊。直到晏慶闖進大門右轉，我才相信「我們終於有機會贏得勝利！」

最終，三重箭歐團A隊以十三秒些微差距，榮登最具團隊精神象徵的馬拉松接力賽寶座（見照片集P.16）。

我始終相信，唯有令人欽佩的強大對手，才能激發全隊潛能，團結一致超越個人能力。而失去堅強對手的獎盃，顯得不具任何特殊意義；失去團隊精神的獎座，顯得暗淡無光。

這是賽後分享文中我所留下的最後一段話。

「跑者的故事」經奮鬥創造而生，是過程不是結束
「跑者的渴望」經戰鬥得到解望，是過程不是最終

⊕

阻斷強大軍團的連霸之路後，我知道接下來事情沒那麼簡單，也會激發對手更團結一致，這才是我最擔心的地方。二〇一四年我們首次奪下社會組冠軍後，當天賽後還沒離開會場，我就收到情資：大腳丫明年準備派出蔣介文、何盡平之

外，將再補強馬拉松奧運國手許玉芳與謝千鶴，並搭檔以國立林口體育大學中長跑隊畢業選手為主體的社會隊。

兩軍對戰猶如資訊戰、情報戰。二〇一五年MIZUNO接力賽前約三個月，我意外在一場政府主辦的工業路跑記者會中，巧遇掌握大腳丫兵符的楊會長，雙方閒聊之間，充滿不少對戰煙硝味與情報戰。我掌握到大腳丫龍隊蔣介文與另一名選手的受傷與復原狀況，楊會長也說出三重箭歇團A隊一名隊員受傷的消息。

楊會長展現勢在必得的決心與信心，但面對幾乎是長跑界名人堂的陣容，我並沒有感到任何恐懼，因為我知道沒有恐懼就不會畏懼，不畏懼一切，就不是表面看似那麼簡單。

以當時我在三重箭歇團的主導權，我可以選擇拒賽甚至臨時棄賽，以大腳丫龍隊陣容一字排開而論，蔣介文、何盡平、許玉芳、謝千鶴，我們棄賽甚至情有可原，但是如果我們棄賽，我相信對於台灣長跑界不會有任何幫助。

賽前兩個月，我掌握到大腳丫龍隊所有正選與備取名單，我也以「三重箭歇團不怕輸」為主題，賽前向所有團員信心喊話。此話一出，沒有任何一位團員異議，連我們自己內部團員，都不認為我們有任何贏的機會。

我們無法決定敵人，更沒有選擇對手的權利，而團隊內部也面臨不少阻礙與挑戰。去年拔得頭籌第一棒的魏振展與團內另一名好手楊志祥，分別因博士班與碩士班學籍，在我評估考量下忍痛移除參賽名單，因為連大會都沒有明確規範碩博士生或在職進修生可否參加社會組，我不願冒險賭一把，因為我知道無論得到第幾名，我們一定會被放大檢視。

所幸，團內每名戰將並沒有因為殘缺的戰力以及面對名人堂的陣容，而有任何退怯與畏戰。如果我們沒有完成連霸就等同「輸」那麼今年我們真的打算去輸給大家看！

我想了各種三重箭歐團輸之後的輿論，也許有人會同情我們、也許媒體會下「去年社會組冠軍三重箭歐團，慘遭大腳丫復仇成功」等聳動標題。不久後我意識到，去年我們獲勝後三天團練仍正常進行，沒有盛大慶功宴。這一整年五十二週之中，我們團練只因尾牙聚餐而暫停一次，今年如果輸了，團練仍會繼續正常舉行，這才是關鍵之處，更是三重箭歐團成立的宗旨與價值。

賽前最後十三小時，我收到來自大腳丫內部群組情報，蔣介文人已被安排住進會長房間，另一名戰將遲遲還無法確定可正常出賽，導致群組內有人頗有微詞，甚至直接批評指責。

依照主辦單位公告的規則，每隊除了八位出賽名單之外，僅能再提報兩名備取人選，截止報名後將無法異動任何名單。換句話說，如果有一名戰將無法出賽，勢必只能從備取名單挑出，通常備取人選每隊會選擇排入一男一女，也就是一名男戰將無法出賽，勢必將大幅折損戰力。若超過兩名男選手無法出賽，僅能在棄賽或違規代跑二者選其一，這是任何人，尤其是備受矚目的隊伍都無法輕易做出的決定，因此不難理解為何群組內大家會如此心急如焚。

比賽當天起跑前三十分鐘，我獨自到金山活動中心大門對面的山路小徑熱身，不斷試著冷靜思考我們的對策，但腦中想的都是「當大幅落後時，我該如何鼓勵團員，甚至如果我們掉出前三名，我又該說些什麼？」

直到賽前最後十五分鐘，我在遠遠大門外就聽見大會資深裁判劉富福老師，以麥克風對著全場選手說：「今年大腳ㄚ陣容最完整堅強，絕對是奪冠呼聲最高的隊伍，也有望報去年屈居亞軍之仇。反觀三重箭歇團，我看過名單陣容，不要說連霸，可能連前三名都有困難。」

社會組鳴槍出發，我們從第三棒就突破重圍取得領先位置，領先距離更是不斷加大，直到第六棒跑完，第二名已遠遠被我們拋在後頭，此時幾乎勝券在握，大勢已定。如傅老師所言，我們在毫無懸念之下，完成社會組二連霸美夢。

終究是什麼魔力，讓賽前不被各界專家看好，甚至前三名都有困難的隊伍，奇蹟似奪下冠軍？我想絕對非單一因素能解釋，也非單一因素能造就。三重箭歇團每週完整訓練架構，提升的不僅是團員實力和狀況，穩定戰力更是最強大的後盾，尤其是，我們不找團外傭兵外援添增戰力。

所有團員不離不棄的團隊精神，沒有一名團員因為我們贏不了，或是不能贏而選擇放棄，同時也願意支持我的理念：「我們不怕輸，怕輸就不敢來。」

相比對手殘缺的陣容，為何用「殘缺」二字來形容呢？因為大腳丫龍隊最後因超過兩名戰將無法出賽，在棄賽與違規之間天人交戰，最終僅能以大腳丫其它隊選手冒險頂替上場，甚至發生一名女子選手同時跑兩隊不同棒次的尷尬情況。就某種角度而言，可說是非戰之罪也不得不的決定，至少可以確定，這並不是賽前報名階段預謀的投機取巧或違規行為。

賽後，賽道攝影師拍攝的每隊棒次選手照片，不斷被外界放大、重複檢視。大腳丫背負著所有與論指責與壓力，最終不得不公開致歉，並做出自我停賽三年的壯士斷腕決定。

這把野火也波及到三重箭歇團，我們A隊備取女子選手李照月，在已知無任何出賽機會情況下，仍到會場協助團員競賽，我看在眼裡，很感謝她熱心服務團員。剛好我們D隊其中一位選手因故臨時無法出賽，於是我決定讓她下場跑D隊，也讓D隊得以完成接力任務。當下我的想法很簡單：D隊戰力無法進入前二十強，不至於影響有機會獲獎隊伍的權利。最終D隊以第六十八名作收，無奈賽後數日，仍被檢舉代跑違規事件。

某日傍晚，我看完一場電影後，發現數通未接緊急電話。對方是一位前運動筆記窗口，窗口偷偷告訴我大約一小時後，運筆將發佈D隊代跑事件的報導，窗口表示他自己知道這不是刻意舞弊獲利的行為，實在不值得刻意報導，但主管命令他要以聳動標題大肆報導。

當下我知道這是危機處理緊急事件，思考幾秒後決定先發制人，緊急擬定一份公開聲明，搶先在運筆的報導上線前，發佈我人生第一份道歉聲明。而田徑協會的前窗口也私下告訴我，此代跑事件已淪為互揭瘡疤亂象，社會組某隊名列一百多名，也被檢舉代跑違規。

二〇一六年，我們第四度組隊參賽，在最大軍團大腳丫缺席之下，新增一隊以非洲獵金選手為主體的隊伍，賽前也公開霸氣宣告，將打破由國立林口體育大學保持的2小時17分16秒大會紀錄。但是我知道幕後有人操控，一切也非表面看似簡單。

面對更強大的對手，三重箭歐團當然不為所動，我們真的不怕輸，也沒有輸不起或不能輸。我反而相信，輸了也許對於團內、對於訓練有某種程度的幫助。經營一支跑團，建構訓練組織運作絕非表面輸贏那麼簡單。

無奈在賽前十二小時，三重箭歐團A隊女子選手簡微禎，不幸發生車禍正在醫院治療，也確定無法正常出賽。而我們A隊唯一的備選女子選手，從未在任何一場路跑賽取得優異名次，在團內討論因應對策之際，確實出現過棄賽聲音，甚至我們棄賽有其正當性，但是最後，我還是決定如期出賽。

棒次安排上，我將最強的選手全部往前推，前五棒跑完我們暫居第二名，直到第六棒備取選手上場，以區間棒次名列第五十九名成績，讓我們一路掉到第四名，最終也以社會組第四名作收。

二〇一七年起，我們不再組隊參加 MIZUNO 接力賽，社會組冠軍每年都由不同隊伍獲得，不再出現連霸情況。而我們不再組隊參賽的最大原因是，每年冠軍隊伍都是由挖角組成，我們堅信此舉對於台灣長跑界沒有任何幫助，也失去提升台灣業餘長跑水準的意義與精神。

看盡三重箭歐團興衰成敗，看透三重箭歐團笑泯恩仇。回想十年前，一位長輩曾對我說過一句話：「善待你的敵人，是它讓你變得更強。」

7

這些跑者教我的事

在跑步的路上，無論是一起訓練的隊友、互相競爭的對手、賽道上熟悉的臉孔，甚或是自己指導的學員們，與各具特色的跑者互動，最大的受益者其實是自己。

身為一名跑步教練，我在每一位跑者的故事中，看到的不只是步伐的速度，更是生命的厚度，以及面對競賽、面對人生永不放棄的執著。

事件紀錄

許義忠	馬拉松 PB・2:20:03
	10000 公尺 PB・30:28.25
俊凱	台北縣中等學校運動會 200 公尺・2th
銘陽	台北市青年盃田徑錦標賽・PB
建男	400 公尺跨欄・陽光普照
陳仲仁	1996 年摩托羅拉國際奧林匹克高山馬拉松賽・男甲組 1th
	新光摩天大樓登高賽・5:32, 1th, 破大會紀錄
	2005 台北 101 國際登高賽・12:20, 5 th
	宮古島 STRONGMAN 超級鐵人賽 200km・9:19
	尋找成吉思汗遠征隊・1y8m
傅淑萍	1997 台北國道半程馬拉松・1:23:XX
	2016 日本香川丸龜半程馬拉松・1:15:41
	2020 台北渣打馬拉松・2:43:40
雷理莎	2005 全國中等學校運動會・4:35.50
	2019 日本大阪馬拉松・2:56:01

最快的素人跑者—許義忠

「哪有什麼戰術！只要一鳴槍就往前衝，我們那時就跟衝四百公尺一樣，起跑後我不喜歡前面有人！」

一九九〇至二〇〇〇近十年間，在台十五線八里到桃園竹圍漁港往返這條三十公里的漫長訓練道路上，除了我參與的長跑俱樂部團員之外，最常遇到一位相當傳奇的長跑選手—馬拉松名將許義忠先生。

許大哥是我目前為止聽過最快的素人跑者，馬拉松最佳成績2小時20分03秒，這是在台灣宜蘭區運會中所跑出的不可思議成績，目前排名歷代第九傑。當時台灣所有馬拉松、路跑賽，只要他出場，總能威脅到長跑科班國手群。許大哥長跑生涯中多次當選國手代表台灣出賽，學生時期從未接受正式田徑訓練的他，能獲得國手資格相當不易。

好幾次，我們團練跑往林口火力發電廠途中，總能看到他穩健又流暢的步伐，已從八里折返回桃園大園的路上。這段路程大約三十多公里，但從未見過他有隊友陪跑，也沒看過他有教練或親友開車補給，總是孤獨地埋頭苦練。幾次我的隊友巧遇，向他打招呼，他總是簡單點點頭，又繼續往前邁開步伐。

與許大哥在路跑賽現場有幾面之緣，我曾親耳聽見他跟別人說：「我沒教練啊，我都是自己練而已！」另一次是在中正紀念堂參加奧林匹克路跑賽，起跑線上，我聽見他自言自語：「太久沒比賽，也是會緊張耶！」而印象最深刻的一次是民國八十五年，中山高速公路汐五高架環河北路段通車前夕舉辦的半程馬拉松賽，這也是現今台北國道馬拉松的路線。

這場半馬賽開跑後，我以每公里接近四分速率前進，約在三公里處，一位選手無聲無息地快速接近，當下快速轉頭查看是哪位選手，當我回頭時，被眼前這位選手造型嚇了一大跳！他戴著一副超級大斗笠，把整個臉龐，應該說是整個頭都給遮住。由於他速度實在太快且步伐非常流暢，一般選手想模仿也很不容易，我不禁好奇到底是哪一位武林高手？心想當時台灣所有長跑好手，縱使沒看過也至少都聽過。此時，他以極快速度超越我，並持續不斷加速前進。

為了找到答案滿足自己的好奇心，於是我硬著頭皮加速跟上，靠近時也特地蹲低一睹盧山真面目。最後我喊出一聲：「原來是許義忠大哥啊，難怪！」語畢後隨即退下放慢速度，舒緩急促的喘息聲。

註：王珍輝
改名為王千銓。五千公尺最佳紀錄14分21秒50，排名男子歷代第四傑；馬拉松最佳紀錄2小時21分10秒，歷代第十傑。

楊紅煥
一萬公尺最佳紀錄32分00秒67，排名男子歷代第五十九傑；馬拉松最佳紀錄2小時28分27秒，歷代第三十六傑。

邱次郎
三千公尺障礙最佳紀錄9分27秒81。

許義忠大哥有一段心酸故事，就在前述半馬賽的三年前，桃園縣獲得台灣區運動會（現今全國運動會）主辦權，許大哥是土生土長的桃園大園人，換句話說他是地主隊選手。

當時桃園縣不乏長跑名將，例如王珍輝老師五千公尺曾跑出十四分三十秒內紀錄；我的楊梅高中學長楊紅煥，馬拉松曾跑出二小時二十八分實力；邱次郎大哥三千公尺障礙曾跑進九分三十秒以內（註）。以台灣當時各縣市長跑實力分佈而言，桃園縣在中長跑項目擁有眾多頂尖好手，整體陣容實力相當整齊。

然而各項目在爭奪金牌時，必須面對全國紀錄保持人，或是單項長期連霸主等頂尖名將，桃園地主隊欲留住一面長跑金牌相當不易，因此大家對許義忠選手抱持相當大的期待。

桃園縣有多重視這塊馬拉松金牌？據說為此特地將馬拉松路線折返點設置於大園，再返回桃園市主會場，可見不僅是整個桃園縣代表隊，包含所有大園鄉居民都對他寄予厚望，當時更傳出他為了這場比賽，每天從大園跑到八里往返，幾乎等於每天跑足三十公里。

當時網路資訊社群不發達的年代，很多事情都只能靠消息傳說或臆測，但此事真實性應該相當高。

眾人期望有多高，壓力肯定倍增，運動員競技舞台更是如此。縱使具有國手資歷經驗，在家鄉眾人期待下競技求勝，相信壓力絕不亞於國際賽。無論全國賽、國際賽、世界盃、奧運等高水準競技舞台，頂尖運動員除了展現異於常人身體素質，心理抗壓能力與臨場表現，乃成敗之關鍵所在。我堅信唯有親身歷練、焠鍊才能徹底領悟，自己當時在這方面也是有待加強磨練。

國際上最著名的例子之一，就是大陸百一欄（註）名將劉翔，在二〇〇八年北京奧運之前，身為世界紀錄保持人，在前一屆奧運會更是拿下金牌，無論實力、技術、狀態等各方面幾乎無人能敵，卻在家鄉舉辦的奧運會場上，因為背負全國人民期待與壓力，預賽鳴槍前最後一刻突然退賽，令全場地主民眾一片譁然。

雖然劉翔後來公開宣稱因腳傷復發退賽，然而他在之後其他國際舞台上，仍表現出相當高的水準，不少人臆測壓力太大才是退賽主因，腳傷並不是唯一關鍵因素。之後更傳出在北京奧運開始之前，大陸體育總局曾對他放狠話，如果北京奧運無法留住這塊金牌，那麼他之前所有成就都將一切歸零。

沒有經歷過，應該很難想像運動員承受壓力的境界。具有國際田徑賽帶隊經驗的教練應該都知道，這麼頂尖的世界級選手，如果嚴重受傷根本不可能有出賽機會，選擇出賽一定具有相當高的水準與狀態，不應該最後一刻才臨時不適退賽。不過真實內幕，也只有選手自己本身最清楚。

眾所矚目的馬拉松大賽終於鳴槍登場，地主選手許義忠因長期訓練累積疲勞，

註：百一欄
110公尺跨欄。

賽前已有感冒身體不適等情況，通過折返點後身體狀況不佳，未能如願摘金。

⊕

為了本著作，我在高中同學引薦之下，特地來到大園許義忠家中訪談。我在出發前電話中說：「許大哥你在長跑界戰績成就非凡，實在令人相當欽佩。」沒想到許大哥立刻回：「哪有！就肯跑而已啊！」並爽快答應我的請求，但是有個條件，希望能在晚上七點前碰面。

許大哥已退休二十四年，仍保持每天晚上八點前就寢，清晨三點起床，起床後先至附近公園運動四十分鐘，再展開一整天種菜、種水果的田園生活，直到傍晚才返回家中。

這天下午四點，許大哥已在家門口迎接我們，露出招牌笑容，顯得相當樸實親切。我先好奇詢問，到底在什麼因緣際會之下開始接觸長跑運動？許大哥一口說：「沒有啦！就看他們比賽跑太慢而已！」

原本，許大哥的人生跟一般人一樣，畢業後接著當兵，退伍後結婚，結婚後生子，每一年總有喜事規律地出現。某天，他看到電視上現場轉播區運會五千公尺決賽畫面後，實在覺得大家都跑太慢，心想「不如我自己出來跑好了。」

隔天起，許大哥每天清晨三點多起床，從大園跑往中壢往返約二十公里，訓練是如此乏味與紮實，跑到清晨五點接著開始工作，也意外為自己開創馬拉松傳奇的新頁。

我再問，難道都沒有做速度訓練，例如間歇訓練、法特雷克訓練等嗎？

他馬上回：「我最後五公里會開始加速，這就是速度訓練啊！」

我繼續追問，當時都沒有訓練夥伴或教練指導嗎？

他說：「有啦！當時紀政問我想到日本還是大陸訓練？但我回覆有三個小孩要養，不能離開台灣，也不能不工作。我每天都是一個人跑，曾經有一天在冬季，楊紅煥從湖口騎一小時車程來跟我跑，隔天我就叫他不要再來，因為他騎那麼遠太辛苦，如果要來跑就前一天先住這裡」。

至於比賽有無特殊調整或戰術呢？

他劈頭就回：「哪有什麼戰術！只要一鳴槍就往前衝，我們那時就跟衝四百公尺一樣，起跑後我不喜歡前面有人，如果有人就想辦法追回來。我也不喜歡跟著別人跑，因為如果狀況好，不跑出去太可惜了！如果狀況不好，硬跟也會喘不過氣。但有一場國際賽馬拉松，我跟兩位黑人選手跑在一起，最後我跑出 2 小時 28 分，還贏過一位黑人！」

此時許大哥再度露出得意的招牌笑容。在三十年前，全馬能跑到這種成績相當不容易。

不過聊到某場賽事時許大哥突然感嘆：「那時我跑馬拉松，因為喝水胃容易不舒服，就幾乎不喝水。後來發現那時可能長期脫水，現在身體沒有以前好了！」

問到在長跑戰場上的難忘回憶？

許大哥說：「有一場在高雄鳳山的路跑賽，我贏過官原順，賽後他跟我嗆『我們下次再來比一場！』好像輸得不太甘心，但下一場還是我贏，哈哈。」

此時，我第三次看到他的招牌笑容。

短短一個多小時，我們聊到很多以往的長跑名將，包含許績勝、王珍輝、郭宗智、陳長明、劉昶宗、許光麃、雷遠郎、何信言、黃白鋒、吳有家、古福清、楊紅煥、周茂松、張金全等名將，這些都是馬拉松能跑進二小時三十分大關的戰將。陪同我的高中同學在一旁聽得嘖嘖稱奇，雖然我和許大哥相差近二十歲，但他所提及的每一位人物，我不僅都認得，還可以繼續說故事，連王珍輝原名、改名後、原出生地與家中飲食習慣等，都可以熱烈討論起來。

最後，我忍不住問起可能是許大哥最難忘與傷痛的回憶─民國八十二年那場桃園縣主辦的區運會馬拉松項目。

他表示：「從會場出發後，跑到大園姐姐家附近折返，當跑到大園交流道附近時，難掩激動控制不好情緒，就不斷瘋狂加速，折返後在二十八公里處，我就將號碼布交給裁判，跟裁判說我沒辦法跑了！因為當時雙腿已經……」

也許時光飛逝，也許年代久遠，此時許義忠看似雲淡風輕，卻也顯露些遺憾與不捨，可以深刻感受這位老將極力想為家鄉爭取一份榮耀的心願。

最後我補問：「交出號碼布那刻心裡應該很難過吧？」

許大哥立刻回：「當然啊，都準備一年的時間了！」

陪同我的高中同學范寶月是許大哥的乾女兒，她好奇問道，為什麼那麼久遠的事情，連跑幾分幾秒都能記得那麼清楚？

許大哥說：「那時一年馬拉松和路跑賽沒幾場，輸了就是明年再來，當然記得很清楚！」

談話接近尾聲，當我們聊到目前的跑步運動，他不假思索說：「保持運動，健康就好！我五十歲時，還可以每公里速率三分二十秒跑十多公里！」（註）

互相道別離開前，我和同學不約而同表示有機會再來拜訪聊天，許大哥馬上說：「一定會的啦！今天這樣聊過後，你很快就會再來的！」此時，我第四度迎接他展開的招牌笑容。

我們從許義忠身上發現的，不僅是他先天的長跑天份，也洞悉出後天的吃苦耐勞精神，不服輸、堅忍不拔的長跑精神。

成年當兵、結婚，甚至做了爸爸後才開始進行長跑訓練，最終留下馬拉松最佳紀錄2小時20分03秒（歷代第九傑），以及一萬公尺30分28秒25（歷代第十三

註：每公里配速三分二十秒，若在馬拉松維持此速率，即有2小時20分39秒成績。

傑）的傲人成績，至今素人選手、市民跑者仍難以突破，堪稱為台灣長跑界的「許義忠障礙」。

好久不見，乾杯！
—俊凱、銘陽與建男

「老師，我覺得我比第一名先壓線耶！」
「我也覺得是你先壓線！」

西元二〇〇〇年，我正值大學四年級，這一年生活忙碌也相當精彩。夏季除了全心全力準備「荷蘭IAU世界盃一百公里錦標賽」（詳見第五章），晚上還到三重健身房打工擔任教練。

某日我接到一通電話，隨後立即前往蘆洲國中，與我面談是一位體育老師，同時也是擔任學校田徑隊主教練陳永祥老師。

陳老師透過我國高中同學郭榮華推薦，想找我好好談談。原來他來到蘆洲國中服務後，帶了一批一年級田徑隊學生，而這批學生現在面臨最關鍵的三年級，未來一年的成績表現，不僅是這三年以來所有辛勞汗水累積的成果展現，更關乎升學的方向與成敗。

陳老師不斷跟我強調這批學生有多乖、多認真，正確來說，陳老師是向我訴說這兩年間他們訓練的所有心路歷程。我感受到陳老師把學生當作自己的小孩般照顧、關懷與栽培，他更深深說了一句：「我從一年級帶他們到二年級，如果到三年級就放掉，實在太可惜了！」

最終我點頭答應，在專注於自己訓練、晚上打工賺錢之外，再接下這份國中田徑隊教練職務。對我而言，這份職位不僅是陳老師的誠懇請托，也是一種挑戰與榮耀。

從這天起，我每天傍晚都前往蘆洲國中操場，風雨無阻不曾缺席，把學生的訓練當作自己的訓練。而我對訓練的要求與態度，就是不曾缺席、全力投入。

接任後，我馬上面臨不少難題與挑戰，首先是田徑隊全員約十位，每天固定出席訓練的卻只有三位，而這三位分屬於短距離、中長距離與四百公尺跨欄選手。再者，因為學校輔導課程關係，有人四點就可以下課訓練，有人五點才能下課，連基本的訓練時間都難以一致。

中長距離學生是銘陽，身材修長條件不錯，鬥志意志力也不差，由於跟我同一個專項，很自然地將不少專注放在他身上。短距離選手是俊凱，身高不高，非常聽話乖巧，但對從來沒有帶過短距離選手的我而言，是一項不小的挑戰。四百公尺跨欄是建男，也是一位很乖的學生，皮膚略黑全身充滿肌肉，個性比較外向愛玩，但本性憨厚老實。

由於短距離選手俊凱平常下課已五點多，我讓他充足熱身後會親自帶他跑操場外圍，以近乎中長選手課表型態，不斷加強訓練他的心志。當時我認為，台灣部分基層短跑選手的基礎體力稍嫌不足；在國外，連跑動最少的投擲項目（鉛球、鐵餅、標槍、鏈球）選手，每天早上都會完成約八公里的基礎體能耐力訓練。因此，俊凱的速度耐力跑訓練從二十分至三十分鐘不等，途中他如果試圖放掉或體力不濟掉速，我會以側跟壓迫方式，逼迫他完成這組訓練，結束後才進入主課表。

這段時期對俊凱而言，應該相當痛苦難熬，他可能萬萬沒想到新任教練是中長距離專項的現役選手，訓練課表變化之大始料未及。不過，進入秋季，他的速耐力明顯提升進步，三十分鐘已可跑出不錯成績，主因在夏季訓練我們打下深厚的根基。

由於短跑選手在正規的四天田徑賽程中，將參加一百公尺與二百公尺項目，每個項目必須經過預賽、複賽、準決賽、決賽等考驗，每個項目至少須完成三至四趟比賽。另外，短跑選手通常會兼任四百公尺或一千六百公尺團體接力，雖然不需每趟賽程都用盡全力，但其體力與速度耐力的考驗不亞於其它項目選手。

俊凱身高條件不算出色，當時我已經開始培養他成為四百公尺選手，或是主項從一百公尺拉到二百公尺，因此速度耐力訓練就列為主要的階段性目標。我利用學校斜坡車道進行馬克操訓練，希望透過長斜坡強化俊凱的肌耐力與穩定性。至於短跑選手最常做的重量訓練，考量他還是國中生，以及為了他未來的發展與潛力，僅以輔助性質補強，不列為訓練主軸，也避免過重的超負荷訓練。

中長距離的銘陽四點就下課，在訓練時間上較充裕。因此，除了基礎耐力跑之外，間歇訓練、法特雷克、反覆跑等無一缺少。

一般國中生中長選手最容易跑耐力與速度訓練的兩端，例如，上午跑四十分鐘至一小時較慢的耐力跑，下午做二百公尺數趟衝刺的速度訓練，但是對等比賽速率的訓練，卻可能佔最少比重。

因此，在訓練上我特別捨棄極致的兩端訓練，調整往中間為主的訓練重心。例如捨棄四十分鐘耐力跑，改以八分鐘四趟或十分鐘三趟方式，更有效率地提升心肺功能、速耐力與節奏性。捨棄二百公尺衝刺十趟的速度訓練，改以三百公尺＋六百公尺＋八百公尺＋三百公尺，更貼近一千五百公尺比賽型態方式，做不對等距離的間歇訓練。

我希望選手在一千五百公尺比賽時，有氧無氧比例與完成度是經由對等或更長距離組合而成，不以短距離組合完成一千五百公尺；換句話說，在相同距離範圍內提升有氧比例運用。因此，「一千公尺＋五百公尺訓練」、「一千五百公尺訓練」、「二千公尺訓練」、「一千公尺＋三百公尺＋二百公尺訓練」等四種組合，將成為訓練主軸。而選手屬於速度型或是耐力型，也將影響訓練課表比例設計。

只要時間允許，我會帶銘陽去跑操場以外的地型。中長距離選手最需要速度耐力與耐力訓練，利用河濱公園、道路山路甚至越野跑，對心肺功能與肌耐力有顯著的幫助，而一次性完成的距離與趣味變化度，對於訓練時間與距離較長的長跑選手而言，也注入不少新鮮感。

某一個稀鬆平常的訓練日，朋友送我兩張《霹靂嬌娃》電影票，我到蘆洲國中後先問銘陽今晚想看電影嗎？銘陽不假思索回答：「當然好啊！」我提醒他電影在七點開始，訓練時間有限，因此訓練節奏要加快，他也馬上表示沒問題。

於是，我靈機一動想出一套課表：二百公尺跑二十趟，每趟跑三十秒、休息三十秒。恐怖的是從第一趟開始，我手中的碼錶就沒有停下來，意思是當銘陽通過終點線瞬間，我的碼錶馬上切換成分段模式，代表他還沒完全停下來時已經開始計算休息時間。當分段時間到二十秒，我就提醒他準備就位；當時間來到二十九秒，我就命令他出發。如果某一趟他跑到三十一秒，那這趟他的休息時間僅剩二十九秒。如果從完全靜止開始計算，實際上他只有二十五秒的休息時間。

現場我心裡盤算：「這組課表總完成時間只需要二十分鐘而已，絕對來得及看電影，不僅前段可以熱身充足，而且還有時間收操。」

神奇的是，銘陽順利完成這組課表，我也感到驚歎不已！

訓練結束後，我騎機車載他直奔西門町。電影院中，我們倆坐在影廳前排右邊的位置，當電影開播約三十分鐘，準備進入精彩片段時，銘陽突然很慌張地對我說：「老師、老師，我腳抽筋了！」在昏暗環境的此時此刻，當下我也不知道該怎麼辦，所幸他沒有大聲尖叫，我也僅能提醒他盡量將腿伸直慢慢靜態伸展。

坦白說，這次事件是我的失職，不能因為任何外在因素影響訓練課表強度與完整收操程序。不過，這也顯示在訓練之餘，我把大家當成是自己的學弟或朋友，此趣事也令我永遠難忘。

專項四百公尺與四百公尺跨欄的建男因為先天體格與嗜好，把自己練得渾身是肌肉，但是田徑選手需要能快速收縮的肌力，把肌肉鍛鍊得過度強壯發達，缺少伸展與放鬆程序，肌纖維收縮能力也將因此受阻，速度表現將受到不少影響。因此，縱使是自己專項的四百公尺，仍然沒有比短跑的俊凱與中長跑的銘陽表現來得優異。

對於愛耍酷耍帥的國中生而言，把自己練成型男肌肉人確實容易吸引不少同學目光，而建男總是愛穿無袖背心，露出結實的胸部與手臂肌肉，讓我印象非常深刻。

在整體訓練上，我當時的想法是透過短跑選手激發中長選手的速度，利用中長選手帶領短跑選手的速度耐力。比較可惜的是四百公尺選手，沒辦法同時刺激短跑與中長跑的極致速耐力。

國中選手甚至是高中、大學選手，短跑與中長訓練課表會分得很明確，幾乎是完全分開訓練，但若訓練週期還未達關鍵階段，我建議可以嘗試合併訓練，尤其對於成績表現與年齡尚未達巔峰的國中生。

因此，我設計不少課表幾乎是合併訓練，例如將三位選手依實力狀況，在不同距離、趟數、組數、休息時間等考量下，安排分屬在不同起跑線上，最後三位選手以拼壓線方式，同步搶進終點線。此性質課表強度，常介於俊凱與銘陽的臨界點，因此也獲得非常理想的訓練效果。舉例，我在一次性訓練中嘗試開出二百公尺跑四趟、八百公尺跑兩趟、三百公尺跑三趟課表，對於同時訓練的短跑與中長選手而言，各有自己的擅長專項，最後再以專項的臨界點收尾，因考量短跑最後幾趟應該非常疲累，故單程距離僅壓在三百公尺。也可依現場選手狀況，在距離、趟數不變的前提下，利用休息時間調控三位選手表現。

比方說，如果短跑選手表現較佳，則可縮短休息時間，長跑選手表現較佳，則延長休息時間。總之，課表必須充滿彈性與機制。

我第一次帶國中田徑選手，沒有非常豐富的經驗，僅能盡心思考設計課表、盡力觀察執行課表。那一年在教練職務上，我得到了不少寶貴經驗，總結是，用心的教練必須全程關注選手的訓練狀況，無論是課表強度、姿勢技術、甚至是心理激勵。所以，當他們進入主課表的訓練時間，我都僅能在旁觀察與適時調整課表，也犧牲不少自己的訓練時間。

接手訓練他們過了三個月左右，我們首次代表學校參加台北市青年盃田徑錦標賽，也是我首度帶田徑學生出賽，期待興奮之情難以言喻，因為要繳出自己的第一張成績單。

根據賽前訓練狀況與數據，我對於中長跑選手銘陽創下佳績非常有信心，直到賽前三十分鐘，銘陽慌慌張張跑到我面前，以近乎罰站的姿勢，略顯嚴肅地對我說：「老師，我忘記帶釘鞋了！」國中田徑選手總有令人意想不到的插曲，也是對沒有經驗的教練一種震撼教育，此後學生賽前一天、比賽當天出門前，我都會再三確認裝備是否帶齊全。

賽場上，銘陽穿著一般慢跑鞋與場上所有穿釘鞋的田徑選手拼鬥。所幸最終仍以創下個人最佳成績的方式，澆熄我心中那把怒火。

我們的第二場比賽是參加台北縣中等學校田徑對抗賽，這是一場例行性賽事，每年大約舉辦三場，主要目的是讓田徑學生藉由賽事檢視自己的訓練成果，同時增加比賽經驗與成長機會。

這場比賽讓我印象最深刻是俊凱，他參加主專項二百公尺，我在板橋田徑場看台上全程觀戰。俊凱的成績表現不如預期，賽後我也趕緊下去場中關心他的狀況，沒想到下樓後找不到他，過了一會我才發現一位淚流滿面的選手。原來俊凱過線後，因不滿意自己的成績表現而崩潰大哭，我們碰面時他的情緒還難以平復，不斷一邊哭泣，一邊訴說自己哪個部分、哪個環節沒有做好。

很難想像調皮叛逆又愛耍帥的國中生，此時淘淘大哭的模樣。不過，當時我已深深感觸，對自己成績如此高標準，對自己表現如此嚴苛的選手，將來在田徑與未來人生道路上，肯定前途無可限量。

隔年三月份，俊凱在國中生最重要的比賽—台北縣中等學校運動會，參加競爭最激烈，也是好手如雲的甲組，受到傳統田徑名校光榮國中、海山國中、新泰國中等夾擊，面臨一百多間甲組學校挑戰之下，以23秒43勇奪二百公尺銀牌。以身高並不算出色，田徑隊也僅他一位短跑選手的競爭情況下，能拿下這塊獎牌非常難能可貴。

當我為了俊凱的成績極度興奮歡慶時，俊凱在賽後對我說的第一句話卻是：「老師，我覺得我比第一名先壓線耶！」而我脫口而出的感言則是：「我也覺得是你先壓線！」現場我不斷思考是否有機會提出申訴？是否有機會檢視這塊金牌的真正得主？但無論如何，師徒之情，瞬間表露無疑。

不少外界人士認為訓練國中生很容易，因為國中生聽話又耐操，實際上想培養一位國中生非常不易，無論對學生的家長、同學、嗜好、感情生活，甚至一切生活都要關注，何況要訓練出一位頂尖國中田徑選手，更是難上加難。

某天，我開車前往建男位於關渡橋附近的家，他家經營一間汽車維修保養廠，而我去維修保養同時與建男母親閒聊，她指著二樓房間說：「每天晚上都聽到建男房間發出鏗鏘鏗鏘的聲音！」原來建男每晚都獨自在房裡做重量訓練鍛鍊肌肉，我才恍然大悟他渾身肌肉的身形是怎麼來的。

另一次，銘陽在縣中運關鍵訓練期間，我隱約可以觀察到他訓練時有些分神，不夠專注也不夠投入，但是我問不出所以然。後來與銘陽母親聊到近期訓練狀況時，銘陽母親才偷偷跟我說，銘陽最近好像交了一位女朋友。

銘陽的父母在我開始訓練他們不久後，便邀請我去他們家中作客，幾經推託仍敵不過他們的熱情邀約，於是前往拜訪。第一次去時，與銘陽父母親閒話家常，大家聊得非常投機開心。

銘陽父親不斷稱呼我「黃老師」我相當不好意思地請他叫我「崇華」就好，因為其實我沒大銘陽幾歲，被稱「老師」實在有點不好意思。但是銘陽父母往後仍不斷稱呼我黃老師，從來沒有改變過。

銘陽父母親相當尊敬我，大約每兩三週就會邀我去家中作客，而每次總是準備不少澎湃大餐，就連我第一次在外面喝酒也是在銘陽家中，受銘陽父親熱情邀約之下。一次，桌上佳餚美食中出現兩隻體積非常龐大的紅蟳，我一坐下來，銘陽父親就說：「黃老師我知道你喜歡吃海鮮，這兩隻特地為你準備，來我們一人一隻！」雖然尷尬因為現場還有其他人，但感動之情也典藏於心中。

身為國中老師或教練，很容易獲得學生家長的尊敬與信任。一次，某位學生的父母親私下爭吵相當嚴重，母親憤而離家出走便直奔我家，碰面瞬間我不知道發生什麼事，直到這位母親把我拉到某騎樓大門內，並小心翼翼關上大門後，才眼光泛紅對我說她準備離家出走，不知道何時才能回來，有東西要交給我幫忙收藏。當我還在猶豫不知所措時，她拿出不少現金、結婚黃金項鍊、房屋地契，還有一張小孩的出生證明。她透露，這位小孩子出生後就走失了，而這張出生證明是她這輩子最珍貴的東西。

最後這位母親對我說，此時她不知道可以信任誰，但是她覺得可以信任我，於是決定將人生最重要的資產全部託付交給我。我在沒有機會婉拒的情況下，雙手緊握這份生命資產託付，而這位母親訴苦後淚崩奪門而出，只留下目瞪口呆的我。

保管資產期間，我每天都壓力很大，深怕不小心遺失這份託付。最後我終於完整無缺地歸還給這位母親，雖然已忘記她是哪位學生的家長，但在學生訓練之外，這件事也令我終身難忘。

我帶領大家參與的最後一次比賽是台北縣中等學校運動會。為期四天賽程內，每位學生在自己的專項都力求表現與突破，三年苦練的成果，將在最後一次機會中決定成敗。比賽當天，大家的啟蒙教練陳永祥老師，也特地從宜蘭過來為大家鼓勵打氣，更關心學生的成績表現。

然而在開賽之前我們面臨了極大的矛盾與衝突，原因是賽程安排一千六百公尺團體接力決賽後不到兩小時，緊接著二百公尺決賽，如果在團體接力達標或取得前三名席次，就有機會參加全國中等學校運動會。

賽前我已深知這個難以抉擇的難題，並作足功課，調出歷年接力前三名成績、近一年來這屆國中生所有接力賽的成績表現，再搭配我們四位接力選手的整體戰力與實力綜合評估。

原本應該是好好放手一搏的賽事，卻因為主將俊凱在兩小時後將挑戰個人二百公尺決賽，而陷入萬丈深淵。如果賽程能相反過來，讓俊凱先參加個人決賽再參加團體決賽，先跑二百公尺再跑四百公尺，一切都會變得完美無缺。然而，事情總是人算不如天算。

兩場決賽之前，我跟俊凱說「我把你排在第四棒，也是最後一棒！我會站在二百公尺的位置，臨場立即評估換算是否有機會、能否值得拼，如果有機會我會叫你拼；如果機會不高會叫你放掉，以保存一點體力，好好拼你的主項決賽。」

俊凱很清楚明瞭我的戰術與用意。

站在我的立場，如果團體四人能拼成功，一起攜手晉級到全國賽，當然是我最高的期許與目標。但是萬一情況不妙，我一定要保住主將，避免淪落到雙輸的最差情況。

一千六百公尺團體接力決賽鳴槍後，建男、銘陽依序出場出發，苦留最後一棒俊凱緊張焦慮地等待，當前三棒跑完輪到俊凱出發前，我依照現場名次、前後對手距離，以及最後一棒可能的排名變化，再換算俊凱最後一圈必須跑到幾秒內才可能達標，我知道機會不高。於是，我在二百公尺處不斷大聲喧嘩揮手，對俊凱說：「不要了，放掉！」而此時看到激烈戰況腎上腺素激增的陳老師，衝出來對俊凱說：「再催下去、再拼一下，還有機會！」而我繼續在另外一頭不斷以更高分貝吶喊：「不要了，放掉、放掉！」

幸好矛盾尷尬的場面僅維持數秒，俊凱就趕緊遠離我們。最終，團體接力並沒有達標，在不到十人的田徑隊中，欲跟擁有三十至五十名選手的各大田徑傳統名校抗衡，相當不易。但是我也深知，這並非永遠不可能發生，只是當下的整體實力還未達到足以創下奇蹟。

賽後俊凱對我說：「老師，你一直叫我放掉，陳老師一直叫我催下去，我都不知道該放還是催下去！」所幸，俊凱在隨後的二百公尺決賽中，爭氣地奪下一面銀牌，也是這屆蘆洲國中田徑隊唯一的一塊獎牌。

賽事結束，這批學生在三個月後順利畢業，各自考取學校，也為自己的未來繼續奮鬥。而我在這場賽事結束不久後，獲得時任體育組長廖老師召見，廖老師給我一張支票，感謝我一年來的付出與辛勞，並不斷強調金額不多，但誠心感謝我的用心，每天傍晚在田徑場，總是可以看到我的身影。

同時，廖老師也遞出一張蘆洲國中校方開立的聘書，證明這段期間學校正式聘請我擔任田徑隊教練。這張聘書對我而言，才是彌足珍貴與肯定的價值。至於那張金額大約七千元的支票，對我而言像是人生第一份薪水，它帶來肯定自我價值的實質意義，永遠大於帳面上數字。

⊕

緣分，不是我們所能控制，卻讓我們永遠珍惜。
生命，不是我們所能掌控，卻讓我們充滿精彩。

學生們順利畢業後，我們大約有八年光陰沒有再碰面，某一天俊凱突然致電邀請我們三位一起聚餐。大家真的好久不見，我也非常期待再看到三位學生。

我們約在三重一間燒烤店用餐，當天俊凱先到，再來是銘陽，過一陣子，我看到一位騎著打擋機車的騎士疾速奔馳而來，我心想「這位不會是建男吧！」果然安全帽一脫掉，真的是建男！

大家閒話家常，聊到當年訓練賽事難忘往事，也提到近況與未來願景。當聚餐來到尾聲，我突然有所感觸，眼前這些學生正在人生起點，準備好好打拼一番，可能在經濟上不是那麼寬裕，而我在中國信託商業銀行已任職四年，年薪已近七位數目標，所以偷偷把單給埋了。

約莫過四個月後，這天是中國信託尾牙，在公司對面的世貿場館盛大舉辦尾牙活動。今年我的績效不錯，非常開心，現場與長官、主管、同事喝了不少酒歡慶，當我步出世貿場館，已經是晚上十點多。

此時，我突然接到一通電話，電話那頭不斷傳來哭泣的聲音，過一會兒我才聽出這通電話是俊凱打來的。俊凱什麼都沒有說，只是不斷重複一句話：「建男不行了！老師，建男不行了！」

雖然我喝了不少酒，但頭腦還算清醒，卻聽不懂俊凱在說什麼，他語焉不詳地重複好幾句之後，才悲憤地說道：「老師，建男真的不行了！」此時我才大概聽懂他的意思，我回：「你不要亂講！」俊凱馬上接著說：「老師，這種事我怎麼會隨便亂說。」

聽到這句，瞬間我完全酒醒了！

宿醉，讓我們勇敢，溜進潛藏在內心的傷痛。

清醒，讓我們堅強，走出隱藏在內心的傷痕。

當天現場大雨滂沱，我站在台北市松仁路與松壽路交叉口，眼前這幕場景與內心感觸，這輩子永遠也無法忘記。

「老師我正在前往醫院的路上，你要過來嗎？」俊凱問道。我立刻回：「我現在不方便，我明天再趕過去！」當時考量除了渾身酒氣不宜之外，我想最大原因是，我還沒準備好面對生離死別的勇氣。

隔天一早，我前往位於新莊思源路的台北醫院，抵達前我聯絡俊凱，俊凱請我直接到太平間。相隔四個月再次碰面，眼前這幕卻已是建男的牌位。

隨後不久，我看到建男父親身著牛仔褲，口中不斷喃喃自語說：「才剛退伍，剛找到工作不到兩個月，人生正要開始，怎麼會這樣！」當下我連上前安慰的勇氣都沒有，也不知道要說什麼、能說什麼？

最後，我詢問到底發生什麼事？俊凱與建男父親一起回答，建男從輔仁大學附近下班，在騎車回家的路上，可能因為大雨導致視線不良，不幸撞上停在路邊的大板車。根據救護人員表示，救護車抵達時，建男已失去呼吸心跳，也無生命跡象。

攸關生死的事，我想唯有家人朋友親身經歷過，才知道心痛的感受！
建男的告別式在板橋殯儀館舉行，當天陽光普照。
謹以此篇紀念我永遠的學生—林建男。

恐嚇教練的摯友—陳仲仁

「教練，如果你不收崇華，我就不練了！」

一九九六年參加「摩托羅拉國際奧林匹克高山馬拉松賽」，比賽起跑點位於海拔高度約二千五百多公尺的大禹嶺，中段上升至海拔三千二百多公尺武嶺，接著下坡跑往昆陽停車場後，再攻上海拔高度三千四百一十七公尺的合歡山主峰，最後原路折返，經武嶺返抵大禹嶺。

這場高山馬拉松的路線，可說是極大挑戰非常艱難，總距離十八點五公里，位處高海拔地區，不僅全程爬坡相當陡峭，無論總爬升或升降曲線都屬於A級經典賽事。

比賽正式鳴槍出發後，領先集團僅距離我大約六步之遙，而領先集團內僅有三名選手。我突然發現其中一位選手竟然穿著籃球短褲應戰，已經喘到無法言語的我，心想「你這位真的是來鬧的，待會肯定會離我越來越遠！」

我們常常會用自己的觀點去看別人，甚至評論別人，但也總有慘遭滑鐵盧的一天。

果不出其然，不久後我們距離越拉越遠，但跟我預期不同的是，他在我前面！最後，他跌破眾人眼鏡以黑馬之姿，勇奪這場賽事總亞軍。他，就是陳仲仁。

沒錯，具有越野跑、馬拉松、鐵人三項、登高賽等戶外競技運動多重專項的仲仁，在高山馬拉松賽讓大家見識他的真本領與潛力。

比賽中，在最艱難的攻上合歡山主峰路段，雖然我保持在總排前四，但猶如上刀山般痛苦難熬。下坡路段，所有選手都知道待會還要折返回程，心裏仍充滿坎坷不安，猶如準備下油鍋般驚恐。

前往主峰的道路上，崎嶇不平的小碎石不斷消耗侵蝕僅存的體力與肌力，我不停告訴自己，只要持續保持移動就好，以小碎步方式移動慢跑，但偶爾趁四下無人之際，還是有偷偷走了幾步。我不斷期待第一名能儘速出現，因為這也代表我距離折返點已越來越近，終於看見第一名率先折返下山。一如大家所預期，由越野常勝軍吳有家領先群雄，過了大約一分鐘，第二位就是陳仲仁，當下心中充滿了欽佩與羨慕，我知道這個傢伙真的不簡單。

頒獎台上，吳有家以一小時十九分獲得總冠軍，陳仲仁以一小時二十一分位居亞軍，但陳仲仁仍贏得男甲組（三十五歲以下組）冠軍，也獲得一筆優渥的獎金。當年十八歲的我以一小時二十五分取得總排第四名，分組第三名成績，頒獎時我不時多望他幾眼，相信未來我們還有不少對決的機會（見照片集 P.6）。

數十年後，仲仁說其實他很早以前就注意到我，尤其是一九九四年那場玉山

註：台北捷兔

成立於一九七三年二月四日的台北捷兔 Taipei Hash，是國際性跑步團體捷兔俱樂部在台灣最悠久的分支。每週風雨無阻準時開跑，跑前不預知路線，由先開跑的野兔負責事先找好路線，再當天活動前或出發後現場灑麵粉做記號，其他團員依循記號前進，但途中會有特別記號延緩團員追上時間，也更加考驗團員的機智與方向感。如⊕代表開始尋找正確路線、|||三條白線表示此路不通。

攻頂賽，他發現怎麼會有一位小孩子，可以來參加這場高山馬拉松賽。

雖然我們路跑賽時常遇見，但我從來沒有贏過他，也沒機緣交談認識。直到「摩托羅拉國際奧林匹克高山馬拉松賽」的隔年，北體考試五千公尺現場，在只錄取正取一名、跑第一名才能考取學校的情況下，同時來了四位以上好手躍躍欲試。起跑前最後一刻，我看到仲仁也出現時，差點氣餒不已喪失鬥志，直到考試來到最後一圈，我卯足全力衝刺，硬在最後二百公尺進彎道前，超越成功卡位進去。他一直以為是另名好手追了上來，沒想到會是我，還心想「怎麼可能是他，他從來沒有輸過我啊！」於是他在最後一百公尺再度發動攻勢超越，我在極力反抗掙扎中，最後以一步之差落敗。

這場仲仁第二名、我第三名，我們雙雙落榜敗北而歸，我們倆也是全場唯二沒有穿釘鞋的選手。

不用等到學校放榜通知，賽後我就知道大勢已去，我放下敵我之間敞開心胸，邀請他來我家短暫休息。當天下午，我帶他到木柵跑台北捷兔（註），那天過後我們才真正成為朋友。

日後，只要仲仁有機會到台北，都會來我家過夜聊天，我們幾乎無話不聊，從沒有在十二點前就寢，聊到凌晨兩點也是習以為常。我最常跟他分享我跑捷兔的戰術與成敗經驗，也會一起評論路跑賽各選手特色。來自台中縣純樸鄉下霧峰的他則最常跟我說：「你們台北人都競爭相當激烈，好恐怖！」

仲仁曾經跟我說過，每次來到台北就無端感到呼吸急促，感受到繁華都市的壓力。有次聊到凌晨一點多，我突然從抽屜中，找到一張屏東區運會一萬公尺決賽（見照片集 P.7），領先集團照片，裏頭有許績勝老師、吳文騫老師、蔡清洲老師、王珍輝老師，他看到照片後，以略顯微醺表情說：「半夜不要給我看這種照片，會整晚睡不著！」可見他當時心中對長跑競技，充滿著熱情與企圖心。

而在那數十年之中，仲仁也是唯一會讓我喝啤酒的朋友。

⊕

北體考試我和仲仁雙雙落榜，但我們分別考取了大葉大學與文化大學。在進入大學生活之前，也雙雙入選「海峽兩岸長跑活動」台灣代表隊選手。在環台灣一圈四站與大陸絲路活動，總計十二天行程中，我們朝夕相處住同一間飯店，每天早上都外出晨跑較勁，也終於讓我逮到贏他的機會。

台北站活動與路跑賽結合舉辦，賽前一天仲仁重感冒身體不適，但仍被我說服清晨到三重商工加強訓練，導致比賽當天他表現失常，終於讓我如願以償贏他，也是唯一一場正式路跑賽贏他的紀錄。

一年後，就讀彰化大葉大學食品工程系的我，一心想轉回台北的大學就讀，更奢望唸我最專項的體育系。某天與仲仁跑步時，不經意透露我的期望與心聲，他二話不說馬上對我說：「文化教練對我不錯，我來幫你跟教練講！」轉學考的名額非常稀少，一支田徑隊可能只有一兩個名額。縱使是微小的機會，無論如何對我而言仍有一絲希望，也感謝他的情意相挺。

不久後，某天我到文化大學找仲仁跑步，中午過後在他的宿舍小歇片刻，我睡在床鋪上層，突然聽見有人進房間，低頭一看以為是校友，於是倒頭繼續大睡。三十秒後，我聽到一句話：「教練，如果你不收崇華，我就不練了！」

這句話，我相信任何當事人聽到肯定驚嚇不已！我趕緊跳下床向教練問好。教練全身上下打量我一番後，詢問我的各項最佳成績，最後說：「好吧，那先來跟我們一起冬訓吧！」

幾個月後，學校開始放寒假期間，也是田徑隊最重要的集訓週期，為的是每年五月份大專盃運動會（現今的全大運），也是所有大專院校運動隊伍一年中最重要、最具指標的賽事。此賽事同時是教練、選手每年重要的考核成績，重要性相當於社會上業務員與主管的年終績效考核與升遷評估。

大專盃運動會的成績對於各校體育系所，將影響教練隔年的招生名額。如果田徑隊金牌數能拿越高、奪牌數搶下越多，在學校體育系眾多運動項目中，田徑隊就能爭取到更多招生額度，教練才有更多選手得以訓練。

教練的老家在樹林柑園，所以整支文大田徑隊集訓站就設那邊。寒假期間，我每天從蘆洲騎車到樹林訓練再返回，為了讓教練確實瞭解我的實力與決心，不曾有缺席，每天風雨無阻。

集訓期間，我們中長跑選手每天早上都會先做道路耐力跑，但正確的說法應該是超高強度跑，距離從十至十六公里不等。根據永遠跑在第一位的仲仁轉述，教練其實都沒有在配速，只要他能跑多快，教練的機車就騎多快，他覺得每天早上都經歷一場小型路跑賽。

每次起跑後不到兩公里距離，我就被騎機車的教練與仲仁海放，縱使我每公里能跑到三分三十秒以內，目標仍越離越遠，他們的背影也越來越渺小。

我通常排在第二或第三位，與另一位長跑好手楊英琦處於伯仲之間，但只限於我比較有優勢的路跑項目。如果在田徑場內，我跟仲仁常常拿他沒輒，在五千公尺項目甚至不是他的對手。

下午我們會到柑園國小做速度訓練，偶爾也會到樹林中學。仲仁常私下跟我抱怨，在柑園國小每圈二百公尺操場，每次一開始的慢跑熱身，教練仍每圈按錶看錶，讓他壓力感倍增；而教練也常公開跟大家抱怨，仲仁每天在大學校園都悠悠哉哉過日子，不肯讓他好好加強訓練。

教練始終認為，仲仁具有天賦異稟的心肺功能與肌力系統，若能好好訓練一番，成績絕對不止於此。雖說如此，仲仁也偷偷跟我說，教練在專長成績上都給他九十分以上高分。

時光飛逝，轉眼間來到轉學考試的日子，考試地點在文化大學附近的格致國中紅土小操場。當天到現場我才知道，術科考試的項目是立定跳遠、鉛球擲遠、一百公尺等爆發力項目。雖然不是拿手專項，只能抱持姑且一試的態度，也儘量力求表現。

考試結束後一個多月，我收到學校成績通知單，打開來看赫見「正取」兩字。

⊕

進入文化大學後，我跟仲仁的跑步時間也更加緊密，換句話說，我倆一起練跑的機會也變更多。從學校跑仰德大道到士林，再折返跑回學校、天母後山、天母古道、冷水坑、擎天崗、永公路、花鐘等地，都有我們互尬的身影。

從學校至花鐘往返是我們最常跑的路線，幾乎每次跟仲仁練跑，他最後都選擇這條路線，因為他不喜歡跑太陡峭、太長的距離，這條十公里路線完全符合他「有運動就好」的原則。

讓我匪夷所思的是，每次跑進學校大門他都會加速，且屢試不爽，這完全不像他的風格，因為通常先加速都是我。某天我忍不住問他，他才說：「因為這段人很多，很多學生都在看，就會不自覺重心拉高，速度自然變快。」

一次我跟他尬完，右腳鞋子竟然冒出許多泡沫，雖然我知道這是肥皂沒有沖乾淨造成，但我馬上跟他說：「連我的鞋子都被你操到口吐白沫！」

文化校區因為沒有操場，田徑隊長跑訓練都選在學校旁的社區繞圈，也是以前的美軍宿舍區。

某天下午，教練一如往常帶大家到此訓練，當天的課表很簡單，我們先在一圈約一公里多的社區，用順順的節奏跑幾圈。路並不是完全平坦，途中與最後段都有些微上下坡。

節奏跑後，教練說以一圈為單位，跑幾趟強度跑。前幾趟大家都平穩加速，但我發現仲仁每次都等到接近終點前，才會加速超越我們。我心想「那我就把最後加速的距離拉長，提早發動攻勢，雖然不一定會贏，但至少不能讓他那麼好過。」於是下一趟，我選在最後一個右轉後，立即全力加速衝刺，但這趟我還是沒贏，他同樣在最後三十公尺再度超越我，搶先一步跑進教練面前。

這趟結束後，我怒了！身為運動員長跑選手，我不相信每一趟都輸，好歹也要偷襲一趟成功。於是下一趟，我選擇在剩餘三分之一距離就怒火全開。剛開始他跑得比較保守，選擇先側跟住我，但最後三十公尺仍被他得逞，我又輸了。

「我就不信贏不了你！」這趟結束後，我抓狂了。腦子跳出一個想法：「既然開三分之一還贏不了你，那只要過半圈後就全開吧！今天要好好跟你拼了！」

當天現場不只有我們兩位，還有同學楊英琦、八百公尺專項學長阿通，甚至一百公尺名將蔡孟霖也參與其中，所以每趟出發前段的速度，已經不算太慢。不過我已打定主意，跑到半圈設定點時瞬間換擋加速，加速時就當作最後一百公尺衝刺。

然而，我還是輸了，仲仁繼續如法炮製，我還是差那麼一點點。

多年後，根據仲仁的轉述，教練現場說我們已經破了場地紀錄。我們從第一趟三分十秒開始，已經跑到二分四十秒左右。仲仁不斷強調教練看到碼錶數字時露出的驚訝表情，可惜當時已累到瀕臨崩潰邊緣的我，在每趟休息的寶貴時間不僅無法言語，更無暇注意教練。

這趟結束後，我當然不肯善罷甘休！我已逼近發瘋狀態且意志相當堅決，抱著視死如歸的決心。「一出發我就要全開！」我如此告訴自己：「今天就跟你拼命了，只要有贏的機會，縱使冒著無法跑完甚至被扛回來的風險，也在所不惜。」

這趟出發的第一步，大家似乎被我的舉動所驚嚇，但是仲仁仍不為所動，繼續緊咬著我不放。不過他終於被我激怒，跟我到最後三分之一時，就改變策略提早加速超越。仲仁似乎想用實力證明我還是贏不了他，希望我早點死了這條心，不要再亂開了！

結束這回合，永遠不會滿足的教練竟然說出：「好了，今天到這邊就好了。」如果現場教練問我要不要再來一趟，我可能會說：「再來一趟吧，直到我贏為止！」

訓練結束後，大夥繼續相約在學校籃球場鬥牛，一鬥又是兩個小時，只能說年輕體力真好，鬥志高昂。

一天午後，仲仁邀我一起去東吳大學操場訓練。這個邀約有一點詭異，完全不像他的風格，而我卻是不假思索馬上答應。抵達東吳大學操場後他才說：「今天我們來跑四百公尺快跑、二百公尺慢跑，如此連續跑完五千公尺。快的部分我們跑七十二秒，慢的部分輕鬆慢跑就好。」對於有得跑就好的我，當然馬上說「好！」

我們依計畫配速跑快的部分，偶爾不小心會稍微快幾秒，因為他快半步我會立即跟上，反之我快一點他也會馬上並齊。但在慢的部分，可能是我倆總是互尬的關係，似乎慢不太下來，有種「你不放慢，我也不想放慢」的意謂。

最後，我們順利完成課表，數十年後他才跟我說，這套課表是他當年從書中看到日本長跑選手的訓練課表，所以想拿來試看看。而當時我們忽快忽慢跑完五千公尺，總時間才花費十六分多而已。

仲仁和我的互尬狀況不只在校園內。一次，我們一起報名了當年最火紅的新光摩天大樓登高賽。在台北 101 大樓還未興建完成前，這是台灣第一場、也是歷史上獎項最豐富的登高賽。

在狹小樓梯間競賽的登高賽，若能排在前幾位先出發，不被廣大人群所阻礙，對於欲爭取成績名次的選手而言，可說是相當重要。大會規定比賽出發順序不是依據報名順序，而是以當天現場報到為主，我透過台北人脈，找到凌晨四點就可到現場排隊的長輩，幫我們取得較前面的出發順序。起跑前，我們都相當驚訝，竟然拿到第六、七位非常前面的位置。

雖然我一直沒放棄贏仲仁的機會，但跑在前面被追的壓力很大，當時心想「我才不想在前面先出發被你追過！」於是我以他實力比較好為藉口，搶下第七位出發順序。他也馬上說比賽輸贏難預料，要看狀況，他拿第七位出發就好。我們相互推脫一陣子之後，我仍死不放第七位出發的牌子，他也終於勉為其難接受。

其實這一年仲仁對於打破大會紀錄可說是自信滿滿，因為去年他率先登頂成功，但抵達終點時工作人員才急急忙忙準備桌子、打卡機等，被拖延數十秒時間，最後僅差十餘秒即可打破大會紀錄。

我們在新光大樓東側樓梯出發，大會規定每十秒放一位選手，排在第六位出發的仲仁，在我面前打完卡後，於直道加速右轉奔向樓梯間。虎視瞻瞻的我於十秒後打卡獵逐爆衝，大約衝至十二樓左右，我隱隱約約看見前方有他的身影，且不斷步步進逼。賽後他也表示，當下一直聽到後面有腳步聲且越來越接近，讓他感覺很差，他知道後面就是我，只是不願意回頭確認而已。

終於，我在第十七層抓到他了，他看到我瞬間，馬上露出相當沮喪的表情，甚至主動讓到樓梯外側並說：「我今天狀況不好，讓你先過！」

當下我心想「我又不是阿呆，我只要跟住你就能穩贏你了！我在你後面十秒才出發，根本不需要超越，超過風險太高，可能後面會爆掉，況且我超過後，可能馬上反被你尾隨，那壓力更大容易表現失常。」於是我說：「沒關係！我也狀況不好，我跟你一起就好。」

他表情顯得相當無奈，只能繼續往上。然而我在他屁股後方僅維持短短九秒時光，也就是爬升一層樓的時間，我就完全大爆炸，被打入人生第十八層煉獄。

最終，陳仲仁以5分32秒成績勇奪男子組總冠軍，並打破大會男子組紀錄，我則是僅取得第七名。

數年後，我們只要聊到這場賽事，我都會開玩笑說：「你破紀錄的功勞簿上，記得加上我這一筆！」

二○○五年所舉辦的台北101國際登高賽，有曾奪下紐約帝國大廈五連霸的紀錄保持人澳洲籍名將Paul Crake領軍參賽，以及國際登高賽獵金選手強敵環伺。陳仲仁以12分20秒成績，為台灣留下總排第五名佳績，同時也是台灣選手最佳排名，稱他為國內登高賽指標性人物也當之無愧。

我眼中的仲仁，在大學生活是非常獨立的個體，他在宿舍中擺放一個電鍋，讓自己每餐都有白飯可以吃，這在多采多姿的大學生活中，幾乎是百年難得一見的奇才。特別的是，他不喜歡坐在桌上吃，反而愛蹲在房門內左邊的牆角吃飯，而且常常一吃就超過兩個小時。我曾好奇問他怎麼感覺總是吃不飽？他回答：「就鹹的吃完，想吃吃甜的，甜的吃完，又想再吃鹹的！」

雖然愛蹲在牆角，但仲仁大學時人緣相當好，他的房間幾乎隨時都有訪客，宛如一間小型招待所。對於不習慣翹課的我，偶爾會看到他沒去上課，曾好奇問他沒事為什麼不去上課？他竟回答：「我覺得老師講的內容也沒什麼特別的，所以就不想去上。」

當仲仁有去上課的時候，仍穿著非常休閒，一派輕鬆，加上他不斷讚賞文化男宿舍盥洗室的熱水不僅水量大又熱，洗起來非常舒服……種種行為回想起來，當時的「中國文化大學」幾乎是他的「中國文化度假村」。

我進入文化時，仲仁已經三年級，我還在樂此不疲於馬拉松訓練時，他已經開始轉往鐵人三項發展。

民國八十七年，可說是國內鐵人三項運動發展初期，仲仁曾獲選代表台灣參加德國世界大學運動會鐵人三項比賽，可說是他在這項運動領域的殊榮。

不僅於此，陳仲仁的好體力也深受超鐵大前輩汪士林大哥所讚賞，曾親自帶仲仁前往日本參加總距離二百公里的「宮古島 STRONGMAN 超級鐵人賽」首場國際超級鐵人賽，仲仁展現初生之犢不畏虎氣勢，最終以9小時19分佳績完賽。

在文化宿舍裡，我好奇問他這場比賽的精彩歷程，他說因為游泳比較差，幾乎都是靠騎車與跑步在追人，尤其是最後的馬拉松項目。我再追問他馬拉松跑多少成績？他回三小時零幾分左右。我露出非常驚訝的表情說：「哇，那跑得很好啊！」他則用非常淡定的表情說：「因為一直在追人，所以跑起來就沒有累的感覺，也沒有撞牆期。但其實我進終點後，全場的人都在看我！」

我非常好奇繼續追問為什麼？他才娓娓道來：「因為我進終點後又在操場慢跑五圈，當時想到教練說比賽後一定要收操，於是就光腳在終點會場慢跑收操。」他講完這段後，我就沒繼續再問下去了。

當我升上大學三年級，仲仁已經很少在學校出沒，某一天我突然遇到他，他竟然對我說：「我已經連續六天沒有洗澡了！」

原來，此時仲仁已選上「尋找成吉思汗遠征隊」以徒步、騎馬、駱駝、氂牛、划船等人力與獸力方式，歷經一年八個月時間，完成成吉思汗第一次西征路線。在此期間，仲仁因父喪不得不回老家一趟，這趟臨時趕回台灣，他跟我約在士林加油站碰面，也足見我們倆的好交情。這也是我第一次看見他如此憔悴模樣，讓我差點認不出來。

完成遠征壯舉之後，陳仲仁光榮返回台灣，也接受當時總統陳水扁接見表揚。仲仁私下跟我說，當天他從老家霧峰，開著二十多年老車載著母親北上，抵達總統府大門後，他讓母親先行下車，憲兵侍衛馬上對著他說：「我們司機休息室在前面右邊。」頓時讓他覺得很尷尬，也足見仲仁樸實無華的一面。

我好奇問他接受總統表揚會不會很緊張？他回：「緊張倒是不會，但談話過程中，他（總統）好像很緊張的樣子。」

仲仁非常孝順，但有一次我去他家作客，他面有難色偷偷跟我說，最近計畫去印度旅行，卻一直不敢跟母親說。我問他計畫去多久，他說大約半年。隔天陳媽媽偷偷跟我說：「最近有聽到仲仁想去印度，說是說半年左右，實際上一去，兩年都不知道回不回得來！」

後來，仲仁順利前往印度，期間他知道母親喜歡吃海鰻魚，曾透過他在台灣的女友購買，但沒有買到，於是他請我幫忙。我在一小時內幫他搞定，低溫宅配到母親家中，他興高采烈對我說：「別人我不知道，但是我知道找你，你一定可以辦到！」

台灣九二一大地震那年，我因為跟女友吵架，特地去台中霧峰找仲仁散心。他表示非常歡迎我來，一定會好好招待我。不料隔一天早上，他帶我從霧峰跑到

註：港對港活動
從花蓮港出發，以十人不間斷跑步接力方式，僅花二十五小時橫越海拔三千多公尺的能高越嶺，最後抵達台中港。

南投草屯，途中還經過我母親遠親所開的雜貨店，順道進去認親後，接著跑到地震博物館，全程大約三十三公里，每公里速度都不超過四分鐘。直到最後兩公里，他才帶我進一間國小，也是我們第一次補水，而我在飲水機上狂按好幾分鐘。

距離他家幾百公尺之前，他興奮地說：「哇！我們今天應該跑了不少，至少超過三十公里，我自己平常從來沒有跑過這麼長！」聽到這句話我差點腿軟，那次過後，如果我狀況沒有很好，或是沒做好肝醣超補，就再也不敢隨便去霧峰了。

數十年後，我已褪去選手身份在社會工作，當年我報名「南投泰雅盃山路馬拉松」的賽前，仲仁邀請我去他家住。晚上，我們倆一邊喝啤酒一邊聊天，剛開始他不斷勸我明天跑全馬不要喝太多，我也欣然認同。當聊到午夜十二點四十分，他突然眉開眼笑地說：「我最近剛從俄羅斯回來，有帶一瓶VODKA，你要不要試看看！」我從來沒喝過VODKA，當我正在猶豫時，他嘴上說：「算了，你明天要跑全馬。」手上動作卻是將這瓶VODKA拿出來。

當下我心想：「這位朋友遠比一場馬拉松重要多了！」於是我們喝到凌晨兩點半，並於凌晨四點半坐車出發。

這場馬拉松我跑出3小時10分成績，場地紀錄大約二小時五十分左右，這是一場山路馬拉松，以我當時的實力而言，算是跑出不錯的成績。多年來我一直深信，跟仲仁聊天的過程中，他不斷喚醒我以前當選手的憧憬，也猶如賽前最佳的

「意象訓練」。

又過了幾年，我再度去仲仁家作客，這次我們年紀都大了，在家中喝了些啤酒，也再度聊到凌晨兩點多，因此互相約定明天睡飽不去跑步了。原以為終於可以好好放鬆度假，沒想到清晨六點，他家一樓鐵門猶如火警般被瘋狂敲打。原來是運動狂人、曾奪下「台東二二六超級鐵人賽」總冠軍的賴錦源，如消防隊十萬火急地找仲仁趕去台中大甲參加一場自行車比賽。賴錦源對仲仁說：「因為我打給你電話沒接，就乾脆直接來你家找你！」

雖然仲仁不斷婉拒，說了時間來不及、家中有客人等等理由，但經不起參賽意志堅決的賴錦源不斷鼓吹，只好勉強答應參加。

此時我對仲仁說也想比賽，但是沒有帶腳踏車來。仲仁馬上回：「沒關係，我有多一台鋼管車，平常都作為交通車，可以借你騎！」於是，我人生第一場自行車賽就此誕生。

不僅自行車賽，曾讓我拿下短程組總冠軍的「高雄茗濃溪泛舟鐵人三項」、港對港活動(註)等挑戰，都是仲仁邀約我參賽的。

印象深刻的是決定參加港對港活動之前，我聽完他們的計畫後心想「我還那麼年輕，未來充滿希望，我可不想英年早逝、遺憾終身。」於是遲遲不敢答應，最後仲仁對我說：「在台北我只找你一人而已！」我被這句話深深感動，於是點頭答應。

另一次，仲仁到我三重的家作客，我們邊聊天邊看電視，此時剛好播出節目「關鍵時刻」，來賓資深媒體人眭先生訴說著他在俄羅斯西伯利亞的貝加爾湖畔，在氣溫零下三十五度的精采冒險經歷。

此刻仲仁突然異常專心觀看，不到一分鐘後脫口而出：「我覺得他太唬爛了！」我問仲仁怎麼會這麼覺得？因為對方還附上一段影片，再怎麼看我都覺得很真實。此時仲仁說出讓我很震驚的一句話：「我去過那邊，所以我知道！」

我好奇問他怎麼會去那？仲仁娓娓道來：「某一天晚上，我去俄羅斯一間酒吧，和幾位俄羅斯人聊了起來，最後與對方打賭我敢穿越貝加爾湖。對方露出不可置信的表情，他們說自己是當地人也都不敢去，於是隔天我到了車站，但在車站待了好幾個小時，一直猶豫到底要不要去？最後還是決定去了，不然日後怎麼面對那些打賭的俄羅斯人。我到貝加爾湖畔後，當時零下三十幾度，根本不可能有機會長時間錄影，眼睫毛不到一分鐘就會結成霜。我一人獨自前往，晚上我會生火取暖，因為那裡野狼成群，晚上睡覺時若不生火，野狼群就會靠過來。但是那裡實在太冷，晚上睡覺時身體會不自覺慢慢往火堆中靠近取暖，每次幾乎都被燙到才自然反應彈開，就這樣整晚不斷重複上演。」

最後我問仲仁：「你在貝加爾湖待幾天？」仲仁回：「大約五天左右，我實在受不了就逃離了！」

陳仲仁一直都有不少創新的「極限挑戰」點子，又總是在酒後才跟我談到這些點子的概念、想法，以及如何去挑戰完成，而且每次講到最後，他都會跟我強調三句話：

「台灣目前沒有人做過。」

「目前只跟你說而已，千萬不能透露出去，不然很快會被捷足先登。」

「一定會找你一起挑戰！」

⊕

我和陳仲仁的好關係，也顯現在他的記憶裡。他曾對我說：「其實我只記得三支電話，包含我家裡的電話都記不太起來，但這三支電話中，有一支就是你的電話！」此外，仲仁曾經送過我幾件他從國外親自帶回台灣的稀有物品，包含他赴日本箱根接力賽（日語：箱根驛傳）的紀念啤酒，啤酒瓶身印有當年每隊學校校名，相當特別且具有紀念價值。

某天我到他家中，意外發現一瓶印有八八四八（世界最高峰珠穆朗瑪峰的海拔高度）的小瓶VODKA，我只表示覺得很特別，他說這是最近從尼泊爾帶回來的，只帶兩瓶回台灣，雖然我不斷婉謝，但他堅持要送我一瓶。最後他再次強調：「我只帶兩瓶回台灣，千萬別說出去是我送你的！」

數年前某天的悠閒下午，陳仲仁突然拿著裝不到一半的六百毫升礦泉水，獨自從宜蘭游泳到龜山島（註），回程途中力抗洋流挑戰，心中的遺囑也已想好，回程更花了比去程多三倍的時間才撿回一條命。終於順利游回宜蘭岸邊的他，趴在沙灘上說出的第一句話：「我這輩子已經活夠了！」

這才是我人生中的最大貴人——陳仲仁。

註：

據各大媒體報導，二〇二〇年七月十八日，林家和游泳單日往返宜蘭到龜山島，當時此新聞造成轟動。實際上，陳仲仁早在數年前，在沒有任何規畫與防護機制下挑戰成功。

打掉重練的最佳典範—傅淑萍

「傅老師過終點時，眼眶似乎泛紅，而且頒獎時完全沒有任何笑容！」

從教練看選手是什麼視角？從選手看教練又是什麼角度？如果一名跑者在選手和教練之間不斷切換角色，又或者同時存在兩種角色，會產出什麼多重火花？在教練、選手、母親三種身分之中，又能併發什麼激盪呢？

傅淑萍，在我國中就聽過的名字，在她就讀三重商工訓練期間，已活躍於田徑中長跑項目。外表冷酷如間諜殺手般氣勢，是高中時期的我對她的印象。

二十四年前的農曆年節期間，我們田徑隊（三重商工、北市重慶國中、光榮國中）約三十多位選手前往恆春工商集訓，開啟了一天訓練「三餐」的日子。

某天下午田徑隊張老師外出，傅淑萍主動好意幫我看課表，之後一副若無其事的表情對我說：「你的課表三千公尺、二千公尺、一千公尺，共五循環。」她可能沒想到，這麼不可思議的課表我真的去跑了，也可能萬萬沒想到，真的被我跑完了，而真正的課表是最後一千公尺五趟，不是五循環！這是那幾年中我們唯一的對話，也讓我終身難忘至今。

十八年後，我們意外在三重體育場巧遇，當時小腹微凸的她其實已經身懷六甲，因為生活高度自律且態度嚴謹，讓她縱使褪去選手身份，身形仍保持得相當纖瘦。

「小孩生下來後，會考慮復出跑步嗎？」十八年後，換我對她說出最重要的一句話。當場她面帶微笑，不斷調侃自己說：「不行啦！我都幾歲了，怎麼跟那些年輕人拼！」此時可能也是我首次見到她笑容的時刻。

我跟她說，以妳的條件、鬥志、身形保持狀況，想復出一定很快，想贏妳的年輕人，恐怕還得拿出不少真本事。半年後，她告訴我：「最近已經開始慢跑了。」

相信很少人看過傅淑萍二十四年前跑步的模樣，縱使看過，也不一定對她當時獨特的跑姿留存印象。在高中、大學時期，傅老師跑步時雙腳內八非常嚴重，以當時她的長跑水準而言，非常罕見有如此嚴重的內八腳。

相隔十四年，傅老師重返跑道，回到以往熟悉的選手身份，跑步時雙腳變得更為流暢，甚至相當犀利。我相信傅老師應該也發現自己變得完全不一樣，雖然我不確定她是否找到原因，但我也不斷思考關鍵之處。

我初步結論有兩點。一是在這十四年沒有跑步的期間，傅老師原已鍛鍊的肌群完全萎縮，回到一般人沒有運動的肌肉型態；待再度訓練時，讓肌群得以重新雕塑。畢竟怎麼運動、如何訓練，肌群就會順著這樣的運動型態與方向發達，運動的角度、訓練強度、肌群的運用，皆是影響肌肉生長的關鍵。

傅老師也讓我重新定義坊間跑者口中常說的「打掉重練」。在她復出之前，我常好奇自想「打掉什麼、重練什麼？」現在我的解讀是「打掉原始肌肉型態，重練新型肌肉型態」。

另一個結論是，選手與教練的角色對換也是視角切換。我相信再優秀的選手，也難以用第二人角度，全盤客觀檢視自己的訓練層面。此狀況最常發生在自行開立課表的市民跑者與優秀選手身上，尤其自行開立課表經驗越豐富的選手，長年訓練下來的課表模式，也可能更為固定與侷限。這種方式，讓選手本身的優勢與強項更為顯著，但弱點與特性也更難以大幅突破。

從當年優秀的中長跑選手化身為經驗豐富的田徑隊教練，十四年執教期間，看過不少選手的成長過程、進步蛻變，在不斷指導的過程中，相信自己也更能深刻體驗，甚至更注重每個環節、每一塊小肌肉群與關節力量。當再度重拾選手訓練時，也得以徹底展現長跑天賦，發揮強悍鬥志本質。

十九歲的傅淑萍，在一九九七年台北國道半程馬拉松跑出1小時23分成績；

進化版的傅老師，二〇一六年於日本香川丸龜半程馬拉松，創下1小時15分41秒不可思議紀錄，也躍升為台灣女子半程馬拉松歷代第三傑。

以半馬距離而論，復出前後進步幅度高達八分鐘，等同近二公里距離速率，在優秀選手分秒必爭、失之交臂的激烈競爭程度中，可說是完全不可同日而語。

不僅於此，傅老師於二〇二〇台北渣打馬拉松締造2小時43分40秒紀錄，排名女子馬拉松歷代第四傑。在復出不到短短六年期間，究竟傅老師在訓練上、心理轉折上，有何過人之處和不為人知歷程？

⊕

幾年前的農曆春節期間，傅老師與我相約跑步，我們從三重龍門路底河堤，一路跑到淡水和平公園，沿路上傅老師侃侃而談，從小時候環境、國中訓練、高中競爭談到大學際遇。

國小畢業後，傅淑萍被迫隻身北上，於台北市重慶國中就讀。國中時期的傅老師瘦巴巴的，因為長期營養不良，直到比賽拿到獎金後，才開始獲得比較正常的飲食，成績也慢慢扶搖直上。而當時學校的田徑隊教練，不僅在教練角色上指導她，更是照顧她一切生活起居的恩人，這點傅老師至今仍心存感激。

高中時期，傅老師的長跑成績雖已名列前茅，但同隊有當時的五千公尺全國紀錄保持人江秋婷，後輩則新進一位來自雲林，八百公尺全國紀錄保持人李雅惠（紀錄仍保持至今）。夾在兩大名將中間的傅老師，不具有任何全國紀錄加持，個性也不善討好他人，不僅不受外界矚目，也得不到太多教練的關愛眼神。

高中畢業後順利考取國立台灣師範大學，原本傅老師以為可以擺脫陰霾，踏上屬於自己的彩色人生，無奈發生令她相當遺憾事情，甚至連交友都受到干涉限制。所幸在大學畢業後，她如一般人結婚、生子，也進入自己最喜歡的長跑領域。也許對她而言，這已是一種奢侈。

外界應該很難想像，一名頂尖長跑選手的意志，竟然是從小時候的顛沛流離就開始培養鍛鍊，「淬鍊」二字成為最能精準詮釋傅老師的詞彙。

⊕

重返長跑的道路上，傅老師對自己相當嚴格，一切生活起居非常嚴謹，近乎苛求。

一位選手的本質與潛力，可從小細節去觀察。某一天三重箭歇團在三重水漾公園訓練前，她看到我手拿個袋子，這是一位團員託我帶給大家的水果，就好奇問我這是什麼東西？我回是團練後給大家吃的水果荔枝，沒想到她不假思索馬上說：「我不喜歡這樣，訓練就是要完全專心投入！」

再度認識傅老師後，一直想找機會到她的母校、也是她執教的北市重慶國中拜訪，也看看她所訓練的小學生們。當時傅老師偶爾會帶小選手跟箭歐團一起團練，包含跟隨她最久的張育禎。

這趟拜訪行程大約想了兩年多，我才終於踏入傅老師的訓練世界。當我抵達學校時，她看到我的第一句話：「我們認識這麼久，終於來學校看我們了吼！」

我走進學校操場時，眼前讓我目瞪口呆的，不是二百公尺的小操場，也不是簡陋的訓練環境，而是操場第八跑道的內緣，被畫出一條顯著的褪色線。

我很震驚地問她：「這條線是妳跑出來的嗎？」她若無其事的表情說：「對啊！因為腳還是會痛，所以在學校都是逆向跑，常常一跑就是七十圈、八十圈，有時也會跑到一百圈。」

我相信傅老師的毅力與意志絕非外人能輕易想像，她曾私下對我說：「每次訓練前，我會先看對手照片。」

傅老師不僅對自己嚴厲，對小學生訓練也相當嚴格，這也反應在北市重慶國中田徑隊在全國賽會戰功彪炳的獎牌數。只是小學生成長需要時間，訓練選手必經一段歷程，絕非一蹴可幾，更無法一步登天。她曾對我說：「沒辦法！一直講不聽、也教不會，只好用另類懲罰方式，懲罰他們時我自己也在哭！」

重返跑道的傅老師實力突飛猛進，可以輕易帶領小選手訓練，然而不到半年時間，小選手的能力已無法再拖住她的腳步，也無法再限制她的決心。為了讓自己有更艱難的訓練、更強大的挑戰，也為了顧及小選手的訓練品質，她只能利用接送兒子與訓練小選手的空擋，不斷強化與鍛鍊自我。

二〇二〇年八月十日下午一點三十四分，當大家還不斷閃躲炙熱太陽，在室內吹著冷氣避暑時，她在學校河濱以45分45秒完成十二公里。晚上她才跟我說：「今天跑到快中暑，兩點半要接著看學生訓練！」

十月一日，她難得趁帶小孩與訓練小學生的空擋，於晚上九點三十九分獨自到三重體育場跑步，跑完十公里後就匆匆離開，手錶顯示她只花了36分04秒06，最後一圈四百公尺更飆出83秒02速度。此成績已超越她在二〇一八年台北市春季全國田徑公開賽中，一萬公尺躍升為歷代第九傑的個人最佳成績36分07秒30。

而我見證過傅老師的最佳紀錄，是她重返跑道的首場田徑賽之後，在二〇一五年一月份青年盃田徑賽一萬公尺決賽，她因求好心切，前段打亂原定節奏配速，最終雖獲得金牌並打破大會紀錄，也跑進歷代第十六傑，成績卻遠不如她所設定的目標，賽事後她沮喪不已。

十個月後，她於三重箭歇團團練，在一萬公尺高強度課表中，緊跟著同為重返跑道的好手張哲豪，雖然剩最後七圈時落後了一小段距離，但是意志力驚人的她，於最後兩圈卯足全力，硬在終點線上追上哲豪，連哲豪自己都嚇了一跳。最終成績36分03秒37，是我們見證她跑過最快的一萬公尺場內紀錄（見照片集P.18）。

身為教練暨選手身份，傅老師不太刻意喜歡曝光自己的訓練數據與艱辛過程，她不會每次訓練都昭告天下，證明自己有多辛苦，而她每次跑出滿意的成績時，也大多只留存於心中。

因此，她幾乎不會主動提供訓練數據，我也鮮少看到她的訓練圖卡，但每次看到，總是令我相當震撼與欽佩。

⊕

「很難有一場比賽會令她滿意」是這些年來我對傅老師自我要求的感想。從二〇一四台北馬拉松賽開始，她首度參加半程馬拉松賽，前五公里與日本選手纏鬥，更飆出十七分二十三秒極速，無奈最後一公里撐不住腳底水泡，以十五秒之差飲恨，眼看日本選手過線後倒地不起，她悔恨自己無法拼到最後一刻，非常自責難過，然而這場成績1小時19分20秒，已大幅躍升為當時的台灣歷代第三傑排名。

隔年，二〇一五台北馬拉松賽，傅老師首度挑戰全程馬拉松。賽前六週，我們進行一項三十公里訓練，這項訓練科目是考驗她面對長距離的能力與能耐，我請幾位團員協助配速與補給，最終她花不到二小時完成，且最後一段不僅沒有露出疲態，甚至還有加速能力。

距離賽前不到三週，她傳來一份驚人數據。她在操場進行五千公尺三趟課表，每趟休息十二分鐘，三趟時間分別為17分40秒、17分30秒、17分03秒，光最後一趟成績就可以媲美當年台灣歷年第五傑紀錄，足見她當時的實力與狀況正處於巔峰期。

但以教練的立場而言，對於一位初馬選手，甚至沒有馬拉松失敗經驗的選手來說，賽前提早調整到最佳狀況，不見得是一件好事。

賽前一週假日上午，她連續撥打很多通電話給我，因為我獨自在三重河堤跑步，沒有第一時間接到。回撥後，電話那頭她語氣仍相當平緩，沒有露出興奮口吻，淡淡說出：「沒事，只想讓你知道而已！」

原來，她到台中參加一場大型半程馬拉松賽，跑出1小時16分15秒成績，此成績可打破當時台灣的女子半程馬拉松全國紀錄，無奈因這場賽事主辦單位賽前未向中華民國田徑協會申請認證，無法獲得田徑協會承認。

二〇一五台北馬拉松賽前一週，我不斷提醒她配速與節奏的重要性，雖然賽前三天她對我說：「我想前面慢一點，乖乖配速跟跑，後面再加速，這樣我跑得比較順。」我馬上回她：「以妳的個性與跑法，前面不會乖乖配速跟跑。」最後她不斷強調「真的會啦！」

個性很急的她，在台北馬拉松當天中午就打電話給我，內容是滿滿的檢討與自責。原來比賽前十公里就跑出三十六分三十五秒速度，當時她緊跟在女子領先集團後方，覺得大家都跑很慢，一直想超越但不斷忍耐；二十公里結束，時間為一小時十四分五十三秒，若能維持此速率，不僅可打破當時的全國紀錄，而且還會大破近三分鐘時間。

不過，「馬拉松終究是馬拉松」，最後她僅以2小時51分56秒完賽，雖然拿下國內女子組馬拉松冠軍頭銜，也獲得十萬元台幣獎金，但後段跑得非常沮喪。她告訴我，後段路程沒有男子選手可以跟跑，一人獨撐情況下，所有負面想法不斷湧現。

通過終點線的傅老師，甚至比最後一名選手更沒有笑容，完全失去冠軍選手應有的風采。我的朋友偷偷告訴我：「傅老師過終點時，眼眶似乎泛紅，而且頒獎時完全沒有任何笑容！」

三天後，她才從台北馬官網抓到各分段成績，她傳給我時我驚嚇不已，她則說：「該檢討，該面對的，還是要面對！」這場比賽成績最終不盡理想，不是因為成績不佳，而是沒有做好配速的任務，沒有展現應有的實力，這是以教練角度檢討時，與外界最大不同之處。

無論如何，站在第三人的視角，不難看出她的實力與潛力，只要她願意繼續跑馬拉松，成績遲早會追上來。但在此之前，心中那塊陰影與障礙，唯有她自己才能克服。

賽後不久，我花了不少心思，不斷勸她好好準備一場國外認證的馬拉松賽事，目標直指奧運台灣代表隊參賽權。我提供不少台灣馬拉松名將案例，也提供幾場賽事讓她選擇，更直接說：「我們就選定兩場，兩場沒過關就算了！不必一直不斷挑戰。」私下我甚至已接觸到相關人士，安排北韓平壤馬拉松參賽機會，只要她肯點頭參賽，參賽權、住宿、機票都不是問題。

我可以感受到她不斷在猶豫考慮，她私下曾說過，最放不下小孩與北市重慶國中的小選手。當時我以為，比賽僅需短短三天時間，應該不是很大的問題；數年後我才頓悟，她所考量的應該是，如果選上奧運馬拉松代表隊，為期至少一年以上的集訓期間，勢必要犧牲不少與小孩的相處時光，以及身為教練天職的學生訓練。

二〇二〇年一月份台北渣打馬拉松，賽前三週一次長距離訓練時，傅淑萍再度展現她的實力與狀況。賽前兩週我告訴她，只要做好以下幾點，縱使她跑到二小時四十四分內我也不會驚奇。關於這部分，她倒是沒有具體回覆，只淡淡說感謝我的賞識。

賽前一週，她告訴我腳傷仍隱隱作痛，還不確定可否下場比賽。我先擬定提供她賽前最後五天的飲食調整方案，不斷強調只要她能出賽，並確實做好幾點任務，成績肯定值得期待，請她務必相信我。

而我內心的盤算是，她已經有馬拉松經驗，也有馬拉松「失敗」的寶貴經驗，因此這場賽事絕對成績非凡！雖說馬拉松沒有絕對，但我充滿期待與信心。

比賽當天六點十三分，也是起跑後十三分鐘，我於臉書公開預估傅老師與我另一位一對一學員成績。我預估她可跑出2小時46分，最終她以2小時43分40秒奪下國內女子冠軍寶座，更再度創下個人馬拉松最佳紀錄（見照片集P.18）。

賽後她才跟我說，我賽前建議的幾點她都有確實做到。雖然每屆奧運馬拉松參賽標準都有調整，但2小時43分40秒成績，已悄悄踏入上一屆里約奧運的2小時45分女子馬拉松參賽標準，而距離前兩屆倫敦奧運B標2小時43分，也是近在咫尺。對我而言，傅淑萍早已成為奧運等級馬拉松選手。

這幾年下來，我認為傅淑萍完全詮釋出「台灣巨砲」陳金鋒經典名言：「讓成績來追你，不是你去追求成績！」

馬拉松是一種修行，而從小離鄉背井，歷經淬鍊的傅淑萍，具有知名度、穩定度與獨特特色，可說是一種「品牌」的象徵。

教練，我想跑步了！—雷理莎

「一切盡力，沒有遺憾，這才是馬拉松！」

二〇一四年夏天的週三晚上，三重箭歇團團練最後一趟二百公尺，一位女孩加速的衝勁不僅吸引我的目光，也幾乎成為全場焦點。

「哇！這速度爆發力實在太驚人，重心、協調、敏捷也相當優秀！」我內心充滿了驚歎號！渾然不知眼前這位女孩，目前仍是國內女子一千五百公尺國中生紀錄保持人，來自高雄的雷理莎 Lisa Ries。

這一晚的團練，她跟姐姐雷艾美 Emmie Ries 一起過來，姐姐也曾是大專盃乙組，也就是全國大學運動會非體育相關科系的田徑選手。

二〇〇五年四月十八日，當時還是國中生的雷理莎於全國中等學校運動會中，以4分35秒50成績，不僅打破全中運國中女子一千五百公尺大會紀錄，同時也成為台灣國中女子此項目最快的選手。

父親來自法國、母親來自日本，當外界都以為優異的長跑天賦是造就她打破紀錄的主因，締造了十五年來尚未被打破的「雷理莎障礙」，但其背後訓練的心酸血淚當時卻鮮少人知。

註：謝千鶴
現為台灣女子半程馬拉松紀錄保持人（1小時12分19秒）；女子馬拉松歷代第三傑（2小時40分41秒）。

身為國中生紀錄保持人，雷理莎進入高中一年級後，就受到外界矚目與期待，與日俱增的壓力自然不在話下，不僅來自外界世俗的眼光，還有最嚴厲的學校教練，以及最可敬的對手謝千鶴（註）。

「當我站在起跑線上，我卻不斷望著她。」高中一年級的理莎突然頓悟「難道我是為了滿足外界期待而跑？為了教練目標期許而戰？為了跑贏對手而拚？」

「這不是我想要的，也不應該是這樣的。」理莎內心如此告訴自己。而心理的疑問與陰霾終將影響場上的表現，高中首次對決的結果「雷理莎敗給謝千鶴」，全場所有觀眾、粉絲的一片譁然聲，也瞬間注入她的內心深處。

原本是天真無邪喜歡自由奔跑，但是眼前的跑道卻越來越狹窄。在二〇〇八全中運決賽前的最後一刻，她毅然決然逃離這個虛幻世界，攀爬田徑場高牆之時，也代表抛離無形枷鎖，回到真實的自己。

七年，這趟離開跑步的歲月，轉眼間已來到七年光陰。獲得父母親與姐妹全力支持，理莎在這段期間，最有力量與溫暖的地方正是「家人」我想這也是她真正幸運的地方。

七年之後，雷理莎再次抛離的不再是田徑場，也不是背心、釘鞋裝備，而是手上那一根菸。

「我想跑步了！」再次頓悟的理莎如此告訴自己，也讓我們終於有機會，再次遇見具有真、善、美特質的雷理莎。

某個夏日陽光普照的清晨，我在三重體育場晨跑，看見一名體院的女子長跑選手，熱身完畢後直接踏進跑道上一處水灘。這處水灘範圍雖僅有兩公尺長度，但足以讓整雙鞋子濕掉，然而另外的三百九十八公尺地面都是乾的，她大可從第二道輕易繞過，避免第一圈就讓鞋子濕掉，她卻不假思索直接踏入。我想，這就是展現真正選手應有的態度與決心。

在三重箭歐團週三晚上團練中，常常可以看到雷理莎的身影。她來的時候，我就當她是一名「選手」來看待與對待，絕不是美女跑者，更不是模特兒跑者。

當年雷理莎正在全力準備復出後的首場台北半程馬拉松。這天團練的地點在三重水漾公園，一圈大約2.8公里，我們一群團員節奏跑完成五圈，此時她臉色已相當凝重，甚至可以聽見她有呼吸困難的情況。

正當我猶豫要不要讓她跑第六圈時，不到三秒時間，我腦中浮出的訊號是：「身為一名選手，如果平日訓練連十六公里都無法完成，那麼如何應付比賽更高強度的二十一公里？」於是我跟她說：「再一圈！」

她顯然已力不從心，已達體力不支地步，卻絲毫沒有任何懷疑或抱怨，點點頭是她唯一可以回覆的動作，我知道她連講話都有很大的困難。

最後一圈，她跑得相當艱辛，也非常痛苦，無論如何我不能讓她有任何停下來的機會。最後兩公里，我甚至用馬拉松來比喻：「當馬拉松來到四十公里，也是最艱難的時刻，想像妳正在跑馬拉松，已來到倒數兩公里處，無論如何一定要撐下去，況且妳現在只是跑到十四公里而已！」此時，她連點頭的力氣都沒有。

最後三百公尺，我擔心她根本無法跑上坡回到集合處，於是我告訴她直線往前跑，直到距離相同為止。

她做到了，也癱軟在地上了！

團練結束後，團員李大哥私下跟我說，當時看到理莎的狀況真的無法跑第六圈，實在很想問我能否讓她休息，但又不太敢講。我僅淡淡回應：「沒辦法，她是選手。」

每次三重箭歐團團員或是無極限長跑訓練中心的學員，都會被他的拼勁所感染與感動，而每次訓練總是氣力放盡，可說是她的招牌。

一次，我們在圓山舊兒童樂園（現圓山自然公園）訓練，她衝完最後一趟後不支倒地，不到三秒，後面學員也陸續抵達，她有點不好意思地趕緊站起來。身為教練，選手是否真的拼盡全力，其實我們都看得出來，第一時間的反射動作，也是最真實的自己。

二〇一九年七月十六日，團練在天母運動公園，課前慢跑時理莎突然很認真問我：「崇華，我想好好準備初馬，我想到高原完整訓練三個月，你覺得可行嗎？」

身為教練，有時會被選手的決心驚嚇。雖然我不曾懷疑理莎的決心，但是我也深刻體悟，身為多重身分與角色的社會人士，一次閉關長達三個月絕不是那麼容易，除了必須推遲所有工作外，更需要家人在背後強大的支持，甚至無止境的鼓勵，而我可以感受她強烈的決心與企圖心。

早期的台灣長跑選手，我只聽過何信言老師為了達成區運（現今全國運動會）馬拉松二連霸，獨自到新北市雙溪閉關訓練兩個多月；又為了達成三連霸里程碑，遠赴大陸訓練兩個多月。

到了七月底，我遞了一張生日卡片給理莎，最後的祝福話只有三個數字「257」。

我告訴她，她的初馬目標應該是設定在2小時57分。當場她非常驚訝，怎麼跟她內心想的完全一樣！我說明：「我知道妳想破三，但不想只破一點點，於是大約再快一公里時間，才換算得到 257 這個數字。」

七年後重返跑道，又因懷孕再度中斷十個月，這一次，雷理莎終於把馬拉松放進自己的生命，而這場也成為與家人共同的初馬挑戰。

對於高原訓練，我給理莎的建議是，從未曾有過高原訓練的經驗，不建議貿然上去三個月，如果真的要上去，建議採取兩階段週期。

高原訓練必須在海拔高度一千八百公尺至二千三百公尺高度的平地訓練，台灣有很多符合海拔高度範圍的地方，但坡幅都太過於陡峭，不適合提升速度訓練。我知道的有阿里山、武陵農場兩處，是台灣最適合長跑訓練的地點。

在高原訓練期間，每天都要確實紀錄訓練距離、訓練強度、疲勞指數、血氧濃度，紅血球數量及血紅蛋白等數值資料。待下山後，再每天不斷檢測第幾天紅血球數量及血紅蛋白數值最高，也就是紀錄下來狀況最好的幾天，再用比賽日期往前推算該上高原的日期與週期，以及綜合所有訓練數據所開立的整套訓練課表。

綜合考量高原訓練所需的食、衣、住、行，甚至教練與陪練員等因素後，理莎最後決定在平地完成這場遠大的夢想，甚至是終身的願望。

當外界以為理莎速度底子很好，想挑戰馬拉松不是一件難事，要跑好一場馬拉松很容易⋯等想法，我想任何一位有經驗的馬拉松教練肯定不會完全贊同。速度底子越好反而可能對於馬拉松是一種阻礙，它可能影響選手配速的穩定性、重心起伏曲線、雙腳著地角度、雙腳後勾高度、肌群運用等等，除非這位選手是利用節奏與慣性加速，並非動用強大的肌肉力量。

理莎跑步的節奏性相當優異，同時也具備超乎一般女子選手的肌力。然而在漫長的馬拉松途中，節奏、慣性與肌力的運用比例，以及何種狀況下該動用何種動力？該動用多少？這些都是一門大學問，也因每位選手的特性而有所不同，需要教練與選手不斷揣摩與嘗試。

雷理莎的全馬破三訓練計畫

一、**訓練夥伴**：訓練夥伴在訓練過程中相當重要，甚至不輸課表內容。訓練夥伴不僅可互相砥礪，尋找實力、狀況甚至身高、性別相仿的隊友，在訓練過程中可互帶節奏，並做領跑及跟跑等練習。

二、**訓練時段**：台灣不少市民馬拉松跑者，假日仍選擇在清晨五點左右開始練習，此時的溫度變化、陽光強度與比賽最艱難的時刻差異甚大。過度嚴苛的訓練環境反而可能影響訓練距離與強度，但必須與比賽條件一致是最基本的要求。另外，充足的睡眠是提升訓練品質和最佳恢復的方法。綜合以上考量，扣除理莎從土城至五股交通車程，我選擇在上午六點半才開始訓練，通常在九點前結束，此時段訓練有助選手在馬拉松賽後半段，不輕易被天候環境因素所擊倒。

三、**訓練路線與變化元素**：城市馬拉松大多在平地進行，頂多會遇到少數橋樑等上下坡。訓練初期，我規劃在河濱自行車道進行，此路線路況較仿比賽狀況。

中期爲了提升肌耐力與心肺功能，再將緩坡的山路道路納入訓練元素，山路路線特別選擇最後一段有約三公里的平路，讓選手得以最後提升速度，訓練效果也將大幅提升。

中後期我選擇山路中段，至少有一處是長下坡，並折返上坡回到最高點，再下坡進入最後三公里平路，此路線可讓選手在山路阻力訓練與速度訓練交替進行，確保賽中有更佳的轉換能力。

後期，我將反覆跑訓練納入山路道路元素，藉此大幅提升選手的肌肉速耐力，讓選手在比賽三十公里過後，得以維持速度以及肌耐力強度，這也是避免選手在比賽後段發生抽筋的最佳方法。每趟反覆跑短暫休息時，立即執行高強度伸展，讓肌肉保持最佳彈性與張力，是本訓練最關鍵之處。

四、**訓練準則**：所有訓練的宗旨，都是爲了讓選手在 42.195 公里距離，大幅提升速度能力。訓練的「根」是選手的比賽速率，也就是預定目標成績；「本」則是馬拉松距離。因此，比賽預定速率的訓練，應該占所有訓練量至少四至六成以上，再以此速率爲基準，設計各種類型的加速訓練。此訓練模式，不僅可提升選手的配速能力，更大幅增加選手的戰鬥力，創造成績突破的契機。

五、**進階版最佳速率訓練**：馬拉松訓練可以很簡單，也可以很複雜，只要選手訓練時認眞投入，即可獲得不錯的訓練效果。實力進階或設定高目標的馬拉松選手，則需要更精細的課表輔助。

第四點提到，以比賽速率作爲訓練速率的重要性與依據，但在進階版訓練課表，可加入最佳速度訓練。例如，目標以每公里五分整配速完成一場馬拉松的選手，則每公里四分四十秒可能是該選手的最佳速率訓練，將此訓練元素大份量納入課表，確保選手在比賽途中，具有更低的適宜強度，以達成更長距離的能力，並避免其它意外狀況發生。過快的速率訓練將影響訓練單程距離與休息時間，設定最佳速率訓練，不僅可提高強度，也有利於提升馬拉松完成度。

六、**調整期原則與彈性**：最後階段將檢視選手近期的訓練狀況與缺失，再進行補強與調整。如果前一個階段訓練不夠完整，將不貿然進入下一個階段訓練。調整期將依選手當時的狀況變化做彈性調整，沒有制式的調整課表，這部分無論教練或選手本身，經驗越豐富彈性也可能越大。

值得特別注意的是，長期訓練的選手通常身體累積不少長期疲勞，以兩階段調整模式相較於傳統一階段更保險。例如在賽前倒數第二週，將訓練量與強度降至最低，可能必須連續休息三天，換句話說就是把這一週當作傳統賽前一週的休息週，於最後一週再將中等或中高強度課表，納入整套訓練模式中。這個方法讓選手在賽前幾天，身體可以回到正常且熟悉的代謝狀況，也可擁有更佳的跑步節奏感，甚至對選手賽前焦慮不安的心情與壓力，具有安撫與紓解的心理效果。

我們於賽前三個多月展開結構性與密集式訓練，尤其在中秋節三天假期中，我們連續訓練三天，但各自編排不同性質課表。我設計以每公里四分十六秒速率為基準，每趟跑一至三公里不等，每趟再以時間、機動目標做不等距加速。讓選手在破三目標速率與各段加速中不斷切換，藉以在各種不同程度疲勞中，隨時回到比賽速率，也就是破三配速。此訓練我相信選手收到不錯的成效。

第二天，我們先進行十六公里節奏跑後，我選擇讓一名選手以固定破三配速不斷前進，理莎先跟跑一段後，停在原地休息九十秒，九十秒後再追回不斷移動的那名選手。第一趟理莎花了一點九公里才追到，第二趟花了二點一公里，後面幾趟我逐步縮小理莎的休息時間，從九十秒縮短至六十秒、甚至三十秒，但理莎追上後，也必須跟跑黃金三十秒，才能停下來休息。此訓練讓選手不敢貪圖休息時間，因為休息越久差距越遠，也讓選手賽中不敢有任何鬆懈或拖延的念頭。

這天訓練總距離高達二十八公里，但以兩大組搭配兩段式課表進行。從我們開始集訓到目前為止，我希望理莎多練習跟跑能力與技術，我相信在馬拉松漫長的道路上，跟跑是最有效率的移動。

第三天我們遇到下雨，連續三天下來累積總計七十一公里，平均每天將近二十四公里，以每天超過半馬距離作各式速度訓練，在訓練量與質兩項盡可能達到完美平衡。

集訓進行一個多月後，某天上午的訓練，我發現理莎似乎不夠專心，每趟休息眼神都呈現放空狀態。訓練結束後，理莎私下跟我說，最近發生婚姻觸礁事件，讓她訓練時心情受到不小影響，不過也馬上表示會盡量調適，讓訓練影響範圍降到最低。最後她透露，除了家人以外，我應該是第一位知道的人，而雷媽媽說可以先讓我知道。雖然我沒有能力提供任何協助，但至少我可以保守這個秘密，且長達近一年期間。

這段談話結束前，理莎說：「其實我在這方面是個觀念很傳統的人，人生有時遇到後，也是最不得已的決定，至少我們雙方都會以小孩為重。」

我與理莎協議，在賽前五週的成熟時間點，去挑戰完成一場長距離三十公里訓練，只是訓練前我也保留各種可能性，這天並不是非要跑到三十公里不可。

很多市民馬拉松選手如果賽前沒有跑到三十公里心裡就會感到焦慮不安，甚至要跑很多趟三十公里，才感到安心與足夠信心。

理莎當然也不例外，只是什麼時間點去跑三十公里？以及三十公里如何跑？才是最重要的課題。我相信如果一名馬拉松選手每週的訓練量、訓練密度、訓練強度、訓練元素等都達到一定水平，且長期累積訓練的情況下，不用刻意去跑一趟三十公里。

我們運氣沒有很好，這天剛好遇到磅礡大雨，當天清晨我臨時調整訓練地點，改至五股工業區附近的快速道路下方河堤遮雨處。

我的經驗不斷提醒我，缺少一次訓練對於比賽影響有限，但若不小心感冒，對於比賽影響可能相當巨大。尤其是生病期間無法進行強度訓練，甚至連低強度運動都有困難，待生病康復後，身體至少需要二至四週時間，才能恢復原本體能狀態，等於累積的訓練成果必須完全中斷重來一遍。

對於前述不定因素，我選擇控管訓練的風險。選手的一切訓練最高原則是以比賽締造佳績為重，不用刻意去展現風雨無阻的精神，尤其是在訓練後期。

我們在河堤上遮雨處，以單程一公里不斷來回跑，先進行十七公里配速跑，再進入一公里十趟反覆跑。總距離達成二十七公里後，我詢問理莎是否想再跑三公里湊到三十公里，她的意願我想應該不難猜，於是她人生第一場三十公里訓練，就如此拼湊而成。

我相信此三十公里訓練內容，跟大家所想一次性完成三十公里有所不同，但身為教練必須在累積疲勞、訓練質量、突破心理關卡三者間，取得最佳平衡點。

只有大原則的訓練邏輯，沒有一成不變的課表，應找到適合自己的一套訓練模式。

訓練這條路總是如此崎嶇艱困，幾週後，理莎不小心被小孩傳染感冒，身體發冷，連續兩天高燒不退，迫使平常不愛吃藥的她，不得已連續吃三天感冒藥。吃藥期間，肌肉疲軟無力又勉強自己訓練，造成肌肉發力不均，導致右膝髂脛束症候群、肌腱炎、舊背傷全部爆發出來。

縱使勉強自己出席週三團練，也不得不黯然提早結束訓練，哽咽離開三重體育場。離開最後一刻，她驀然回首田徑場，拍下一張沒有自己身影的照片，冰冷的跑道在一束燈光照射下，更顯得孤獨無助與落寞。她知道夢想沒那麼輕易達成，但可能也沒想到如此艱辛與坎坷。

賽前四週，她的腰部與膝蓋舊傷仍未完全獲得控制，但她堅持依照原計畫，完成一次性的三十公里課表，這天她的狀況非常理想，無論姿勢、節奏、速率、專注度等各項指標，最終以2小時14分符合預期成績完成三十公里。

然而訓練結束後不久，她卻痛苦跪地哀嚎，原來為了對抗舊傷、為了完成今天指標性課表，她訓練前吃了止痛藥，完跑後胃不斷抽痛難耐。過了十幾分鐘，她獨自去便利商店買水，卻在半小時之後才回來，原來剛剛去便利商店不斷陣痛，又蹲坐在商店休息一會兒。

某天假日清晨訓練，理莎與一名隊友黃文華配速，中段她稍微掉速一些，後段再度加速追上，但追上後不久又再度落隊，這時只剩約最後一公里。此時她突然崩潰放聲大哭，在停下腳步前她說：「我不想跑了，我再跑下去有什麼意義！」

過了一段時間，她情緒稍微平緩後才娓娓道來，原來雷媽媽生病了，她想搬回高雄老家照顧母親，她想特地飛一趟日本幫母親買藥，她甚至無法繼續專心訓練，她想放棄這場人生初馬，為了家人而放棄這場人生最遙遠的夢想。

然而，能讓她改變心意的唯有家人，雷媽媽不斷鼓勵她千萬別輕易放棄夢想，甚至應該更放手去追逐挑戰，不向命運低頭、不向現實妥協。

賽前十天，腰傷與膝傷仍不斷糾纏著理莎，最後她選擇將能否參賽交給專業醫師。雖然我們準備已長達三個多月，縱使所有努力可能付諸流水，但為了她最熱愛的長跑運動生命考量，我支持她的最終決定。她如果決定放棄這場比賽，我肯定完全支持與贊成。

十一月二十一日下午兩點五十六分，理莎傳給我一封簡訊：「昨天給醫師評估下來，醫師以有條件方式，讓我可以試試看。」

原來醫師先問她：「這場比賽很重要嗎？」理莎回答：「這是我今年最重要的一場比賽！」醫生才勉強答應讓她參賽，並要求不能吃止痛藥，必須全程配戴護膝，有痛就必須立刻停下來。我相信徵詢醫師同意前，理莎參賽心意已決，只是為了得到醫師支持與放行而已。

賽前七天，理莎很認真地問我：「你覺得我有機會破三嗎？」我稍微思考了幾秒後才回答，近期受傷勢困擾，以及留在高雄做最後調整，實際狀況我也不好掌握，但我相信一定有機會的。於是我提供幾套調整課表，讓她彈性運用。

我知道縱使具有破三實力，一場賽事也不一定能保證達標，但是無論如何肯定值得期待。也希望她不留任何遺憾，全力以赴。

賽前十二小時，理莎與姐姐雷艾美已經抵達日本大阪，沒有任何文字，我謹提供這段期間團隊一起訓練的照片，希望喚起她的意志與潛能，我相信她只要將這段期間累積的訓練成果展現出來，成績肯定令人亮眼。

賽前倒數兩小時，這也是賽前與理莎最後一次訊息，我提供一組數字「10X42.195÷60+49=56」。

接著補充說明：「破三只是一個心理關卡，撞牆只是一個心理魔咒，試著跳脫這些框架思維，我不斷思考什麼速率是合理配速，在考量實力、近況、當天溫度、濕度情況下，我想每公里以四分十秒前進，應該是有機會完成達標的速率。」

理莎回覆即將準備去會場起點：「一切盡力沒有遺憾，這才是馬拉松！」

此時距離鳴槍出發，倒數最後一小時。

二〇一九年日本大阪馬拉松於十二月一日正式鳴槍出發。

雷理莎 Lisa Ries 首場馬拉松也就此展開。猶如她人生每道層層關卡，賽道上看不見的家人，似乎正緊緊握住她的雙手，不斷克服重重障礙。

重返、舊傷、母親、婚姻、小孩、家人，以及她所經歷的一切，她用堅毅的決心，用雙腳開創自己的未來，她不僅沒有撞牆期，更不斷創造驚奇。

第一段20分51秒（累積五公里）
第二段20分50秒（累積十公里）
第三段21分04秒（累積十五公里）
第四段20分56秒（累積二十公里）
第五段20分43秒（累積二十五公里）
第六段20分42秒（累積三十公里）
第七段20分27秒（累積三十五公里）
第八段20分32秒（累積四十公里）

成績總是不斷追隨勇於挑戰自我的跑者。

那道牆，如燦爛陽光般輕易被穿越。

2小時54分55秒踩進終點線（大會時間2小時56分01秒）。

進終點前，雷理莎腦海突然出現，數年前把菸熄掉的畫面。

「戒煙吧，我想跑步了！」

倒在地上的理莎鼻子酸了起來：「做到了！」（見照片集P.17–18）

在終點迎接的是最支持鼓勵她跑步的姐姐雷艾美 Emmie Ries。（見照片集P.17–18）

「當你想做一件事，會有很多事情來阻擾你 但當你真的想做一件事且突破那些牆時，這世界就會來幫你了。」這是雷理莎與我們分享的一句話。

後記

窮途陌路的最終選擇

數年前，某個夏季幽靜早晨，我觀看美國職棒大聯盟（MLB）洋基隊比賽現場轉播，負責轉播的美國福斯電視台主播於球賽進行中，向一位高齡七十六歲的老奶奶致敬。這位老奶奶寫信到電視台說，自從她懂事以來，從來沒有錯過洋基隊任何一場比賽。

一輩子中，有多少事物可以讓我們終身深深著迷，不僅是生活中的一塊，更是生命中的一部份。

窮途陌路的最終選擇

縱使脫去腳上那雙跑鞋，心裡卻是不斷奔馳，從未停歇。

我十一歲開始接觸跑步，也算是開始懂事的年齡，而現在我已無法想起童年中沒有跑步的回憶。又或者，自從我懂事以來，我大部分的回憶都跟跑步有關。

每次開上中山高速公路五股—汐止高架段，都讓我想起一九九七年台北國道馬拉松所創下的馬拉松最佳紀錄；每次到台北田徑場，也讓我想到三十一年前的路跑賽、北體五千公尺考試、與郭宗智老師每週五的八百公尺間歇訓練，甚至是人生第一次四百公尺跑到三十趟。

從北部東北角草嶺古道、陽明山、太平山，中部合歡山、梨山、玉山、阿里山、南部茗濃溪、屏東車城、恆春、鵝鑾鼻，東部太魯閣、台東市，離島澎湖、金門……等，我幾乎都可以說出每一場馬拉松賽、高山路跑賽、高山攻頂賽、二鐵賽等，屬於自己的故事。

曾經有人問我，參加這麼多年、如此多場的賽事，為什麼場場記憶猶新？我的答案很簡單：「因為很痛苦，所以難忘！」

我不是天生跑步的料，也可說長跑運動基因不佳，看過我大腿的人應該都不會否認，每場訓練、賽事我都卯足全力拼鬥。不是因為先天不如人，後天才會比別人拼，而是縱使天賦異稟，我還是會這麼拼，這才是真正的我。

一般人聽到某人在一個領域、專項、興趣長達三十一年時，相信一定會認定他在這方面的長才與經驗。然而我認為，每一次跑步都充滿著無比的新鮮感，也相當具有挑戰性與刺激，如同我常對朋友說：「縱使你有一百場馬拉松經驗，也無法保證下一場馬拉松一定順遂。只要你願意拼鬥，一切總是充滿變數與驚奇。」

何謂長跑精神？何謂馬拉松意志？我想奮鬥不懈、堅持到底不再是代表詞。數十年來我始終深信，當你一腳踏進長跑領域、墜入馬拉松愛河，我們所得到不再只是一張完成證書，一份成績成就，而是將觸角延伸至家庭、事業，甚或面臨一切挑戰與挫折的原始力量。

不再輕易放棄，不到最後絕不妥協；不停往夢想前進，不斷朝目標邁進；在困境中尋求突破，在逆境中力求生存。此時你會發現，縱使脫去腳上那雙跑鞋，心裡卻是不斷奔馳，從未停歇。

長跑之於我，從求學、當兵、工作直到事業，僅靠一股長跑拼勁，迎戰一切。

身為社會跑步教練角色，我鮮少在訓練前公佈課表，因為我始終相信，身為一名選手，沒有選擇課表的權力與機會，只要做好一切準備，接受任何訓練與挑戰。如同每天面臨一切未知的生活，充滿艱難與考驗的淬鍊人生。

我也常跟跑者說，生理會影響心理，心理將激發生理！

如果說工作是為了提升生活品質，那麼跑步就是我提升生活品質的最佳途徑。我們可以透過跑步紓解生活壓力，經由跑步產生極大滿足與愉悅感，藉由強大的鬥志與頑強意志，讓身體潛能發揮至極致，在生理與心理之間，相互良性循環與刺激。

二十年前，參加世界盃一百公里超馬造成的傷勢糾纏著我；三年前，膝蓋傷勢手術困擾著我。這段期間我並沒有因此放棄跑步，也慢慢體會跑步帶給我的不再只是追求刺激、追逐勝利，而是冷靜思考、心境轉換與腦力激盪。

我有不少新點子和想法，包含文章撰寫構思、課表元素，都是在跑步過程想到。因此，在指導社會人士跑步訓練時，只要有機會，我都會下去親自帶跑；若沒有機會帶跑，我也會選擇在課前獨自先跑，以讓自己在指導過程中達到最佳專注狀態。

直到四年前，我受邀前往大陸北京、蘇州、上海等地擔任越野跑教練，在飛機上和鄰坐一位先生長輩閒聊。這位先生先問我到大陸做什麼？接著聊到課程訓練觀念與運動產業發展願景，最後他對我說：「你是我遇過講話邏輯最清楚的運動員。」聽到這句話當下，其實沒有特別高興，反而深感困惑「難道外界對於運動員的刻板印象僅止於此？」而這位先生是，前國立台北大學三峽校區薛校長。

不只專注在自己的領域，如果能在其他領域闖蕩深耕後回頭，那些日子將成為往後最大的養分，視野也將更加寬廣。

二〇〇六年，中華職棒聯盟統一獅棒球隊首度聘請非母企業出生人士，擔任職業球隊中最重要的領隊職務，這位是體育記者出生的林增祥，也是第一位轉任球團總經理的記者。

林領隊到職首次球團開訓日，即邀請名模為球員們上一堂「如何穿著得體」找資深體育記者教球員「如何面對媒體」也不斷指導運動員如何善於溝通與表達。

這一年，統一獅棒球隊締造了中華職棒最高的十七連勝紀錄，比聯盟舊紀錄十一連勝還高出六場；隔年二〇〇七年起，球隊連續三年奪下總冠軍，締造三連霸王朝。

成功背後的秘密，是當年林增祥主動向統一企業總裁林蒼生上「萬言書」毛遂自薦，才獲得破格拔擢接任領隊。

運動員長期專注於訓練、恢復、競賽，對於投資自己以及其它領域，反而疏於提升與進修。我相信只要願意嘗試，接觸不同族群並增廣見聞，並以主動、積極、創造、價值四大項元素為核心，肯定能闖蕩出一番屬於自己的成就。

我常常關注國外世界頂尖運動員合約身價新聞，從數年前的 NBA 勇士隊柯瑞（Stephen Curry），年薪已高達四千萬美金，再到去年 MLB 洋基隊柯爾（Gerrit

Cole），簽下九年三億二千四百萬美金，再回頭關注國內中華職棒今年選秀狀元，所簽下五年六千二百四十萬台幣總值，最後再回看國內長跑界的產值與價值。

雖然，無論從運動員競技能力、運動員全球知名度、贊助商規格，到轉播權利金、聯盟冠軍獎金與背後價值、門票收入、職業團隊行銷運作等，職棒、職籃和長跑界皆不盡相同，絕對無法相提並論，甚至可說連邊都談不上。但在思考一件事、創造嶄新價值、激發新點子、整合系統資源時，若能先看看世界最成功的案例，再想想該如何突破逆境創造價值，我相信肯定比長期只看業界圈內，將獲得更多意想不到的成果。

我也常常以自身經驗為例，建議有意從事運動產業或教練職務的後輩，不如先從其它行業別開始學習！數年後再回來時，所看、所學與思考模式肯定截然不同。如同我一直深信在金融業十年期間，才是我畢生職場最佳的歷練。

不得不坦白說，三十一年來，父母並沒有贊成我參加跑步。印象中父親親自到場觀看我比賽，只有高中在桃園市一場小型路跑賽而已。

我相信各位以此為例，應該沒有一件事情是沒辦法繼續堅持下去的。

「路的前面還是路」，這是我岳父原本建議的書名。即便近幾年來我受傷勢影響，暫時離開沉醉數十年的賽場，但始終沒有放棄跑步。雖無法指日可待，但馬拉松與越野賽仍然是我永遠會再度嘗試的選項。

只要能行走，我一定脫離不了跑步。

只要能跑步，我仍然無法訣別賽場。

國家圖書館出版品預行編目（CIP）資料

一萬天不休跑：地才跑步教練黃崇華與他的 31 年跑界風雲 / 黃崇華著 . -- 初版 . -- 臺北市：墨刻出版股份有限公司出版：英屬蓋曼群島商家庭傳媒股份有限公司城邦分公司發行 , 2020.12

面； 公分

ISBN 978-986-289-541-2(平裝)

1. 黃崇華 2. 賽跑 3. 傳記 4. 臺灣

783.3886　　109019091

墨刻出版 運動星球　叢書

一萬天不休跑

地才跑步教練黃崇華與他的 31 年跑界風雲

作　　者　黃崇華
責任編輯　林宜慧
封面設計　Sophia Chou
內頁設計　袁宜如
行銷企劃　周詩嫻

社　　長　饒素芬
事業群總經理　李淑霞
發 行 人　何飛鵬
出版公司　墨刻出版股份有限公司
地　　址　台北市民生東路 2 段 141 號 9 樓
電　　話　886-2-25007008
傳　　真　886-2-25007796
E M A I L　service@sportsplanetmag.com
網　　址　www.sportsplanetmag.com

發　　行　英屬蓋曼群島商家庭傳媒股份有限公司城邦分公司
地址：104 台北市民生東路 2 段 141 號 2 樓
讀者服務電話：0800-020-299
讀者服務傳真：02-2517-0999
讀者服務信箱：csc@cite.com.tw
劃撥帳號：19833516
戶名：英屬蓋曼群島商家庭傳媒股份有限公司城邦分公司

香港發行　城邦（香港）出版集團有限公司
地址：香港灣仔駱克道 193 號東超商業中心 1 樓
電話：852-2508-6231
傳真：852-2578-9337
馬新發行　城邦（馬新）出版集團有限公司
地址：41, Jalan Radin Anum, Bandar Baru Sri Petaling, 57000 Kuala Lumpur, Malaysia
電話：603-90578822
傳真：603-90576622

經 銷 商　聯合發行股份有限公司（電話：886-2-29178022）、金世盟實業股份有限公司
製　　版　漾格科技股份有限公司
印　　刷　漾格科技股份有限公司
城邦書號　LSP009

ISBN　978-986-289-541-2（平裝）
定價 380 元
2020 年 12 月初版